【白金珍藏插图版】

虎部队

国民党七十四军抗日纪实

关河五十州——作品

中国出版集团
现代出版社

图书在版编目（CIP）数据

虎部队 / 关河五十州著．—增订本．—北京：现代出版社，2021.6
ISBN 978-7-5143-9130-5

Ⅰ．①虎… Ⅱ．①关… Ⅲ．①国民党军－抗日战争－史料
Ⅳ．① K265.210.6

中国版本图书馆 CIP 数据核字（2021）第 063156 号

虎部队

作　　者：关河五十州
责任编辑：张　霆　姚冬霞
出版发行：现代出版社
通信地址：北京市安定门外安华里 504 号
邮政编码：100011
电　　话：010-64267325　64245264（传真）
网　　址：www.1980xd.com
电子邮箱：xiandai@vip.sina.com
印　　刷：三河市宏盛印务有限公司

开　　本：710mm×1000mm　1/16
印　　张：19.75　　　　字　　数：290 千
版　　次：2021 年 6 月第 1 版　　　　印　　次：2021 年 6 月第 1 次印刷
书　　号：ISBN 978-7-5143-9130-5
定　　价：53.00 元

目录

越是战斗力强的部队，越是人才济济。上司如果不厉害一点，下面有的是跟你捣乱的人，你就等着被架空吧。当然要想真正在军队里立住脚，关键还是要有底气。王耀武虽然也战功赫赫，但他只是黄埔三期生，而七十四军内部别说黄埔三期、四期的比比皆是，就是黄埔一期、二期的也不乏其人。

在屡战屡败的情况下，中国军队谋略层穷极思变，开始绞尽脑汁地构思一些新颖的战略方案。一些有识之士都不约而同地想到，如果换一种打法，不固守一线，而是逐次抵抗，后退至一定距离，待援军到达后再与敌决战，会不会不一样？在这股大潮的作用下，单纯防御的固定模式逐渐被打破，“后退决战”的战略思想一点点浮出水面。

七十四军在上高会战中的卓越表现，让“抗日铁军”在日军心目中牢牢扎下了根，日本第十一军视之为“中央系最精锐的部队，长久以来的宿敌”。在总结上高会战教训时，第十一军曾专门告诫各部：“今后对王耀武将军的第七十四军作战，要特别注意。”

没有火炮，接下来的巷战还能坚持多久，余程万心知肚明。11月29日，他向第六战区发去最后一份电报：“弹尽，援绝，城已

第一章 秘密到底在哪里

（淞沪会战）

当日历翻到 1937 年 8 月中旬，有远东第一都市之称的上海正被重重的战争阴影笼罩。

在黄浦江岸，阳光依旧灿烂，绿色的原野仍然充满着生机和希望，但是混浊的江面上已经停满了抛锚的军舰，而且每艘军舰的尾部都无一例外地悬挂着一面“膏药旗”。

除了杀气腾腾，将炮口正对岸边的军舰之外，从头顶隆隆飞过的轰炸机的机翼下面，同样涂有红色的“膏药”标记。轰炸机的袭击目标是上海市政府大楼，在排成纵队的机群向大楼发起俯冲后，大楼圆顶瞬间升起了滚滚浓烟。

战争让昔日的繁华都市完全变了样，往常车来车往、人头攒动的景象正在如同泡沫一样消失，人们把宾馆和办公楼都打造成了堡垒，所有的低层窗户都被堵得严严实实，门口的沙袋则堆得像柴火堆一般。

上海已不是第一次经历这样激烈的战争，五年前爆发过一次，当时叫第一次淞沪会战，时隔多年，第二次淞沪会战又再次展开。

8 月 23 日，以第十一师团为主力的日本陆军两个师团在长江南岸登陆，此举不仅减轻了正在市区作战的日本海军陆战队的压力，并且对中国军队的防守左翼形成极大威胁。这一举措与日军在第一次淞沪会战中使用过的战术几乎一模一样，区别只是规模更大而已。

天降大任

第十一师团登陆后，直扑罗店。位于淞沪侧背的罗店镇乃沪宁交通枢纽，日军一旦予以控制，就可以轻而易举地掐断中国军队与后方的交通联络线，如此至关重要的战略要点，作战双方自然都会不惜血本地舍命相争。

按照中国统帅部的命令，第十一师在罗店与日军展开了不屈不挠的争夺战。他们多次夺回罗店，但很快又告失守，接着再夺再争，有时一线阵地要反复易手七八次之多。

罗店附近有一座野战救护所，每天从罗店送来的伤兵都络绎不绝。常常发生这种情况，某担架兵今天还在抬运伤员，第二天便在火线抢救伤员时被炮弹炸死了，连抬下来治伤的机会都没有。

整个罗店尸横遍野，血流成河，被称作“血肉磨坊”。紧急时刻，统帅部决定派第五十一师增援罗店，以稳定该地区战局。

这个当时还无籍籍名的第五十一师，就是日后被称为“虎部队”的第七十四军的前身。第五十一师本身也有比较长的历史，它的基础是补充第一旅，1933年冬天，由保定编练处的三个补充团改编而成。

补充旅的士兵和下级军官均为北方人，且大多为原西北军将士。美国军事观察家、海军陆战队情报军官卡尔逊十年前来过中国，那时中国士兵给他的印象，就是一个个会打仗的商品，作战时只根据军饷拿多拿少选择出力的程度，给的钱多，就起劲一些，若是给的钱少，坐地就给你耍赖。

卡尔逊所说的打仗拿钱的士兵，实际上就是募兵。西北军全是募兵，而且是募兵中质量比较高的，当时凡由西北军这个体系训练出来的募兵，普遍都经过较为严格的训练，具有一定的作战技能和经验。

补充旅的中高层军官主要由黄埔军校的学生充任。民国时有一个顺口溜，叫作“保定的课堂，讲武的操场，黄埔的战场”，简明扼要地概括了中国三大军校的特点。一般来说，保定军校的教育最完整、最正规，也最扎实，早期的保定生需要七年才能毕业，所以保定生只要能够混上去的，多是师、军乃至集团军一级的高级指挥官。云南讲武堂实施的则是残酷训练，学生在操场上不累死也得被扒层皮，因此有一段时间，云南滇军曾称霸西南，无人能敌。

与以上两个老字号相比，黄埔军校带有速成班的性质和特点，不仅受训期极短，所学课程也不过是团一级的军事教育，但黄埔生因为一放下书本就进入了战场，实

王耀武。山东泰安人，黄埔军校第三期毕业，七十四军的创建者之一，也是该军抗日战绩的主要缔造者。

战经验相对丰富。

以剽悍敢斗的北方老兵为底子，以接受过基本军事教育的黄埔军官为骨干，使得补充旅很快成为战斗力较强的国民党嫡系部队，也就是所谓的中央军。

卡尔逊对中国观察了十年。在这十年中，一支军队能打仗，是嫡系，并不一定就能生存发展得下去，何况补充旅并不是一个正规番号，属于中央军里的杂牌，一不小心很容易被别人兼并补充。它能够逐渐站稳脚跟，并且扩大规模，靠的不光是战功，还有无穷无尽的中国式智慧，而这一智慧的集大成者，便是补充旅旅长王耀武。

据说王耀武在当旅长的前一年，曾经去看过相。算命先生量了他的左手五指，说他有文相武帅之相，走路虎行，必主大贵，而且最近就会有升迁之喜。

王耀武起初也许没太当一回事，但没想到第二年春天，相还真应验了。这下子不仅算命先生的生意爆红，连带王耀武本人也隐隐然有了一种“天降大任于斯人也”的感觉。

有人说他是“燕颈熊背虎屁股”，王耀武听了很高兴，给全旅官兵训话时，常常特意把两腿张开，上身前倾，好像随时要像猛虎一般扑出去的样子。每逢讲到带劲处，他还会把右手抬起，食指指向自己的鼻子尖：“我王耀武要是贪生怕死，就是没有父母的骨头！”

“文相武帅，走路虎行”那会儿，王耀武还不知道，自己的部队日后真的会跟老虎这个名号沾上边，他当时烦心的，是如何在具有中国国情的军队体系里，为部队找到一个最好的发展途径。

关系学

王耀武原籍山东泰安。这个外表看上去略显粗犷的山东大汉，却有着一颗非常细腻的心，说白了，就是很会做人。就职旅长的第二天，他就大发通电和快邮代电，总计百余件。收到他电报的人，凡是学历或官职比他高的，哪怕只是一面之交，他都要在电报抬头上尊称为老师、长官，自己则谦称学生、部属。

王耀武不是光嘴上客气，逢年过节，都要给指挥他的机构人员送礼物和津贴，还要不辞劳苦地亲自安排办理，务求让大家都妥妥帖帖、舒舒服服。日久天长，指挥机构里的大大小小、老老少少没有对他不满意的，遇到方便处也都尽量予以方便。

遍洒甘露只是为了广积善缘，真遇到事，得另外有点过硬的路子才行。当时王耀武最忌讳和最害怕的，是被拨归陈诚指挥。作为国民党军的第一“大鳄”，陈诚但凡看到杂牌甚至是中央军中的杂牌，眼睛都是红的，那真是见一个吃一个，见一双吞一双。陈诚曾在江西临时指挥过一个地方师，结果处着处着，就想把人家给兼并掉，对方不肯，官司一度打到南京军政部，弄得军政部长何应钦左右为难。

为了避开这个风险，王耀武决定跟另一个实力派顾祝同搭上关系，他用以取得顾祝同信任的一个办法，是提拔李天霞为代团长。

李天霞本人业务水平自然不赖，当团长是没话说，同时他又是钱大钧的亲戚，而钱大钧和顾祝同曾同为黄埔教官，乃是至交密友。通过这么来回一转悠，王耀武终于跟顾祝同牵上了线，他也就顺理成章地把补充旅挪到了顾祝同的保护伞下。

被陈诚“补充”的危险暂时是没有了，但树挪死，人挪活，老是待着不动，部队也不会有多大前途。成立补充旅的第二年，恰逢红军北上先遣队进抵江西东北地区，南昌行营急调部队进行围追堵截。

王耀武立刻发现这是一个机会，据他判断，北上先遣队脱离了江西苏区这一老根据地，新根据地又没有建立起来，在一路作战都得不到补充的情况下，必然疲困不堪。补充旅若是能够加入“追剿”队伍，一定能够从中捞到战功。

要走，得先经过顾祝同这一关，但顾祝同已经对王耀武非常欣赏和认可，无论如何不答应放人。

凡是王耀武心间口、口问心地盘算许久才想好的主意，他是绝不会轻易放弃的。你不是不同意吗？那我就天天来请求，反正是冬瓜茄子、陈谷子烂芝麻地扯一通，既表明立场，也让故主知道，我要出去绝不是对你有什么意见，而纯粹是出于公心。

孙大圣见了会唠叨的唐长老都头疼，何况是顾祝同。与此同时，王耀武又去找何应钦请命，加上俞济时一再向南昌行营告急，顾祝同不得不接受行营命令，让补充旅脱离了自己的掌握。后来顾祝同跟何应钦在一起闲谈，还说王耀武真是很“调皮”。

“调皮”的王耀武获得了他所想要得到的东西。“追剿”红军先遣队的这段经历不仅增加了补充旅的战功战史，还为他攀上俞济时创造了机会。

俞济时是黄埔一期生，曾以师长身份参加过第一次淞沪会战，称得上要资历有资历，要军功有军功，他还是蒋介石的浙江同乡，很早就被蒋介石倚为心腹。当时俞济时的职务是浙江省保安处处长，天子门生的光环和够硬够铁的关系背景，让他一度态度跋扈，但在被蒋介石任命为“追剿军”总指挥后，俞济时的脑袋就昂不起来了：在与红军北上先遣队的交锋中，因屡次失利，他先后遭到了记大过和撤职留任的处分。

与这位沮丧的临时上司相处，王耀武丝毫不敢怠慢，以前怎么给顾祝同牵马坠镫，现在还是给予俞济时一样的待遇。哪怕俞济时随便讲一句话，王耀武都要作为重要的上级指示，给部下传达一番。当俞济时的指挥部随同补充旅的旅部一同行进时，王耀武总是不离俞济时的左右，他还特地从全旅挑选精壮士兵，编成警卫排，为俞济时提供安全保卫。

补充旅既能打仗，旅长对上司又这么体贴入微兼谦虚谨慎，恐怕没有哪个上司会不喜欢。很快，俞济时就把王耀武看成了自己人，以后随着“追剿”的结束，尽管二人的上下级关系已经解除，但俞济时一直罩着王耀武。要不然像补充旅这样无正式番号的部队，即便有“剿匪”的战功，也很难逃脱消失的命运——不是在继续追击红军的路途中被消耗掉，就是一不小心被哪个“大鳄”给改编或兼并掉了。

凭着自己领悟出来的关系学，王耀武一路逢山开路、遇水搭桥，补充旅先是被扩编为新十一师，接着又升级为暂五十一师，后来“暂”字也拿掉了。到第二次淞沪会战爆发前，第五十一师已成为三团制乙种师，并内定将扩编为两旅四团制的甲种师。

要有主见

淞沪会战爆发前，五十一师正在陕西汉中整训。接到统帅部的征调令后，王耀武立即率部集结于宝鸡火车站，通过军用列车紧急输送的方式，昼夜兼程赶往上海。

淞沪战场有多么险恶，五十一师在行军途中就感受到了。汉中有一个天主教堂，之前五十一师跟这个教堂从无接触，官兵也没有信教的，但在部队即将整队出发时，教堂发来请帖，要给营以上官兵设宴送行。

出于礼貌，受邀军官都赴了约。后来才知道主持教堂的是意大利神父，该教堂实际是一个潜伏的国际间谍组织，他们在想方设法搜集并向日方提供关于五十一师的情报。

由于日军掌握着五十一师的出行情报，他们开始派飞机沿途进行跟踪侦察。当部队到达浦口时，列车必须换乘渡轮过江，日机趁势进行轰炸，幸亏当时是晚上，沿江已实施灯火管制，日机飞行员看不清目标，炸弹才没有落到船上。

使五十一师略受损伤的是在苏州火车站。那里是军火补给点，每列火车至少得停留两个小时，以便换发新武器和新装备，这么长时间的停留，终于还是给日机轰炸创造了机会。

行军途中心惊肉跳的经历，让王耀武多长了心眼。接到统帅部的增援令后，他没有贸然出击，而是决定分两步走：第一步是急行军搜索前进，到达嘉定前线后稍

七十四军主要将领合影，前排左一即为邱维达。七十四军的前三任军长都与邱站在一排，左三是第一任军长俞济时，左二是第二任军长王耀武，左三是第三任军长施中诚。

事整顿，再联系友军；第二步才是加入作战。

根据王耀武的指示，三〇六团作为先头部队向嘉定开去。1937年8月25日拂晓，经过三个半小时的急行军，他们安全到达了嘉定县。此时天还没亮，团长邱维达在县城里转了转，想找人了解点儿情况，但结果令他大失所望：全城已空无一人，老百姓早就跑光了。

这该怎么办？王耀武事先并没有给出答案。

邱维达素以冷静有涵养著称。有一次部队出发，王耀武临时安排宿营地点，官兵迟迟没能集结起来。王耀武顿时就火了，对着当时担任参谋主任的邱维达大发脾气，骂他："浑蛋，小子，寡廉鲜耻！"

其实整件事并不一定是邱维达的责任，但他自始至终没替自己辩解一句，脸上的表情也非常自然，过后还是该干啥就干啥，没有受到一点儿影响或出现情绪波动。为此，邱维达得到了一个"橡皮气袋"的绰号。

若是你据此认为邱维达是一个只会忍受吞声的受气包，那你就错了。有些事，是完全可以不用理会的，比如对方冲动之下的气话。邱维达不用这样回答他的上司：

“我不浑蛋，我不寡廉鲜耻……”

关键还是自己要有主见，事情做错了，就认，下次记得改进；事情没做错，你骂了等于白骂，我当耳旁风。邱维达就是这样一个人，所以他才可以从幕僚升到能够独当一面的军事主官。

眼下就是需要邱维达独自做出判断和决策的时候。他首先登上城墙进行观察，发现城墙还算坚固，可以用作临时野战工事。这也就说明部队无须惊慌，就算日军立马杀到眼前，都能凭城固守。

接着邱维达派一个营向罗店方向进行戒备，其余部队休息，以解除疲劳。到罗店联系友军的任务交给了营长刘振武，邱维达让他快去快回，查明情况后立即上报。

刘振武沿着公路走到了罗店以南的施相公庙，在那里，他碰到了十一师的一个营长，知道罗店又被日军第十一师团占领了，而十一师昨天发动的反击战没有获得成功，部队伤亡很重。目前退守施相公庙的师主力正在加强防御工事，以应对日军向南的进攻。

接到刘振武的报告，邱维达明白火速增援是必需的，只是如何增援颇有讲究。

天亮之后，日机照旧还要前来骚扰，此外，江面上日军远程舰炮的威力也不可小觑，它们是可以打到嘉定来的。邱维达得到的信息是，有的友军还在增援过程中就被炮弹炸乱了，部队损失严重。为了不致重蹈覆辙，他下令官兵一律进行伪装，并利用公路两侧的排水沟向施相公庙隐蔽前进。

下午 4 点，各营报告陆续进入阵地，与十一师完成部分接防。这时邱维达才舒了口气，他相信只要第一步站稳当了，以后有的是办法。

聪明仗

打仗要是不动脑，打的可能永远都是笨仗。正式接替施相公庙阵地后，邱维达开始琢磨如何才能打聪明仗。

日军在进攻方面有一个固定规律：他们总是在天蒙蒙亮的时候，先用飞机对中方阵地狂轰滥炸一阵；接着再升起风式观测气球，指示陆地炮兵和海军舰炮做第二次炮击；到了最后一步，步兵才会直接发动进攻。

罗店一带到处都是棉田，尽管棉花梗不如北方高粱那么高大密集，但若是部队分散隐蔽在里面，日机也很难发现，所以当成群的日机前来轰炸时，大家不但不害怕，还会加以调侃："你看，老鸦又在下蛋了。"

有观测气球指引的炮击就不同了，这种情况下，你要是往棉花地里跑，等于送死。当时的中国军队在做工事方面又普遍不太讲究，战壕挖得既不深，也不够坚固，而且很容易暴露，在炮击的一到两个小时之内，被炮弹碎片杀伤的士兵为数不少。有一次，一发炮弹落在十一师某连的掩蔽部里，炸死炸伤了一个排的预备队，连长被炸得只剩一条腿，惨不忍睹。

有经验的老兵通常知道怎么防炮。比如你要是看见一堆喷射的烟火，就可以立刻断定是一颗大炮弹快要飞过来了，而这堆烟火喷射的方向若是直冲着你所在阵地，就得赶快跑开。更厉害一些的，还可以直接根据炮弹的呼啸声，辨别出炮弹飞行的方向和可能的攻击点。

可是这里依据的主要还是内战经验，罗店战场上的情形完全不同。日军施射的几乎全是重炮，且非常密集，随着炮弹一排排地落下，浓烈的火药味足以塞住每个人的呼吸。这时候什么声音都不容易辨别了，你再怎么竖起耳朵，能听到的，都像是"十万只大锣同时在敲击"。

慌乱之下，一些缺乏战斗经验的军官和士兵往往会舍弃战壕，往竹林或小山包里钻，但这么一来，正中敌人下怀。竹林、小山包和棉花地一样，目标明显，他们可以将所有炮火对准了打，结果不言而喻，看上去适于躲避的地方反而死伤的人更多。

说一千道一万，还是得靠工事进行防御和掩护。以前工事质量一般，那是因为内战中的双方大多没有什么重火力，用它来挡挡子弹就可以了，没人想到也没必要把工事弄得那么考究。现在则不同了，邱维达规定从团指挥所直达第一线，均须修筑有掩体战壕以及交通壕，并限三天内完成作业。

一发炮弹炸垮一个排这样的惨事，也要尽量避免。邱维达的应对措施是纵深疏散配置兵力，别说一个排，一个班都分散开来，以免被日军的炮弹给端了窝。

另外他始终没有忘记的一点，就是对部队和阵地进行全面伪装，总之是隐蔽得越深越好。

至 8 月 29 日，三〇六团阵地部署就绪。那个时候，因为蒋介石对曾国藩的用兵之道非常推崇，所以就连黄埔教材都采用了“曾胡治兵语录”。邱维达是黄埔四期生，他很信服曾老爷子的一句名言：“打仗不慌不忙，先求稳当，次求变化。”

显然，没有把握地盲目出击，只会得到一个“夜半临深池”的结果，只有在已经构筑出巩固阵地的前提下，才能谋求“变化”。

在这几天里面，由于日军掌握着制空权，士兵白天烧个饭冒个烟都会招来日机的扫射轰炸，但是到了晚上，日军一般都龟缩不动，敌方阵地上一片沉寂。

如何寻求“变化”，就是要找机会寻缝隙。邱维达认为眼下就是不可错过的好机会，当天深夜，他派三营向罗店日军发起了强袭。

三营在营长胡豪的指挥下，趁敌不备，一鼓作气地冲入罗店南侧阵地，砸开了一个六十多米的缺口。在此之前，其他中国友军打的都是阵地战，没有出现过类似的突袭，日军猝不及防，黑暗中只好拿起武器向四周乱射一气。

敲山震虎之后，三营并没有继续深入，而是见好就收，拖枪便走。日军哪里肯舍，跟在后面就追。按照预先制订的计划，胡豪且战且退，一直把追敌逗引到了己方阵地前。

防御阵地上的中国军队。淞沪战场堪称打仗的试金石，甭管名气多大的部队，在这里都不一定能过得了关。

饶你精似鬼，也免不了照喝洗脚水。见对方已经中计，邱维达立即打出一颗红色信号弹，集中全团轻重火力，对暴露在阵地前的日军进行猛烈射击。双方展开激战，刘振武在战斗中不幸以身殉国，值得一提的是，这名年轻的军官才刚刚告别新婚燕尔的生活。部队开拔时，妻子抱着才满月的儿子，连夜赶来送行，刘振武虽恋恋不舍，但军令在身，不便多留，见到妻子，也只能匆匆用手电筒照一下她的脸，再照一下襁褓中熟悉的幼子，然后狠狠心转身离去。谁也没想到，这一转身竟成永诀，此类情景也成为抗战中最为动人的经典画面之一。

战斗至天明，阵地上枪炮声逐渐稀疏。邱维达举起望远镜进行观察，看到阵地前沿的日本兵死伤累累，这说明前来追击的日军已被击溃。各营剩下来的事只是打扫战场，收缴武器而已。

按照中方记录，此役击毙日军中队长秀吉三郎以下近三百人，日军联队长竹田负伤，缴获枪支战刀数百件，三〇六团方面，阵亡营长刘振武、詹文以下两百多人，从数据上看，是一场划得来的胜仗。整个五十一师由此士气大振，自进入淞沪战场以来，官兵或多或少都存有一些怯敌心理，至此也烟消云散。尽管夜袭的成功并不可能再三再四地复制，但还是挡不住友军部队的“羡慕忌妒恨”：“王耀武师在施相公庙与敌作战，每日夜袭都可得十支八支步枪，或打死、俘虏个把敌人。”

夜袭战的第二天，上海的《申报》和《大公报》都在显要位置报道了五十一师的战绩，同时配发了师长王耀武的大幅照片，其中《申报》更著文称赞：“此次五十一师拒敌大捷，其勇敢机智，实令全国人民精神振奋。”

淞沪会战基本上集结了当时国民党军队的全部精锐，可谓大牌云集。比如五十一师接防的第十一师，就是陈诚“土木系”的起家部队，陈诚为之配备了最好的武器和他认为最优秀的将领，论名气也要远远盖过五十一师，但五十一师愣是靠自己的表现和努力，在上海滩闯出了属于自己的一方天地。

天大的玩笑

就在 8 月 29 日这一天，从汉口整训地出发、由俞济时任师长的第五十八师也到达了嘉定。

五十八师和五十一师一样，原来都属于地方部队的番号，后来老五十八师和红军作战吃了败仗，那个倒霉的师长便被摘了乌纱帽。到俞济时走马上任时，该师除原来的残部，还并入了浙江省的三个省级保安团，逐渐发展成为一个两旅四团的甲种师。

那段时间，涌入上海参战的全国各地部队源源不断，为了便于协同配合，统帅部重新编制了一批军级番号，并将各师分别编入新军。8月30日，成立第七十四军的命令正式下达。第七十四军编制内的部队包括五十一师、五十八师和一支官兵多为贵州人的独三十四旅，俞济时出任军长兼五十八师师长。

抗战之前，无论是国民党的中央军，还是各地军阀，一般都是根据派系来划定部队统属的范围，这个在西方乃至于日本都不可思议的建军规则，在中国却早成惯例。倘若不是抗战需要，类似怪圈是很难被打破的，因为它涉及一个最让军事主官忌讳的话题：“吞并。”王耀武曾经绞尽脑汁要绕开的，就是这座大坑。

抗战让大家都自觉地放下了这本细账。王耀武更无所谓，从补充旅时期起，正是由于得到俞济时的关照，他的部队才能够做到稳若泰山，而王耀武本人也非常知情识趣，在已与俞济时脱离上下级关系的情况下，仍然要把每日行军和战斗情况抄送一份给俞济时，俨然把俞济时当成了自己永远不变的上司。如此密切的关系，使得两师合并水到渠成。至于独三十四旅，本身战斗力极为有限，有两个中央军级别的部队在前面挡着，无疑也让他们身上的压力减轻了不少。

七十四军成立后，五十一师主要负责施相公庙的防御，五十八师则坚守罗店西北侧阵地，相对而言，独三十四旅只需看住浏河口，防止日军从那里登陆即可。

中国人在上海抵抗的顽强程度，大大超出了日本政府乃至西方观察家的预料。

此前美国人卡尔逊已乘坐“麦金利总统”号客轮来到上海。这是他第三次来上海，其最初目的并不是观战，而是为了学习汉语，但他没有想到自己会一头撞进战争的旋涡，而且战争居然会打成眼前这个样子。

1927年当卡尔逊第一次到中国的时候，正值北伐战争，那时候的中国名为统一，实质仍是一盘散沙。作为军人，他对当时中国军队的评价很低，一方面是看到中国军队从组织、训练到装备都相当成问题；另一方面也是发现中国军人尤其是军事领导人的忠诚度不高，“城头变幻大王旗”，朝秦暮楚几乎是普遍现象。

卡尔逊看到的，日本人也看到了，正是看到了这一点，日本政府的领导人才会悍然发动侵华战争。他们满以为，只要战端一开，中国就会出现内战中曾多次出现过的情景，到时他们所要面对的，不过是一个四分五裂的弱国，以及许多相互争吵和掣肘的不同军事政治派别。按照他们的想法，要搞定这群忙于内耗的中国人，最多只需像从纸盒里抽面巾纸那样，稍微一用力，就能全都给截断戳破了。

这明明是“地多、人弱、速来”的节奏，可现实还是和张狂的日本人开了一个天大的玩笑。不管日军攻得有多猛，张牙舞爪的姿势有多吓人，人家都在照旧抵抗，而且自始至终，没有任何一个够分量的中方军政领导人闹分裂或倒向他们一方。

秘密到底在哪里？

卡尔逊兴趣大增，他很干脆地放弃了原计划，随即以美国海军官方观察员的身份，想方设法弄到了一张赴前线采访的通行证。

当卡尔逊凭借通行证进入前线战壕时，他发现中国军队的武器装备仍旧十分寒酸。本国军工生产的落后以及世界各国的武器禁运，使得多少年前就该被淘汰的各式枪支还在大行其道，士兵的枪支型号也因此五花八门，德式的，俄式的，捷克式的，都有。

由于自动火器严重不足，禁运范围以外的德国造驳壳枪反而成为一大亮点，它们被装在木制枪托上，当冲锋枪用。

看到卡尔逊进入他们的掩体，官兵都露出了惊讶的表情。卡尔逊在北平供职时学过两年中文，他用中国农村习惯的问候方式打招呼：“你们好，老乡！”

这个高鼻子蓝眼睛的洋人立刻把众人都给逗乐了，也拉近了双方的距离。在通往后方的交通壕里，卡尔逊遇到了一个列兵，对方用非常流利的英语问他：“你是美国人吗？”

卡尔逊。美军特种战争的开创者之一，抗日战争初期曾多次深入前方，实地走访千余公里，写了多本关于中国抗战的著作。

这下轮到卡尔逊吃惊了。在他的印象里，中国尽管人口很多，但受过高等教育的人并不多，并且一向有着“好铁不打钉，好男不当兵”的谚语，不是走投无路，谁也不肯去当兵。

见卡尔逊一副不敢相信的表情，列兵笑着告诉他，自己毕业于一所美国大学，回国后做了教师，是抗战军兴，才投笔从戎拿起了枪。

卡尔逊顿时对列兵的话产生出浓厚兴趣：“中国军队里有很多像你这样的人吗？”

列兵做了肯定的答复：“在我们国家，恰恰是中学和大学的学生，多少年来都保持着民族主义的理想，坚持要抵抗日本人。”

相对于外观上一览无余的装备，卡尔逊更看重部队所展现出来的精神面貌和职业素养——与十年前大不相同的是，起码士兵现在知道自己是在为何而战了。

仗打得苦啊

在认识投笔从戎的教师后，卡尔逊走进一间部队伙房。一名炊事兵好奇地问他：

“在你们国家，人们都吃些什么？”

卡尔逊如实回答：“肉、土豆、豌豆和玉米。”

“不吃米饭？”

“也吃一点儿，但我们常把它当甜食。”

用来活命的米饭居然被当成甜食或是点心？炊事兵完全无法想象，他被震惊到了。

话题接着就转到了卡尔逊的皮靴上：“你穿这么重的鞋怎么能走路？”

卡尔逊一时不知如何解释才好，只能说：“我习惯了这种靴子，而且它能保证我的脚不吃泥巴和石头的苦头。”

炊事兵穿的是一双布鞋，他不能认同卡尔逊的说法：“如果是在泥地里，我就脱掉鞋。”

穿着一针针缝起的布鞋或是光着脚，然后为抵抗日本人而拼命流血，士兵称之为“民族自救”。

“敌人想霸占我们的家园，如果我们一齐努力，就能打败他们！”

在回城的路上，卡尔逊想，日本肯定是弄错了一件事，他们以为可以像过去那样欺负中国，可以继续蹬鼻子上脸地捞到无穷多的好处，却没想过这个民族一旦觉醒，力量会有多大。

正如卡尔逊所认识到的，在这十年里，中国军民确实已逐渐形成一种共识，那就是，国内战争是一回事，抵抗外来侵略是另外一回事。

日本人当然不能理解这种民族意识和民族精神。在日本的昭和时代，从平民百姓到军政首脑，再到天皇，都被潮涌般的军国主义狂热情绪裹挟着，其内心的优越感就像肥皂泡一样撑得欲裂还胀，他们认为所谓的民族精神，只有他们才配有，什么时候轮到积贫积弱的中国了？

中国军队在上海的抵抗，惹得日本政府恼羞成怒，首相近卫文麿发表讲话，声称：“日本的行动方针是把中国打得屈膝投降，使它不再有战斗的精神。”

中国的领土面积太大，在侵华策略上，日本开始想的是慢慢吃，以免过于着急噎着自己，所以“七七事变”后，政府和军方所表露出来的胃口，只是控制河北、山西、山东、察哈尔和绥远五个北方省份。近卫的恫吓则表明，他们已决定摒弃这种一省一省吞食的“不扩大政策”，这就要撸胳膊挽袖子，全面征服中国了。

从9月1日起，日军不断增兵上海。参加淞沪会战的中国军队都感到压力倍增。一般情况下，他们是白天防守，晚上再向日军发起攻击，但是在日军有所警备的情况下，夜战已很难再像刚开始那样收到奇效。

五十八师有一个贵州籍的营长，名叫童刚。他有一个私交甚好的黄埔同学在独三十四旅，正好独三十四旅的防线又紧挨着五十八师，童刚便抽了个空去看望老同学。二人近十年不见，自然是亲密热络得不得了，当天同学挽留童刚吃饭，饭还没吃完，副营长就打电话让童刚回去，说部队要在晚间出击罗店。

握别时，童刚对同学说：“等打完胜仗回来再见。”但是他没有能够实现这个承诺，在夜战中，童刚头部中弹，不幸以身殉国。

即便不主动出击，一动不动地待在家里防守也不是一件乐事。由于处于滨海地区，水位比较高，地面下挖一米就可以见到水，往后挖得越深，坑里的积水越多，士兵的双脚只能长时间浸泡在混浊的泥水里。同时为了防空，很多阵地上白天都不能生火做饭，只能依靠后方送来的饭菜，在晚上吃一顿。碰到运气不好，送饭菜的后勤人员在半途中就连人带物被炸光了，那样的话，就连晚饭也没得吃了，要想不饿死，便唯有用身边有限的炒米和积水来充饥果腹。

“仗打得苦啊。”在五十八师任代营长的吴亚夫记不清待在壕沟里的那段时间是怎么熬过来的，他只知道密密麻麻的炮弹连续不断地从头顶呼呼地飞过去，爆炸声震耳欲聋。

被掩盖在死亡暴雨之下的中国军人并未被艰难困苦吓倒，当日军停止炮击、用步兵发动进攻时，迎接他们的仍然是猛烈的机步枪子弹，没有一支中国军队主动选择从关键位置后退。

截至9月9日，登陆长江南岸的两个日军师团因伤亡惨重，已无力再发动进攻。日本统帅部被迫再次增兵。随着援兵的到来，正面日军重新变得活跃起来。在两次进攻五十一师驻守的施相公庙阵地未果后，他们又采用步车协同作战的方式，将矛头对准了五十八师。

作为甲种师，五十八师在中国军队中的火力配备算是不错的，从山野炮到迫击炮、平射炮都有，尽管数量不多，但若用到战斗中去，作用还是不小，尤其炮兵营的六门一〇五毫米榴弹炮，在当时已是颇具威力的重炮，被誉为“神炮”。

五十八师进入阵地时，当地居民还有很多没有撤走，知道部队要部署炮兵阵地，老百姓不仅主动拆掉自己的住房，为炮弹清除射界，还找来大棚、麻袋之类的东西，搭在挖好的战壕上面做掩护。

日军往上一攻，五十八师立即组织炮火集中轰击。那天刚下过雨，雨后泥泞，日军爬虫一样的坦克大多陷在泥里，失去掩护的步兵被炸了个昏天黑地。五十八师趁势冲杀，与日军展开肉搏战，喊杀声一时响彻天地。

要说白刃肉搏，恐怕列强中没有哪个国家有日本那么重视。就连卡尔逊都知道，拼刺刀一直是日本步兵最拿手、最擅长的。除了对士兵普遍实施高强度训练，日本三八式步枪（即“三八大盖”）几乎就是为此而量身定做。它的枪身既长，重量还轻，俗话说得好，一寸长一寸强，这让日本兵在拼刺中大占上风。另外，“三八大盖”所配装的刺刀钢口质量也极高。二战期间有人对各国所装备的主力步枪刺刀进行过对比试验，结论是“三八大盖”的刺刀钢度最好，是试验中唯一不卷刃、不崩口的刺刀。

可是淞沪战场上的肉搏战，并没有出现日军全面占优的情况，日军反而常常被中国兵用刺刀赶着倒退。原因是多方面的，首先，最早到上海参战的中国部队多为主力精锐，不少老兵都具备比较熟练的拼刺技术。其次，日军脚穿卡尔逊那样的皮靴，要是走在公路上，自然可以起到保护脚的作用，但如果是在水塘纵横的泥巴路上跑来跑去，则又不一样，稍不留意，靴子就会陷到泥里去。相比之下，穿布鞋、草鞋乃至光着脚的中国士兵在反应上要灵活快捷得多。

在机械式的白刃战训练中，日本兵已经养成习惯，拼刺时必先卸下子弹，然后再一心一意地进行格斗。中国军队没有这么程序化，按照内战的经验，士兵们在端着刺刀冲上去之前，通常都会甩一排手榴弹。可别小看了这排手榴弹，它们即便不能把面前的日本兵给提前终结掉，也会在接下来的格斗中影响对方技术动作的发挥。

卡尔逊观察后，深感“日本步兵在白刃格斗中的劣势令人惊讶”。五十八师正是通过肉搏战击退了日军，打扫战场时，该师缴获了一面日军联队队旗以及相当多的军用品。

五十八师炮兵营在战斗中大显神威，一家报社的记者为此专门采访了炮兵营长，之后不仅详细报道了他们的战绩，还配发了炮兵阵地的照片。军长俞济时很有保密意识，他看到报纸后大吃一惊，立即以泄露军事机密进行追责，下令查封报馆，撤去炮兵营长的职务，同时命令炮兵阵地火速转移。

图中火炮为德制 105 毫米榴弹炮。这种火炮是抗战前中德军事合作的成果，参加了包括淞沪会战在内的大规模会战，但到抗战中期时，便逐渐损失殆尽。

大炮刚刚撤出阵地，日军的飞机就到了，原来的炮兵阵地被炸成了一片火海。事后获悉，日军正是从报上获取了炮兵阵地的关键信息。

这是敌人在战术上的一个调整，在尝到中方火炮的滋味后，他们开始改用飞机对五十八师阵地进行轰炸。随着战争的延续，通过空中侦察，日军已基本掌握了中国守军的阵地结构，所以这种轰炸还是有些准头的。

空袭整整持续了三天，飞机炸弹从早落到晚，几无间隙，空袭过后，方圆百里的地面上全都是一座座大坑。仅吴亚夫营，就死伤了十多名官兵，在后方三里地外的炊事班整个被端掉了，炊事兵一个也没能活下来。

日军估计轰炸达到了预期目的，即出动步兵攻击。经过这次轰炸，五十八师不敢再用火炮集中射击了，怕被日军的飞机或大炮锁定目标后予以摧毁。一位中方师长说得很实在："(动用火炮)不能勉强，我们是劣势装备，两家伙打烂了，就没有了。"

好在五十八师的战斗力尚存，吴亚夫所在的三四七团三个营从三面出击，再次击退日军的进攻，并且缴获了整整一卡车的军刀、迫击炮和枪支弹药。

日本人总想在罗店前线挑一个最软的柿子捏。在五十八师这边吃了瘪，他们又赶紧掉头朝向五十一师。9 月 30 日，施相公庙一线遭到了当月最后一次强大攻击。不过对付此类进攻，五十一师已经相当有经验了，日军离得远，部队就一弹不发，以免无谓地消耗弹药，只有当日本兵进入有效射程，才会予以料理。

施相公庙前沿的战火一直燃到天明。五十一师拼尽了全力，共有五名军官在激战中阵亡，经过浴血奋战，该师终于还是将日军挡在了防守主阵地之外。

兴登堡防线

观察者的角度往往要比当事人宏观和全面得多，因为他们可以看到整个战场的形势。卡尔逊注意到，由于日军占有炮兵和空中优势，中国军队防线的中心实际上一直在丢失，但这种丢失是一寸一寸的，也就是说并不足以撼动整体。

作为一个本身有作战经历的美军军官，卡尔逊完全能够分析出日军为什么会在进攻上缺乏成效。若仅就搏命程度而言，日本兵是没有什么话说的，卡尔逊甚至认为，战场上没有比日本兵更勇敢的了，这一点连中国兵都有所不及。日军的症结，主要还是指挥层缺乏变通和创造性，军队被训练得过死过僵，士兵只会按照固定程序打仗，当这一程序不起作用时，就不知道如何才好了。

日本陆军在进攻时的公式，就是那个"一炸二轰三攻击"。不是说不好，打个比方，如果七十四军不修筑坚固阵地，它实际上是有效的。问题是人家已经建好了防护掩体，并且知道如何在炮火停息后击退你的步兵，在这种情况下，还要继续重复“一炸二轰三攻击”，就显得有些过于脑残了。

近代以来，日本能够以亚洲国家的身份，堂而皇之地跻身于西方列强之中，缘于它在日俄战争中一举击败了俄国。曾几何时，日本的军事机器也被西方认为难以对付，但现在卡尔逊不得不说，日军其实只具备三流水准——以欧洲标准衡量。

三流的日军能够在中国耀武扬威，当然是由于中国军队更加不入流。恰恰因为这个原因，淞沪战场上防守者之顽强，同样也是令人难以置信的，这充分说明，原本世人眼中孱弱不堪的中国军队，已初步具备抗击打甚至反过来打击强敌的能力。

中国人到底还能坚持多久，已经成为上海城里几乎所有人的焦点话题。卡尔逊佩服中国军人的顽强，但他却并不认为中国军队能够长期坚守下去。在中方参战部队中，最早一批出战的是德械师，就当时国内部队的实力而言是最强的。接着是第十一师这样的精锐主力，再便轮到了第七十四军等初出茅庐的次主力。问题是，再再然后呢，该怎么办？

在淞沪防线的背后，新的援兵还在不断到来，但这些增援部队显然已不是防卫的骨干力量。他们以新兵为主，尽管官兵们同样充满了抗战热情，浑身上下洋溢着民族自救的精神，然而缺少经验和训练是他们的致命软肋。毕竟，战争最终还是要靠实力来说话的。

卡尔逊不安地看到，来自各省的年轻士兵们充满活力地开上前线，可是没过几天，他们不是血迹斑斑地倒在深秋褐色的土地上，就是躺在用树枝伪装的医护卡车里，慢慢地被送往后方医院。

这一期间，陆续赴沪参战的日本陆军已达六个师团加一个旅团，并配属有数量较多的火炮和坦克部队。淞沪会战之初，日军还没有完全弄清楚中方在上海的防御部署，他们只知道淞沪地区属于三角洲水网地带，重装备运动不便，所以一开始没有向战场投入太多重炮。

事实上，淞沪区域在战前即已全部工事化，从河岸、河堤、道路一侧，到村落、高地乃至土坟堆，都构筑有工事群。重要火力点的顶部还用木料、沙袋覆盖，以垒成土堡形式。有这样的工事群作为基础，只要驻防部队再加一加工，把战壕挖深一点，就可以形成相对比较坚固的防线，日军的轻型和中型大炮很难予以摧毁。

由于整个工事体系乃是根据德国军事顾问的意见所构建，所以日军称之为“兴登堡防线”。

吃过“兴登堡防线”的苦头，日本统帅部才想到要增加重炮，而根据前线作战部队的报告，淞沪战区现有的道路情况完全可以使用重炮。为了给步兵提供更为有效的火力支援，这次增援上海的炮兵部队中，就以重炮兵居多。

10 月 1 日，在优势炮火和坦克的掩护下，日军突破了陆桥、刘家行阵地，中国军队逐步退至蕴藻浜南岸的大场一线。

尽管如此，日本统帅部对前线取得的进展仍不满意。当初陆军大臣（陆相）杉山元曾向裕仁天皇夸口，说只要三个月就可以解决“支那事件”，可是现在眼瞅着淞沪战役都已进入第三个月了，中国的全面抵抗不仅没有减弱反而还有增强的趋势。

日军高层指挥官们越来越没有耐心。“上海派遣军”司令官松井石根发表声明，说他的部队将“惩罚中国政府和军队”。10 月 7 日，按照松井的命令，日军开始强渡蕴藻浜。

拳拳到骨

日军在强渡时遭到中国守军的猛烈阻击，机枪子弹爆豆一般叭叭作响，有的渡河铁舟还未到达对岸，船上的日本兵就全部阵亡了。日本《读卖新闻》对渡河战进行了跟踪报道，记者曾拍摄到一名日军伍长在离岸五米处胸部中弹时的情景，该伍长死的时候还抱着船桨。此类胶片被收进新闻纪录片后，在东京电影院放映，引起很大反响。

在日本国内，人们的口头禅通常是“中国人是草包，马上就会投降的”，很多年轻人也正是听信了这种忽悠，才兴高采烈地参了军。现在大家看了电影才知道事实并非如此，日军在淞沪战场上遭受了极大的损失，而中国人强烈的抗日意识和英勇的抵抗精神也让他们倍感震惊。

在付出不小的代价后，日军终于夺取了蕴藻浜南岸的部分阵地。几天之后，又向大场镇发起猛攻，大场战役由此打响。

大场的背后就是闸北。中国军队已没有多少可退缩的余地和空间，各兵团、各部队竞相参战，有的部队刚到上海，甚至连地形、敌情都尚未摸清，就进入了作战阵地。

在争夺一座山岗制高点的战斗中，中方出动了十多个团，五十八师吴亚夫营也被紧急抽调过来，为主力冲锋担任掩护。那是一场真正的大规模激战，不是拳拳到肉，而是拳拳到骨。到处都响彻着喊杀声，近在咫尺的双方士兵全都在舍命相拼，无数鲜活的生命瞬间就消失掉了。

战斗进行到下午 3 点左右，吴亚夫和部下已经杀红了眼，他们忘记了自己的任务只是掩护，全都不顾一切地往山岗上冲。

双方谁都没能完全占领山岗，到了晚上，便各自在山岗下的泥地里挖散兵坑进行休息，等待第二天再战。

苦战一个多星期后，中国军队占领了这座山岗，但是这并不能改变整个战场的被动局面。除了兵员数量急剧增加、火力得到加强，日军在战术上也有所改进。以往的“一炸二轰三攻击”，往往无法形成逐步推进的掩护炮火，炮击都是用于轰炸固定工事，至于能不能对后面步兵的进攻真正起到作用，炮兵基本不管。

在大场，卡尔逊看到了唯一一次可称为“逐步推进”的掩护炮火，炮弹总是落在距离其步兵前方六七百米的地方，这样就为步兵占领中方阵地提供了足够的时间。

10 月下旬，松井石根发出了中国军队正在全面撤退的官方声明。此时驻上海的英美外交官都高度关注战争进展，他们在多个地点配置了观察哨，站在观察哨上的观察员能够清楚地看到中国战线的情况。获悉松井的声明后，卡尔逊急忙和观察员进行联系，得到的报告是一切正常，中国军队没有撤退。

话虽如此，卡尔逊心里的石头并没有因此安稳落地。俗话说得好，无风不起浪，没点风吹草动，松井这样级别的指挥官怎么会无端地发官方声明呢？

必是前线局势出现了变化。卡尔逊打定主意，决定驱车到位于苏州河南岸的中方后备阵地去看一看。

到了目的地，果然听到苏州河北岸炮声隆隆，说明炮战仍在进行中。当地的情况似乎确如观察员所说的那样，甚至老百姓的情绪都很稳定，一路上卡尔逊不时能见到妇女站在没膝深的水里揉搓着衣服。

然而这只是表象。突然间，一架接一架的日军轰炸机尖啸着冲了过来，从机身上落下的炸弹在阳光下闪闪发亮，刚刚还显得和平祥和的天空，立刻被笼罩在阵阵杀气之中。

卡尔逊怔住了。他马上明白，松井的声明绝不是凭空捏造，这种空袭是有所指向的，其目的是破坏中方后备阵地，加速中国军队的撤退。如此说来，中国军队的撤退是没有疑问了。

实际上，在 10 月 25 日，在大部分中方阵地都被日军炮火摧毁的情况下，日军已突破了大场。大场一失，中方侧背即面临威胁，不得不于第二天向苏州河南岸撤退。

中国军队在大场的作战，和在罗店时一样顽强执着，但精神、肉体和热血不可能无限量地起作用，他们缺乏打阵地战所必需的足够武器以及能够提供掩护的空中力量。

10 月 30 日，日军强渡苏州河，抢占了南岸的几个要点，不过中方战线依然保

大场失守后，中国军队退入第二期既设防御阵地，新防线长达 35 公里。图为坚守阵地的官兵。

持完好，而且即便苏州河这边顶不住，尚有事先构筑好的“国防线”可以利用。卡尔逊据此判断，淞沪战役将再持续几个月。

日本人当然不能容忍这种情况发展下去，其统帅部再次向上海增兵四个师团加一个旅团。11 月 5 日，在海军的协同下，援兵部队由杭州湾北岸登陆，对中国军队形成包夹之势。

无路可退

眼看战局急转直下，为免被日军抄掉后路，中国统帅部决定上海战区全线撤退。

形势不妙下的仓促撤退，对任何军队而言都是一道非常复杂的难题，更不用说在组织和训练上都比较落后的中国军队了。德国顾问可以告诉中国人如何在狭窄的长江三角洲建立阵地，增加防守密度，但没有教会他们怎样有秩序地把庞大的部队撤出来。向西退却的几十万大军乱得像一锅粥，部队漫山遍野，潮水一样争先恐后地向西涌去，必要的军纪和秩序荡然无存。

11 月 8 日下午，七十四军（此时已不包括独三十四旅）奉令掩护大军西撤。五十八师率先与追赶上来的日军前锋部队发生激战，部队损失很大，防线随后便被日军攻破，一七四旅旅长吴继光阵亡。

吴继光业余爱唱京戏，尤擅花脸。关于他的阵亡也有着不同说法。有人说，是防线被攻破后，部队急于渡河，但渡船少，吴继光没等士兵全都上来，就急命开船。结果惹得岸上还没登船的士兵破口大骂：“你们当官的打仗躲在后面，现在逃跑却想跑在前头，没那么便宜！”乱枪齐发，把吴继光给打死在了船上。

虽然这一传言未必属实，但亦可见部队是多么混乱和无序。隶属一七四旅的吴亚夫营作为掩护部队走在大部队最后，途中吴亚夫听到后方传来轰隆隆的声音，回头一看，只见半空中黑压压一片，全是追上来的日机。

吴亚夫赶紧大喊一声：“趴下！”话音刚落，日机就实施了机枪扫射，地面被打得尘土飞扬，许多人一头栽倒在血泊之中。幸存者里面中弹的人也不少，吴亚夫双腿中弹，血顺着大腿不断地往外涌，幸好警卫兵及时护送他到附近医院，方得以抢救过来。当时任何人都控制不了这种混乱局面，一些资深将领也只能仰天长叹，徒呼奈何。

11 月 11 日，七十四军整体退至苏州，这时秩序才初步稳定下来。作为总掩护队，五十一师三〇六团奉令赶往青浦、松江进行拖后掩护。第二天一早，邱维达率部到达青浦以西的朱家角，却得知松江已被日军挺进队提前占领。

这些日军挺进队有的是杂在退却部队中跟过来的，有的抄近路进行了迂回穿插，所以前进速度极快。他们不停歇的骚扰和袭击，重新给撤退大军造成了不同程度的混乱。

占领松江的日军随后便向朱家角逼近，并对三〇六团展开了包围攻击。三〇六团势单力薄，稍事抵抗即撤往青浦。

青浦有城墙可以先顶一下。在几乎损失了一个营之后，邱维达下令向昆山转移，谁料通往昆山的公路也被日军生生扼断了，部队变得无路可退。

危急情况下，邱维达找来了两个本地农民。通过他们带路，三〇六团沿着偏僻的乡间小道，经过两天两夜的行军，才得以与兄弟部队取得联系。

中国军队在后撤时，原本准备凭借几条“国防线”继续组织抵抗。这几条“国防线”也是在德国顾问的指导下构建出来的。第一条是吴福线，也就是苏州到常熟福山的国防工事线，但因为日军在福山港附近登陆，使福山的防御阵地还没得到利用就丢失了。

吴福线之后是锡澄线，即无锡至江阴段防线。11 月 16 日，七十四军奉命在苏州至吴江一线展开部队，一边掩护撤退大军侧翼，一边为锡澄线的防守部署争取时间。

由于深知责任重大，七十四军军长俞济时亲自对防线进行踏勘，最终选定位于苏州西北方向的望亭镇为布防要点，并让王耀武派兵扼守。

这时五十一师的各团大多残损严重，担任第一期掩护任务的三〇六团又尚未归队，现存编制能够称得上完整的只有一个三〇五团，王耀武即把掩护任务交给了这个团。

在进入淞沪战场前，五十一师已内定由乙种师扩编为甲种师，从三个团增加到

年轻时的张灵甫。陕西西安人，黄埔军校第四期毕业，擅长书法，爱好历史，据悉学生时代就喜欢和人谈古道今，指点江山。

四个团，增加出来的团就是三〇五团。三〇五团的前身是陕西警备旅的保安团，因为需要进行整训，一直到10月份，该团才来到上海。

三〇五团的团长是原任上校师附的张灵甫。与卡尔逊遇到的那位会讲英语的列兵类似，早期的张灵甫是一个充满理想主义色彩的知识青年，他也曾经当过一段时间的教师。不过张灵甫更广为人知的一段经历，却是“古城杀妻案”。

那时候张灵甫在胡宗南的第一军任团长。据说事情的起因是这样的：第一军在陕北与红军对垒，军官眷属都住在西安古城。张灵甫的一位同事到西安探亲，回到部队后与张灵甫闲聊吹牛，也不知这位仁兄搭错了哪根筋，居然乱开玩笑，说曾看到张灵甫的妻子与一个男的一起逛马路。

在这类事情的处理上，张灵甫的心胸没有比《水浒传》里描绘的那些好汉宽广多少，他不仅听风就是雨，还在认为自己被戴绿帽的愤怒瞬间冲昏了理智。借着春节假期，张灵甫把妻儿从西安接回老家，就在除夕之夜，当妻子弯腰在后院割韭菜做饺子时，他从背后掏出手枪把妻子打死了。

杀妻之后，张灵甫返回了部队。女方娘家人自然不肯就此放过他，不断向上进行控诉，状纸从第一军军部、西北“剿总”，一直递到陕西高等法院，但都没有能够立即得到回应。之后经过一番辗转，受理控告信的西安妇女协会找到了张学良的夫人于凤至。

东北军此时正驻扎于陕西。于凤至让张学良管一管，张学良回答得很干脆：“这是中央军的事，我不能管，也管不了。”

你管不了，自有人管。于凤至就把事情原原本本地告诉了自己的闺密宋美龄，宋美龄又转告给了丈夫蒋介石。

蒋介石素来很在乎自己黄埔学生在外的声誉，一听，这还了得：“马上押解南京，军法会审！”

冲出重围

拘审期间，张灵甫递交了申诉状，辩称妻子曾擅自拿走自己的军事文件，又交代不出理由，因此有“通共嫌疑”，也就是说他杀妻跟醋海翻腾没有关系，乃是出于“防共”需要。“防共”是那个时候的热门，谁都可以拿来给自己当盾牌使，或许就是这个原因，张灵甫没有成为死囚，而是被判了十年有期徒刑。

人情似铁，官法如炉，张灵甫被关进监狱，穿起了号衣。在牢狱里的那段日子，这个做事不计后果的家伙一次次尝到了生不如死的滋味，而前途尽毁的现实，以及毫无个人尊严的生活，更让他眼前的世界变得一片漆黑。

不过他也并没有把牢底坐穿。很快，中日关系变得极度紧张，国民政府下令，凡服刑官兵一律调服军役，在保留原有军衔的情况下戴罪立功。

张灵甫出狱了，他需要用另一种方式来为自己忏悔和赎罪，去慢慢消减潜藏于心底的暗黑及暴戾。第一军是无脸再回去了，这时五十一师进驻汉中，正在招贤纳士，张灵甫自忖过去和王耀武有过一段共事的关系，便毛遂自荐，找上了王耀武。

王耀武对张灵甫留有很好的印象，认为他是个血性汉子，打仗也很有本事，于是爽快地收留了他。只是师里已没有实缺，只能暂时委任他为上校师附。

收到王耀武寄来的委任书，张灵甫二话不说就加入了五十一师。归根到底，他还是更适合于军队，只有军队才可以让他找到自我并重塑自我。

上校师附是个闲职，比的是板凳厚度，对张灵甫来说，指挥三〇五团才是真正过瘾的一件事，因为这意味着他可以上阵一显身手了。

三〇五团虽由地方保安团改编而成，但北方籍的士兵均身高体大，且又训练完整，一旦正式入编，即可胜任前线作战。按照王耀武扼守望亭的命令，张灵甫将三〇五团三营部署于望亭铁桥，11 月 21 日，尾追而来的日军向铁桥发起攻击，三营竭力固守，将敌人死死顶在对面。

觉得快坚持不住了，营长刘光宇急忙向张灵甫报告。张灵甫增派兵力予以支援，还亲自赶到铁桥阵地督战。

按照家人的说法，张灵甫其实在家里非常安静，平时沉默寡言，多数时候都只是一个人埋头看书写字，然而恰恰是这样一个看上去气定神闲，与世无争的人，一上战场，却像一头豹子一样极具攻击性。在他的激励和以身示范下，官兵士气大振，最终全团在极端困难的情况下，以伤亡六百人的代价，连守望亭三天，没有让日军前进一步，直到俞济时、王耀武下达撤退命令，才在炸毁铁桥后实行转移。

途中三〇五团碰到了抄小道后撤的三〇六团，两团一先一后追上了总部。在此之前，王耀武与两团都失去了联系，他以为这两支强力部队已凶多吉少，因此在师部急得团团直转。看到张灵甫、邱维达突然出现在眼前，王耀武有一种喜从天降的感觉，他紧紧攥住两人的手：“三天来一直为你们担心，能冲出重围，真是命大！”

11 月 28 日，七十四军撤至南京，驻扎在通济门至淳化镇。鉴于部队在淞沪战役中已经元气大伤，兵员严重缺额，大家都希望能撤到一个较为安全的地点，整训一段时间后再打。俞济时带着这一期待进入南京城，向蒋介石汇报，但是他得到的指示却是不但不能进行整训，还要加入南京保卫战的序列。

究其原因，三〇六团虽然出色地完成了掩护任务，但充其量只是为后撤大军争取到了三天喘息的时间，而在几乎所有部队都处在溃退状态的情况下，锡澄线并没有发挥预期的作用，原先逐级抵抗的设想也随之化为泡影。

七十四军最初并不在固守南京的部队里面，他们是顶了胡宗南第一军的缺。第一军当时号称“天下第一军”，是中央军里面个顶个的王牌，但淞沪战役也把这支一流部队给整残了，以至于只能渡过长江，到浦口去担任接应任务。

俞济时对守卫南京缺乏信心，大部分将领也不主张守南京。主张打南京保卫战的只有蒋介石和唐生智，唐生智还担任了守城最高指挥官。

俞济时不情不愿，却又无可奈何。他不敢对蒋介石说三道四，只好把一股火都撒到唐生智身上：“唐生智（主张守城）的目的是想升官发财！”

心沉了下去

卡尔逊也坐船来到了南京。他面前的南京城已成为一座死城，街道上空无一人，只有军用卡车在不停地来回奔驰。

卡尔逊此行的目的，是要通过蒋介石的洋顾问端纳，弄到一张前往八路军控制区的军用通行证。因为他的朋友斯诺告诉他，八路军正在北方实施一种名为“游击战”的战术，卡尔逊对此很感兴趣。

当然另一件事也是卡尔逊急切想要知道的。在别人的引荐下，他拜见了守城总指挥唐生智。唐生智向他保证：“我要保卫南京直到最后一个人。日本人可能最终占领这座城市，但他们要为此付出很大的代价。”

相比于誓言和决心，如何守城才更为关键。可是在二人的谈话中，唐生智主要讲的都是街垒战战术以及城里使用的防守措施，对在城外建立一个立足点，连一个字也未涉及。

就军事角度而言，守城的前提是必须守住城郊要点，从而形成防守纵深，否则的话极容易遭到突破。毕业于保定军校的唐生智拥有二十多年的从军履历，在军阀混战中还曾和蒋介石对着干过，显然他不是不知道这些，而是本身对守卫城郊就缺乏足够信心。

卡尔逊的心沉了下去。在拿到军用通行证，离开南京之前，他就断定，这座明王朝的第一个都城即将陷落，而且陷落的时间已为期不远。

其实接到守卫南京命令的将领也大多做如是想，他们身在江南，但心在江北，都恨不得能像第一军那样早一点儿脱离是非之地才好。为此，蒋介石特意召开了保卫南京的军事会议，在会上，他很明确地点了题：南京不仅是中国的首都，还是“国父”孙中山陵墓所在地，弃守既关系国际声誉，也影响军心士气，所以现在不是能不能守的问题，而是必须守。

唐生智接着表态，说自己愿意做到鞠躬尽瘁，死而后已。在他们两个人讲话后，到会的其他将领面面相觑，原先想好的反对意见也都一个个吞下了肚。

俞济时、王耀武虽然缺乏固守南京的信心和把握，但事已至此，也只好依令部署。12 月 3 日，七十四军开进了淳化镇、牛首山一带的既设阵地，其中五十一师负责守淳化镇，五十八师守牛首山，军部则设于通济门外的一座村庄里。

南京郊区的既设阵地也是战前就建好的，均系钢筋水泥构造的国防工事，但由于仓促投入使用以及原先设计上的不合理，它们与实战需要之间存在着相当大的脱节。当七十四军进入阵地时，有的机关枪阵地锁着门，又不知道该找谁去要钥匙，还有的机枪掩体做得太大，非常容易被敌人发现目标。此外，工事和掩体之间既无地道，也无战壕，更无纵深。

烂桃三筐不如鲜杏一个，这种蹩脚的工事和掩体，真让看的人想翻上一百个白眼才行。七十四军只好重新进行抢修加固，门实在打不开的，干脆就砸掉。纵然如此，由于部队本身缺乏工程材料以及输送力量，阵地仍无法达到预期的坚固程度。

淳化镇、牛首山是日军进攻南京城的必经之地。12 月 7 日，当七十四军还在抢修工事之际，进逼淳化的日军小部队就与五十一师警戒部队交上了火。第二天，在飞机大炮的掩护下，日军大部队向淳化镇、牛首山同时发起猛烈进攻，脆弱的守军阵地被完全淹没在炮火硝烟中，有的地方几乎被夷为平地。

尽管一开始就处于劣势，但主阵地还在七十四军手中。12 月 9 日，日军发动更大规模攻击，尤以对淳化镇五十一师的攻击更为凶猛。他们用于破除工事掩体的利器主要是三十七毫米平射步兵炮，这是一种可以随步兵冲锋的火炮，专门用于消灭对方火力点，射击精度相当高。

日军使用的步兵炮。步兵炮主要为步兵提供火力支援，在日军编制中，每个步兵大队均配备一个步兵炮小队，所以步兵炮又被称为大队炮。

国防工事构造上的缺陷成了中国士兵的噩梦。平射炮弹沿着过大的机枪掩体开口就进来了，七十四军的重机枪被炸坏了很多，官兵伤亡惨重，有的被炸断了腿臂，有的连脑浆都被炸了出来，现场惨不忍睹。处于第一线的五十一师三〇一团差不多打光了，除团长纪鸿儒身负重伤，团里的十二名连长伤亡了九人，排以下伤亡一千四百余人。

当天，淳化镇、牛首山阵地先后遭到突破。俞济时见势不好，急忙将战况报告给唐生智，唐生智做出决定，让七十四军撤至水西门附近，到时以一个师担任守备、一个师为预备队。

黄昏时，七十四军向水西门集结，王耀武下令由三〇五团断后。面对逐渐迫近的敌军，团长张灵甫对部下做出训示："作战需步步求生，而有心必时时可死！盖有光荣战死之决心，乃能作绝处逢生之奋斗！"说完，他遥拜中山陵以明志，做好了与阵地共存亡的准备。

当晚，三〇五团即与追赶上来的日军展开激战。在日军强大火力的压制下，官兵几乎无处藏身，许多人都只能匍匐隐蔽在被炮弹炸出的浅坑中，所部伤亡惨重。危急时刻，张灵甫亲自端着手提机枪，率领临时组织的敢死队发起反冲锋，冲杀中，他左臂中弹，受了重伤，但仍坚持不下火线，以当年项羽至死不过江东的精神，继续裹伤血战。有团长带头搏命，三〇五团人人奋勇，发挥最大潜力，终于通过夜战将日军暂时堵在了南京的东南郊。

岌岌可危

如果连城郊阵地都保不住，孤立的一座城池必然危险。这个将领的共识即将以最快的速度得到应验。

撤至水西门附近后，俞济时对七十四军进行了分工，下令五十一师承担水西门内外的防务，五十八师则集结于城内当预备队。刚刚安排停当，日军就发起了进攻。

12月11日，水西门外的五十一师一五一旅（含三〇一团、三〇二团）遭到冲击。打到激烈处，日军三辆坦克加入进来，企图掩护步兵突破守军阵地。一五一旅集中炮火进行射击，日军使用的这些坦克主要是九二式、九四式骑兵装甲车，装甲厚度不足，遇到浓烈炮火也很害怕，于是急忙闪避。就在闪避过程中，一辆慌不择路的坦克一头栽进河沟，连人带车都完了蛋，剩下两辆也仓皇后逃。

这是让人拍手称快的时刻，但好景不长，防线与一五一旅相衔接的雨花台阵地出了问题。防守雨花台的第八十八师原先是中国军队中最为精锐的德械师，但最精锐的同时也是淞沪战场上消耗得最快最惨的，到参加南京保卫战时，八十八师的战斗力已经相当薄弱。

日军很快就占领了雨花台阵地。一五一旅腹背受敌，第一道阵地遭到突破，三〇二团团长程智阵亡，全团伤亡官兵一千七百余人。至此，整个一五一旅已基本失去了作战能力。

城外守不住，只能守城内了。12月12日，沿水西门城墙防守的一五三旅（含三〇五团、三〇六团）告急，起因还是毗邻的第八十八师有一段城墙无兵防守，结果有约二百名日军乘隙用绳梯爬上城墙，向一五三旅左侧发动了攻击。

五十一师副师长兼一五三旅旅长李天霞在向王耀武汇报时气愤不已：“城墙是固守城池的一道重要防线，长官部为什么不督令各部确实占领，这样南京还能守吗？”

唐生智的长官部是临时班子，而且唐生智所指挥的都是临时调拨给他的部队。这要放在军制比较成熟的国家并不成问题，比如松井的“上海派遣军”便是由各个师团临时组成的，就像积木一样，随时可以按要求搭出一个需要的形状。中国部队不行，指挥官只有调度所谓的嫡系部队时才能真正做到得心应手，挥洒自如。

淞沪会战中向敌人发起进攻的中国士兵。照片为美国重型巡洋舰奥古斯塔号舰长所摄。

唐生智从前是湘军首领，但他的嫡系湘军早在军阀混战时期就让蒋介石给收拾了。如今守卫南京的部队没有一个是他曾经指挥过的，他不了解各部队的具体情况，各部队也未必能将他的命令执行到不打折扣。

这些情况王耀武在守城前就有数，也是他认为南京不易守住的不利条件之一。可是眼下怪天怨地都没有用，也来不及了。王耀武命令李天霞调集人马，迅速将爬上城墙的日军予以歼灭。

任务被交给了三〇六团。邱维达从淞沪会战中打响第一炮的三营中挑选出一百名能战之士，组成反击敢死队。全团以敢死队在前，其余官兵火力掩护，限一个小时之内肃清入城敌兵。

短兵相接的搏杀开始了。日本前线记者用远焦距拍摄了攻城镜头，在镜头中，爬上城墙的日本兵挥舞着“膏药旗”，但是他们很快就在中方的反击中被打死了。

冲到城墙下的日本兵也没能逃脱被歼灭的命运，只剩下一名随军记者还活着，他只好蹲在战壕里等待救援。日军再次涌上来，这名记者赶紧站起来挥手，可是由于他穿着代替军服的土黄色制服，日本兵便以为他是中国兵，当下便一刺刀扎了过去。刺死之后，一看臂章，才发现错杀了自家记者。

在这次反击战中，三营营长胡豪战死，李天霞、邱维达也都挂了彩，以下官兵死伤枕藉。李天霞急调三〇五团驰援，但本身也残破不堪的三〇五团已无力解救危局，形势岌岌可危。

城内其他友军的情况大致相仿，城里已经出现混乱，唐生智紧急召集军师长开会。赴会之前，俞济时打电话告诉王耀武，说他估计会上可能会做出重大调整，意思是可能会说到弃守南京的问题。

王耀武忙于指挥，无法分身，他提醒俞济时，如果真要撤离，应建议长官部分配好过江船只乃至码头，否则后果不堪设想。

俞济时也是如此考虑。不出所料，会上果然决定要实施突围，但让俞济时没想到的是，唐生智下达的书面命令是往城外突，然后向浙皖赣转移。

没有英雄

唐生智的这个决策在当时是比较明智的。南京是座江城，这么多部队要渡江，加上难民，缺乏足够船只，而城外虽布满日军，但是空隙仍然非常大，同时大规模反向突围，日军也难以料及。

问题是此时军心已涣散，大数人还是想往后逃。唐生智自己也不是没有漏洞，他千不该万不该，在发完书面命令后，又画蛇添足般向参战的部队传达了口头指示："如不能全部突围，有轮渡时可过江，向滁州集结。"

命令的严肃性一下子降低了，也再次显示出由于不是自己的嫡系部队，唐生智在掌控部队方面确实存在不小的问题。因为有此一说，除粤军大部奉令向城外突围，其余部队包括七十四军在内，都自行选择了过江到滁州集结。

按照俞济时的嘱咐，王耀武将七十四军残部分成两拨，一拨在八卦洲附近绑扎木排，一拨赶到下关码头坐船。当王耀武亲自率部准备前往下关时，却遭到了三十六师的拦阻，该师按照唐生智的命令，阻止各部队向下关撤退，并不断开枪示警，子弹从头顶嗖嗖地飞过。

看到这一情形，不少官兵又气又急，有的说我们没有叫日本人给打死，倒很有可能死在自家部队的枪下，真正是冤枉；还有的干脆提出跟三十六师对打，说不准还能挤出一条求生之路。

眼看无法通行，王耀武深怕再耽搁下去会过不了江，便决定绕道前往挹江门。

行进途中，人喊马嘶，乱到了极点。各部队都有很多遗弃的伤兵，其中勉强能够行走的，才能自己拄着棍子前往下关。这种情景是很让人痛心的，因为这些被遗弃的伤兵都只会面临一个结局，那就是被日军杀害。有的伤兵愤怒地骂道："你们都逃了，把我们甩在这里。早知如此，谁肯打仗！"

王耀武只能充耳不闻。到了挹江门，他看到城门只开了一扇，人多门窄，极为拥挤，有的驮马在经过时被挤倒踩死了，但没有人顾得上将地下妨碍行走的马车拉开。每个人脸上都充满了无限的惊慌和狼狈。这个时候没有英雄，只有一种本能的求生欲望在胡乱地冲撞着人们的内心。

挤过鬼门关，王耀武总算来到了下关江边。码头上已经塞满了人，但江面上的船只很少，而且那些船都是被早有打算的部队预先占用了的。无船的人急得像热锅里的蚂蚁一样到处乱窜，他们见船就抢，为了争夺船只或木排，甚至相互开枪射击。实在抢不到船的，便利用一块门板或圆木横渡长江，连这个都弄不到的，便只好化装隐藏到老百姓家里去。

许多士兵，包括那些可怜的伤兵，都跟留在南京城内的老百姓一样被遗弃了，他们将任由日军屠杀。在中国的五千年历史中，这样的例子不胜枚举，百姓总是自觉或不自觉地被推到战火的最前沿，但是到最后，第一个被抛弃、被牺牲掉的又往往是他们，这不能不说是一个民族丑陋的阴暗面。

江岸上的王耀武叫天不应，唤地不灵，正在着急，军部的一名联络副官给他带来了救命信息。

原来俞济时在预感到战事不利时，就通过族叔、交通部长俞鹏飞的关系，为部队准备了一只用于接送的小火轮。这只诺亚方舟式的小火轮每次可装送三百多人，俞济时等人已经乘小火轮过江了。

王耀武急忙用小火轮抢运部队。抢运了一夜，至 12 月 13 日凌晨，日军对长江进行封锁，日舰在下关八卦洲的江面上横冲直撞，被炮火打死以及被军舰撞翻后淹死的军民不计其数，小火轮再也无法过江接人了。

南京沦陷，随之而来的便是惨无人道的大屠杀。这是一次有组织的屠城，并且在日本军人中有着极为深厚的心理基础。战前关东军参谋，后来干到陆军省兵务局长的田中隆吉毫不掩饰地对别人说：“你把中国人看作人，而我把中国人当作猪，无论怎么处置都可以！”

正因为统帅层有“中国人是猪”的想法，所以从登陆上海起他们就有令在先：“不管女人、小孩，是中国人统统要杀，房屋全部烧毁。”下级士兵你行我效，也养成了“强奸、掠夺、胡作非为”的倭寇作风。

南京屠城只是这种变态心理的一次集中爆发。被视为“猪”的中国人实施了顽强抵抗，更进一步刺激了他们的复仇情绪。一位记录“南京百人斩竞赛”的随军记者在东京审判时承认，他当时的神经已处于麻木状态，“每当看见眼前大批倒下的日军战死者，就会腾起一种一心想对敌报复的复仇心，就会闪出嗜虐心理”。

连新闻记者都是如此，一般日军官兵更把屠杀视为理所当然之事。驻扎于下关的日军用铁丝网把战俘每十人捆成一捆，然后推入井中泼油烧死。他们把这种杀人方法叫作“勒草包”，认为“杀时有种像杀猪一样的感觉”。

良心未泯和胆小者则深感惊恐不安。有人在经历残酷的斩首场面后，当天晚上就会失眠，而且一闭上眼便能看见离开躯体的脑袋飞向空中，滴溜溜地旋转着。此后三四天过去，同样的噩梦仍旧辗转不去。

第二章

什么样的人才是勇士

（兰封会战、万家岭大捷）

南京大屠杀，让一座拥有无数动人故事的东方古城就此变成了人间地狱。在那一刻，它就像整个中国的东部一样，既黯淡又无力。

当然还有很多人存有希望和期盼，卡尔逊在离开南京前就知道这一切都会发生，但他认为，这只是“中国发展中的又一转折阶段”，那些西撤的中国军队会变得更强大和更有生命力，中国也总有加入世界强国俱乐部的一天。

老外的勉励是好事，只是渡过劫难的中国军队并不是说恢复就能马上恢复过来的。以七十四军为例，五十一师共从南京撤出了约三千人，五十八师撤出了约四千人，到蚌埠时又收容了约两千人。这就是七十四军存活下来的全部人马，至于武器装备，则损失殆尽。

骨干折损相当严重，南京一仗下来，五十一师的四个团长，程智阵亡，张灵甫、邱维达、纪鸿儒全都受了重伤，邱维达在过江前已经昏迷，当时小火轮又无法靠岸，战友只好将小火轮上抛下的绳索捆在他腰上，从冰冷的江水中把他拖上船。

幸运的是日军这时并没有立即沿江展开追击，这给了他们得以恢复的时间。不久七十四军调湖北荆门和沙市进行休整，其间除失散的官兵陆续归队，还补充了不少新兵。

离队休养的团长也纷纷赶回部队，其中张灵甫升任一五三旅副旅长（仍兼三〇五团团长），邱维达升任一五一旅副旅长。现在他们的主要任务，就是训练新兵，以便能够让部队尽早以全新的阵营奔赴战场。

吴起的练兵模式

这个世上，没有谁最完美，即便犯下过错，只要他知过能赎，亦不失为顶天立

中国士兵在练习拼刺刀。

地的大丈夫。张灵甫正是如此，他实际上臂伤还没有痊愈，但报纸上刊登的战事消息，让他无法在医院再待下去。

唯有练出好兵，才能重整旗鼓。张灵甫向来以练兵从严著称，淞沪战役和南京保卫战的血雨腥风，则进一步把抗日战争的艰苦和严酷性揭示得一览无余：打仗不能光靠口号和决心，平时多流汗，战时才能少流血和少牺牲。

在三〇五团，谁要想在训练中偷懒耍滑，就一定逃不过张团长的军棍。严抓训练质量的同时，军纪被着力强调，某种程度上，这也是吸取了溃退时军纪废弛，导致部队战斗力急剧下降的教训。张灵甫因此将“作战怕死、学术落伍、逃病兵多、纪律废弛”归纳为“军人四耻”。

“军人四耻”之外还有“军人四乐”。“四乐”为“救民水火、军誉日隆、精诚团结、歼敌制胜”，其中第一条就是要求官兵不得碰老百姓的一针一线，一旦触犯，按律严惩。

张灵甫的练兵法就是七十四军的练兵法，它有点像战国时吴起的练兵模式：一方面对训练和军纪抓得极严，但另一方面又强调爱兵如子。新兵胡立文到一五三旅时只有十七岁，还是个中学生，因为他在校读书用功，又能写一手好字，所以一入伍就引起了张灵甫的注意。张灵甫本身的书法就堪称一绝，还曾受到辛亥元老于右任的赏识，看到胡立文的字写得不错，他便对胡立文予以格外关照，特地安排他在三〇五团团部当了一名文书。在胡立文的印象里，张灵甫私下里对士兵非常关心，担心士兵吃不好，每个月都要从自己的薪水中拨出一部分给士兵改善伙食，因为胡立文年龄小，个子又矮，张灵甫便把他当小孩子看待，对他非常和蔼，从来没有训斥过他，有时见了面还摸摸他的头，鼓励他好好干。

1938 年 4 月，七十四军在黄陂接受军委会的校阅，获得优良考评，三〇五团更是脱颖而出，成绩在阅后评定中名列全师第一。

到了这一步，就基本符合了上战场的条件。毕竟前线战局仍在不断恶化，不可能留给七十四军太多的练兵时间。

1938 年 5 月初，七十四军被调入薛岳的豫东兵团，参加陇海沿线的兰封会战。

兰封会战是徐州会战的延续。在刚刚结束的徐州会战中，日军采取南北同时包围夹击的战术，占领了徐州，从而控制了整条津浦线。日本的报纸称之为“本世纪大会战”，日本国民全都陶醉在大胜利之中，但实际上日军取得的战果并没有他们想象中那么大。

由于日军的兵力数量不到中国军队的三分之一，他们很难在广阔的平原上将中国军队完全围住。有的隐蔽在村庄里的日军明明看到中国军队在转移，但在众寡悬殊的情况下，只能眼巴巴地屏息目送着，而不敢进行追击。

日军在占领徐州之后，发现自己得到的仅仅是一座空城，才开始调集力量沿陇海线追击。七十四军起初的任务就是在徐州以西的砀山一线阻击追敌。5 月 13 日，五十一师一五一旅乘火车抵达砀山，五十八师一七四旅进驻丰县，从而构成了一个犄角状防御阵形。

砀山是徐州西撤部队入豫所取的最近道路，自然也是敌我双方争夺的要地。一五一旅到砀山的当天，便有日军小股部队在骑兵装甲车的配合下，发动了试探性攻击。一五一旅也不含糊，旅长周志道当即派三〇二团予以截击。情况紧急，三〇二团团长纪鸿儒挑选了一百五十名精兵，由少校营附刘文锋率领，星夜向日军发起突袭。

在缺乏反坦克炮和战车防御炮的条件下，中国军队对付日军坦克的主要办法，是一边组织神枪手对坦克顶盖上的瞭望孔进行射击，以转移其视线，一边派敢死队员跃进前扑，将捆绑起来的集束手榴弹塞进坦克履带。采用这种办法，刘文锋率队炸毁了四辆装甲车，并歼敌一百，但出击官兵也大多倒在了战场上，到战斗结束时，一共只有二十人得以生还。

5 月 14 日，从永城北上的日军大部队来犯，正好一五三旅也乘车及时到达砀山。副旅长张灵甫一下车，便指挥部队加入阻击，五十一师以基本完整的阵容投入战斗。经三日激战，该师两名营长一死一伤，营长以下官兵伤亡二百余人。

在砀山东北的丰县，五十八师一七四旅也遭到日军的猛烈进攻，那边的伤亡更大，营长同样是一死一伤，主力团伤亡近半。

撤退之不易，七十四军曾经在上海和南京有过刻骨铭心的体验。官兵都十分清楚，只有确保砀山、丰县，才能把西撤大军的损失和牺牲降到最低限度，因此无论压力多大，大家都一步不退。

5 月 23 日，七十四军奉令将防务移交给友军，随后西移兰考、开封。在兰封战场，一场激动人心的围歼战正在等待和召唤着他们。

旧朝遗物

徐州会战结束后，除沿陇海线西追之敌，由黄河南渡的日军第十四师团也对西撤部队形成了威胁，但是由于两路日军配合不够默契，孤军深入的日军第十四师团最终陷入了中方的包围圈。

这是兰封会战中最为壮观的一个场面。豫东兵团总计十万大军从东、西、北三面启动，对盘踞于内黄、仪封的日军第十四师团发起了全面攻击。

作为七十四军前锋，王耀武亲率五十一师快速突入内黄城，与日军展开激战。

中原地形与南方水乡截然不同，尤其内黄更是沙砾纵横，沿途空旷一片，一望无垠，让人恍如到了西部沙漠地带。这种平坦地形为骑兵作战创造了条件，日军的数百名骑兵纵马向五十一师发起冲击，五十一师攻势因此受挫。

有人打骑兵是先打马，等骑兵从马上跌下来后，再用轻重机枪猛击。王耀武反其道而行之，他命令狙击手占据制高点，直接给骑兵们逐个点兵。

方法不同，效果一样。看到前面的骑兵纷纷被射落马下，后面的骑兵只得退后，五十一师乘势猛击，一举收复了内黄城。

与此同时，仪封的日军也在中方的攻击下弃城而去。日军第十四师团并不是真的没有实力守住内黄、仪封，主要还是因为在缺乏后续兵援的情况下，其后方联络线已被豫东兵团截断了。师团长土肥原察觉到了危险，遂决定将后方从陇海路转移到黄河南岸的柳园口。

柳园口是黄河边的老渡口，日军第十四师团可以通过柳园口，从黄河北岸得到粮弹补给，而其主力则分据兰考西面的大小围寨。

豫东兵团再次展开围攻，周志道率五十一师一五一旅对毛姑寨发起攻击。围寨的围墙都很坚固，没有重武器便奈何它不得。南京保卫战虽然让七十四军失去了所有的重武器，但在整训期间，五十一师又重新配备了中型迫击炮。攻击之前，周志道先下令用迫击炮对准寨子轰击，等轰开小口后，再派突击队利用夜间猛冲进去。

是晚，经过五小时激战，一五一旅在歼敌数百人、击毁五辆日军坦克后，一举攻克了毛姑寨。

拿下毛姑寨相对轻松，相比之下，罗王车站、三义寨、曲兴寨等据点就要难啃得多了。罗王车站是陇海铁路上的一个不大不小的车站，但因居于开封和兰考之间，战略地位非常重要，所以早在全面抗战爆发前，此处就有钢筋混凝土构筑的永久性国防工事，炮兵掩体、机枪掩体、隐蔽所、指挥部一应俱全。原本是拿来抗战的，孰料随着形势的急剧变化，反而为日军所用，让人始料不及。

5 月 25 日，当五十八师协同友军对罗王车站发动攻势时，日军便利用这些工事进行拼死抵抗，战斗进行得十分激烈。

下午 6 点，五十八师一七二旅曾一度攻入罗王车站候车亭，但一个小时后又得而复失。此时俞济时已专任七十四军军长，五十八师师长由副军长冯圣法兼任。见部队伤亡较大，冯圣法下令暂缓进攻。

罗王车站成为敌我双方拉锯的重点。豫东兵团总司令薛岳这时发现前线粮食输送不理想，有的士兵已超过一天没有吃饭，遂赶紧用电话给后勤补给部门下达严令，要求迅速予以改善。

人是铁，饭是钢，吃饱喝足，又经过一夜休整，进攻部队士气大振。5 月 26 日，五十八师师长冯圣法亲临前线督战，并集中炮火猛轰日军阵地。

中国军队的山炮阵地。已经披上伪装网和草木、树叶，为的是不被日军炮兵观察哨或日机轻易发觉。

和五十一师一样，五十八师也重新配备了重武器，该师炮兵营装备有六门德国克虏伯野炮。这些克虏伯野炮系清末时从德国克虏伯公司购置，炮身上还刻有“大清光绪年间”和圆形祥龙标记。虽然是旧朝遗物，样式也较为陈旧，但你也别瞧它不起，克虏伯所生产的火炮，一向都享有质地好、射击精度高的名声，到二战期间，不仅中国在用，日本也没有放弃。

克虏伯野炮果然颇有威力，能把日军阵地炸到四分五裂，使日军只好将站上的卡车临时充作保护掩体。在炮火支援下，五十八师通过单兵爆破、小组突击等方式，一步步向车站逼近。5 月 28 日，罗王车站、罗王寨先后被收复。

在日军指挥所内，中国军队缴获了一柄土肥原自佩的指挥刀，证实这次罗王争夺战系由土肥原亲自指挥，可见他对确保罗王车站的重视程度。对未能擒住土肥原，三军上下当时莫不引为憾事，然而如果从理性的角度来看，以中国军队当时所具备的实力，这一目标是极难达成的。

寸步难进

就在五十八师攻打罗王车站的同时，五十一师正在协同友军会攻三义寨外围。5 月 25 日，凌晨 4 点，一五一旅首先取得突破，一举攻占柴楼，并以柴楼为依托继续向纵深推进。

清晨5点，日军发起反扑。一五一旅三〇二团团长纪鸿儒率部端起刺刀，与敌人展开白刃战。

要在平原之上跟日本兵拼刺刀，总体上中国兵是吃亏的。你这边可能刚刚做出刺杀动作，对方的刀锋就已逼近胸膛，日本兵虽然普遍个子不高，但身体粗壮，力气比中国兵要大，以至于拼刺时都拨不开他的刺刀。在兰封战场上，有一名学生出身的士兵表现得极其英勇壮烈，日本兵的刺刀首先从他的前胸捅透后背，但在濒死之际，他的刺刀也同时扎进了日本兵的腹部。打扫战场时，战友发现双方的刺刀都留在了对方身上。

有经验的老兵知道自身枪短，一般不会这样面对面地硬拼，而是会合理地使用闪避动作。闪的时候不会正好闪得那么巧，当刺刀从肘边晃过时，刀尖很容易划破皮肉。

痛是难免的，可是得忍住，要不然就不只伤痛那么简单了。重要的是做下面这个动作：避过突刺之后，或者侧身转到日本兵旁边，一刀将其刺死，或者索性直接用枪托横扫过去，砸他的狗头！

当然日本兵也不傻，他的反应也许比你还快。当你用枪托砸的时候，他会接住你的枪，用力拖曳，而你这边必须用力压住。如果膂力差不多，在失去重心的情况下，两人就会同时倒地——即便在地上扭成一团，也不能松手，此时不管是拳头还是脑袋都可以当作武器，只要足以杀死对方。

什么样的人才是勇士？这样的人才配叫勇士。有的机枪手倚仗着自己力气大，干脆就直接抡起机枪左右开弓，也能把敌人砸到脑浆迸裂。

一场白刃战之后，三〇二团挫败了日军的进攻。至上午9点，日军外围防线陷于崩溃，逐渐向寨内退守。

5月27日，五十一师攻克三义寨外围的最后一道防线。各部抓紧时间进行战地侦察，准备拿下三义寨。

不料第二天情况起了变化，从罗王寨等围寨逃出的日军全都钻进了三义寨，寨内日军实力大增。与此同时，中国军队的大批援军也陆续赶到，对三义寨实施了三面包围。

五十一师作为进攻的主力之一被分成两股，其中纪鸿儒的三〇二团担纲正面攻坚，张灵甫的三〇五团负责配合助攻。当三〇二团前进至三义寨门前日军的警戒阵地时，战斗就已经变得相当激烈，在日军的顽抗下，部队寸步难进。

像这样胶着在寨门边缘，以日军火力之猛烈，中国军队就有被消灭的可能。因此纪鸿儒和官兵不顾危险，冒着炮火往寨内猛冲。他们曾一度冲入寨中，但在遭到日军反击后，又被打了出来。

两团整理队伍后，再度发起猛攻。纪鸿儒身先士卒冲在最前面，身负重伤，不幸阵亡。

当天晚上，王耀武复制打毛姑寨时的夜袭战术，派李天霞率领突击队，趁天黑攀上寨墙后攻入了寨内。可惜没有后续部队入内接应，突击队只得从原路撤出。

5 月 29 日，攻势仍没有取得任何进展。一方面是由于缺乏阵地攻坚的足够武器和火力，另一方面，中国军队尽管数量多，但像七十四军这样的精锐主力欠缺，相当一部分都是南京保卫战之后匆匆组编起来的新军，不少士兵甚至是新抓来的壮丁，一听到日军的大炮声就往后跑，军官光收容整理部队就要忙得满头大汗。

当时除三义寨外，日军还占有曲兴寨。中国第一线部队离寨不过一百米，远的也不过两三百米。前线指挥官给上面打电话，说只要再增加一部分兵力，是可以把曲兴寨夺过来的。

上司在电话中听了只有苦笑："你的建议好是好，可我哪有部队给你呢？其余

匍匐前进的士兵。中原地区地势平坦，很难找到隐蔽的地方，这里对中国军队来说，实在不能算是一个好战场。

部队都被日军的几颗炮弹给吓跑了，溃不成军，全师只有我们这一个团可用了。你要援军，只好等外面派。”

三义寨屯集的日军比曲兴寨可多多了，也强多了。关键时刻，三义寨这里的进攻部队要是再抽一部分去打曲兴寨，岂不更是抓瞎？

尽管如此，后方指挥部有些高级幕僚仍对攻克三义寨、曲兴寨抱有希望。时任第一战区司令长官部参谋处副处长兼作战科长的龚梦涛观察到，日军已在空投粮弹，显见其补给已发生困难。如果再坚持围攻三到五天，全歼日军第十四师团是完全有可能的。

就在这个时候，他桌案上的电话突然急促地响了起来。龚梦涛拿起话筒一听，是汉口打来的长途电话，对方是蒋介石侍从室的侍卫长，让龚梦涛记录重要作战命令。

命令记录完毕，他一下子惊呆了。

功罪千秋

这是蒋介石发来的十万火急令，要求豫东兵团即刻撤围，并分别向陇海、平汉铁路方向转移。命令中还说，若撤围不及时，“必遭敌人歼灭，为兵家所齿冷”。

龚梦涛放下话筒，拿起电报走进第一战区司令长官程潜的房间。程潜看过之后，迟疑了一会儿，才让龚梦涛写命令部署撤退。

龚梦涛心有不甘地说：“放虎归山，养痈遗患，将来我们要自食其果！”

程潜无奈地回答：“委员长的命令不能不遵办呀，你去做撤退部署吧！”

程潜是痛惜功亏一篑，龚梦涛则是没有看到全局的变化。事实上，蒋介石的这一决策是正确的。因为西进日军已在 5 月 29 日这一天攻占了砀山以西的商丘，直逼豫东兵团之侧背。战场的形势，早已不是如何吃掉日军第十四师团，而是整个豫东兵团将陷入日军的包围圈了。

看上去只差一步就能煮熟的鸭子就这样飞掉了。豫东兵团即刻撤退，6 月 1 日，七十四军奉令撤往沁阳，在那里构筑工事并进行整补。

撤退时，一般士兵都还被蒙在鼓里，不明白在前方并没有打败仗的情况下，为什么要主动撤退。驻地老百姓更是不解。

兰封会战期间，中原百姓就像淞沪会战时的江南百姓一样，给予了军队无私的帮助和关爱。每次部队移防，都会换来当地居民的依依不舍，看到无法挽留部队，他们只能不停地问："我们什么时候可以打败日本鬼子？你们辛苦打胜了，为什么还要撤退？你们撤退了，叫我们怎么办？"

士兵无法回答，只能一边走一边开骂："他妈的，还不是他们当大官的怕死，坐着汽车就跑了。平时叫我们抗日，他们却一打仗就往后跑。"

军官知道内幕，但除了装聋作哑，亦无言以对。此时，他们更担心部队能不能撤得出去——与南方地形相比，平原地区只会更有利于日军机械化部队的运动和追击，两条腿再快也很难跑得过四个轮子。

七十四军撤到沁阳，就做好了进一步抵御和摆脱追敌的准备。不过这种担心很快就成了不必要，当豫东兵团的后卫掩护部队经过罗王车站附近，准备向开封后撤时，他们听到了工兵营用炸药破坏铁路桥梁的爆破声。

有些殿后部队一听，误以为是日军追击部队的炮声，还赶紧互相招呼："快走跟上，不要咋呼，敌人追上来了！"

当部队走到开封时，军官告诉大家，那不是炮声，"日军的飞机把黄河炸开了口，企图把我们的部队淹死在豫东地区，所以上面才要我们撤退"。

士兵都信以为真，等顺利抵达目的地，他们才被告知真相："郑州黄河花园口的决堤是我们自己工兵干的，统帅部认为只有这样，才可以阻止日军的追击。"

确实，黄河决口，使日军前进一时受阻，参加兰封会战的中国军队可以安然撤退，而不用再像上海和南京时那样落得损失惨重的下场。甚至一些来不及东撤的追敌也被黄河水截断后路，从而遭到包围歼灭。

可这并不能代替它给中原百姓带来的深重灾难。滚滚黄河水如脱缰野马，冲毁了无数家园，大水过处，平原变成了河，人畜变成了鱼。一个触目惊心的"黄泛区"，累积几十年都无法得到善后。

面对空前灾难，参加兰封会战的很多军人也因此受到了良心的遣责，不停地向自己发出疑问：千秋功罪！功罪千秋？

拔高了看，无论是南京撤退，还是黄河决口，都可以算是抗战战略的一部分，只是在这一所谓的战略中，百姓的性命总是被看得那么不值钱。反过来说，老百姓也不知道什么战略不战略，他们只知道自己承担了战争带给他们的最大和最直接的痛苦，他们要求的并不高，只希望能得到国家和军队的保护，可是到头来，不仅遭到无情的抛弃，还被进一步推向了苦难的深渊。

你们不是说过，要与一城一地共存亡，要与老百姓共存亡吗？然而……

“罗王血战方摧敌，滚滚黄流泛豫中”，民心就这样在一点点地失去，尽管这并不是血染征袍的勇士的责任。

负责任

事情总是这么矛盾。如果仅就军事角度而言，黄河决口又是必然之举。大洪水不仅确保豫东兵团较为完整地撤出了兰封战场，而且使日军从北方进攻汉口的原作战计划被迫推迟了数月，中国军队也相应地得到了喘息的机会。

在身后已无追兵的情况下，七十四军星夜撤出沁阳，经平汉线抵达汉口，接着马不停蹄地东下九江。6 月 24 日，部队进驻江西德安，负责南浔铁路（九江至南昌）沿线的部分防务。

和以往任何一次一样，能得到休整的时间总是非常之短。7 月下旬，溯江西上的日军登陆九江，由于缺乏纵深配备，守军一点被突破即全线溃退。

这种情况下，防线只得重新部署。原守于九江的川军退守瑞昌，原守于沿江的广东粤军因腹背受敌，退守九江以南的金官桥（现名金桥）一线。

占领九江后，日军继续进逼。7 月 31 日，日军一〇六师团分两路沿南浔铁路、公路南下，企图实施中央突破，其攻势相当猛烈。粤军首当其冲，激战两日后，部队伤亡很重，其主阵地遂由湘军接替，同时七十四军五十八师也奉命开赴黄老门附近，以增强防线厚度。

为阻敌前进，南浔铁路事先已遭到破坏，路东是庐山，无路可行，所以五十八师的两个旅只能共走路西的一条小道。行至半途，日机冒了出来，一边向地面进行凌空扫射一边俯冲投弹。为隐蔽防空，走在中间的一七二旅旅部与前后卫之间出现了脱节，等日机飞走，旅部想跟上去的时候，正巧一七四旅又横腰插过，把他们给堵在了后面。

好不容易，一七四旅也过去了。一七二旅旅部正待出发，忽然发现左前方山沟里窜出了一股敌人。旅长用望远镜观察后，立即命令旅部特务排散开，占领高地阻敌，同时让后卫三四三团尽快赶上。

三四三团尚未赶到，特务排已与日军交火。由于寡不敌众，特务排排长很快阵亡，旅部参谋主任也受了伤。

眼见情况万分危急，一七二旅旅长看到一七四旅有一个后卫营要穿过去，遂一把抓住该营营长，让他不要通过，就地加入战斗。

谁知这位营长做事很是僵化。他认为自己的任务是向黄老门前进，如果跟不上，就要受军法制裁——再说了，你又不是我的旅长，我凭什么要听你的？

不管旅长怎么说，他都不肯听命。真是夏虫不可语冰，脑子坏了，你就拿他一点儿辙没有。还好，一七二旅的一位参谋跟这位营长素有交情，也上前相劝，同时

一名炮手在装卸炮弹。臂章上写着“重”，表明他是重炮兵。

写下简单命令作为证明，对方才勉强留下参战。

有一个营撑着，一七二旅旅部支持了下来。不久三四三团赶到，终于堵住了日军的进犯。

一七二旅意外遇袭，说明日军一〇六师团的部队兵力已渗入金官桥防线背后。除了旅部遇到的一股，从正面还冲进来另外一股数量更多的日军，作为前卫的三四四团未及散开，就与这股敌人狭路相逢。

在猝不及防的情况下，三四四团并未溃散，他们就地建立阵地，坚守整整一下午，同样保证了防线不被日军穿透。

三四四团的这场阻击战打得非常激烈，该团伤亡也很大，仅军官里面，就有营长一死一伤，连长阵亡三人，排长阵亡四人。至黄昏，三四四团奉命将防务交由粤军负责，五十八师全师开回德安整理补充。

每支部队对于胜负得失都有自己不一样的判断和评价。这样的仗要放在一般部队，那就是胜仗，临危不乱、处惊不变以及替友军补了漏，都是可以用来邀功请赏的依据。七十四军不同，他们认为这是一次不折不扣的窝囊仗——一七二旅在行军中究竟是怎么部署和应变的？居然前后会脱节成这样、混乱成这样！太丢人了，以后丢人的事要少干！

责任追究在所难免，先前就有一名团长因在战斗中畏缩不前，而被王耀武报请革职。不过这一回已不是撤团营长的问题了，而是要继续往上追究。五十八师师长冯圣法被以指挥不力，使本旅部队脱离掌握，致遭受重大损失为由，上报撤掉了原一七二旅旅长的职务。

脱胎于军阀混战时期的中国军队，大多离不开宗派和乡情，即便中央军体系也在所难免。以陈诚部队为例，七十九军军长夏楚中的乡亲观念就十分浓厚，几乎到了任人唯“乡”的程度。

夏楚中是湖南益阳人，据说曾有两个人来找他，要求在军队里安排个职务。夏楚中问其中一位：“你是哪里人？”答：“湖南益阳。”又问：“你想干什么差使？”又答：“我想当连长。”

夏楚中转问另一位：“你呢？”此人刚开口：“益阳……”夏楚中就点了头：“啊，

‘一样’，你也要当连长。好嘛，是湖南益阳人我都用。”当下便批了条子，将二人补充到连里当了连长。

夏楚中的这种做法在七十九军里面还形成了一种不成文的规矩。下面保荐团长人选，理由居然是：“某某是湖南益阳人，夏楚中的同乡。七十九军是夏楚中创立的，理应用夏楚中的人。”

除了有把军队办成湖南人天下的，还有广东籍的“广东会馆”等，不一而足，以至军官开会时，差不多都是一个地方的口音，其他不是一个籍贯的军官要么郁郁不得志，要么只有辞职另投他处。

在七十四军内部却没有这种情况，从上海建军起，无论是五十一师还是五十八师，官兵均来自五湖四海。他们之间谁上谁下，都只遵循一个原则，即王耀武常放在嘴边的“负责任”。仗没打好，前线指挥官就得为此承担责任和后果，上级处分时理直气壮，当事人也心服口服。

正是因为一直强化“负责任”意识，无论是平时还是战时，七十四军官兵只要接受了任务，就不敢马虎，更不敢稍存侥幸取巧之心。这支部队能够始终保持旺盛的斗志和状态，而非昙花一现，秘诀也许就在此处。

好像很难对付呀

日军一〇六师团在金官桥防线虽偶有渗透，但总体上难有突破。于是日军开始尝试迂回攻击，抄南浔线的后路。8 月 12 日，日军一〇一师团渡过鄱阳湖，在星子镇登陆，欲对七十四军所在的德安实施迂回，但在粤军的奋力拦击下，终被阻于东西孤岭。8 月 22 日，日军又在星子以南的隘口镇实施登陆，算盘打的还是德安。

德安城东倚鄱阳湖，西傍庐山，为南浔线之重镇。它的得失，关系南浔防线的安危，不容许有丝毫闪失。七十四军随时监视着鄱阳湖湖面敌人的动态，发现后立即派兵阻击，五十一师一五三旅奉命力战，经过半天激烈的战斗，日军再次无功而退。

如果说淞沪会战的防御地形依靠的是河塘纵横，鄱阳湖西岸不仅有水有湖，还有重叠起伏的小山丘陵，从丘陵上居高临下，可以清楚地看到日军的一举一动。在战斗中，七十四军和粤军主要凭丘陵建立工事，从山腰到山顶设多道防线，日军一前进，子弹便会像雨点一样倾泻下来，打得他们寸步难进。

日军一〇一师团知道自己遇到了中方主力精锐。作为参加过淞沪战役的日军主力部队之一，该师此后还经历过多次作战，通常情况下，与他们对峙的中国军队一遭到攻击就会立刻陷于溃败，但在西岸战场上完全不同。很多时候，守军即使子弹打光，不得不展开肉搏，也绝不逃跑，如果日军能够占领其中的一块阵地，那只有一种解释，就是阵地上的中国士兵都死光了。

“这次的敌人好像很难对付呀！”日本兵发出了哀叹。

日本随军记者小俣行男在上海时曾采访过第一〇一师团，此次再来前线，熟悉的军官不是被埋进路旁草丛里的坟墓之中，就是负重伤被运去了后方。

小俣希望把相关情况写成通信报道。一名联队副官声音凄凉：“从哪儿说起呢？战争是可怕的，即使说上一两天也说不完！”

在这个联队中，很多中队里的军官已经全部战死，现有军官都是刚刚补充上来的。副官打开自己的笔记本，含着眼泪把死伤军官的名字逐一让小俣记录了下来。

小俣认识的军官一个都不在了，他在这条战线上所能听到的，全都是“悲惨的故事”，各部队的报告也大体一致：“敌人顽强抵抗，我军无法前进。”

南浔线暂时守住了，但在另一端，防守瑞昌的川军却掉了链子。

七十四军和粤军都是能打硬仗的部队，与它们相比，武汉战区的川军在作战素质上相形见绌，即便在中国军队中，至多也只能算是三四流部队。进攻瑞昌的日军第九师团则属于老牌常备师团，参加过两次淞沪会战，这个师团往上一冲，根本就不是川军能够抵挡住的。8 月 24 日，瑞昌失陷，日军第九师团乘胜向岷山推进。

岷山的纬度低于金官桥，金官桥守军的左侧背由此暴露。8 月 29 日上午 9 点，第一兵团司令官薛岳向七十四军军部发来电话命令，让五十一师派一个团占领瑞昌通往岷山的道路，一面观察瑞昌方向的动静，一面掩护金官桥阵地左侧背。

电话打来的时候，五十一师正在构筑德安外围防御工事，各团驻地较为分散，因此直到下午 4 点，一五一旅三〇二团才得以出发。

薛岳在下达命令的时候，判断日军第九师团向岷山派出的兵力不会超过数百人，因此七十四军派出一个团足矣，但是接下来他收到的情报显示，岷山局势比原来预想的还要严重得多，日军第九师团来者不善，向岷山派出的兵力绝不止区区数百人。

顾虑到日军第九师团来势汹汹，必将迂回包抄金官桥的后方，薛岳赶紧于下午6点向七十四军追加电令，要求五十一师派一个旅（包括前面的那个团）进占岷山一线。

按照命令，五十一师派出的一五一旅须于当晚到达岷山，但因为川军退却时溃乱无序，乱哄哄地全都堵在路中央，前进部队反而无法快速行进，晚上到达也成了一句空话。

8月30日上午7点，三〇二团抵达岷山脚下，不过他们晚了一步，日军第九师团约一个大队已先行占领岷山，控制了相应制高点。

开弓没有回头箭。三〇二团当即发起猛攻，激战四个半小时后，该团占领了岷山脚下的日军阵地。继续朝山上攻击，日军援兵恰好赶到，攻击难度大为增加，一营营长胡立群中弹牺牲，三〇二团也只得回撤待援。

下午3点，一五一旅旅长周志道亲率旅部及三〇一团到达。从傍晚开始，全旅向岷山攻击前进。

日军的一〇一师团、一〇六师团久攻不克，很大程度上缘于彼攻我守，中国军队在山岭上构筑的坚固阵地，令敌人很伤脑筋。现在反过来了，敌守我攻，日军凭借有利地形，居高临下地以猛烈的火力进行阻击，从而把同样的难题推到了中国军队这一边。

一五一旅数度接近日军阵地，但都因为拦阻火力过猛而功亏一篑。当天，敌我两军的伤亡数字都在四百以上。

为解除一五一旅的进攻威胁，8月31日上午7点30分，日军反守为攻，在飞机掩护下，向一五一旅阵地发起冲锋。

一五一旅一时攻不上山，要守住阵地还不至于有太大问题。日军的三次冲锋，均被一一化解。

日军辎重兵向火线输送弹药。在大规模战役中，中日两军的弹药消耗量通常都十分巨大。

岷山前线的拉锯状况，令薛岳感到有添加兵力的必要。他于午后向七十四军发来命令，要求由王耀武亲率五十一师赴援，以夺取高岭、鹅公包、洪家山等要点。

旅升到师，这仗有的打了。

放长线钓大鱼

王耀武那边刚刚启动，岷山这边就有了好消息：在避过对方的三招之后，一五一旅趁势发动反击，高岭、鹅公包、洪家山这几个要点都拿了下来。

在一五一旅设定的攻取目标中，还有金龙埂、作云岭，但连续两个昼夜都没能奈何得了它们，旅长周志道不得不另想办法。

在七十四军到达岷山之前，此处的山岭并不是全部都控制在日军手中，其中花果山就由新十五师某部占领着。到了晚上，周志道除留少数部队守备原阵地外，旅主力全部遣出，并沿着花果山南侧向日军左侧背发起袭击。

日军也非常警醒，他们其实已经发现了前来夜袭的一五一旅，但起初并没有进行射击。

日本记者小俣曾在徐州会战时随军采访。有一天晚上，他们遭到了中国军队的夜袭，机枪子弹下雨一样飞过来，还有迫击炮弹啾啾地划过夜空，显见得来袭者不是一般的小部队。小俣当时慌张到连脚上的鞋都穿颠倒了，可是身边的日军指挥官却很镇定，他下令："不准射击！""不许出声！"然后进入阵地的日本兵就真的一声不响、一弹不发。

一直等到中国军队吹响军号，呐喊着冲锋的时候，指挥官才下达射击命令。那次中国军队的夜袭失败了，天亮后战场上留下了二百多具中国军人的尸体，小俣说："二百这个数字听听不多，但真正看到二百多具尸体则不得了。"

是不是沉得住气，决定着军人是否训练有素。日军第九师团的军事素质，是连冈村宁次都加以称赞的，他们不向一五一旅贸然开火，就是要放长线钓大鱼，让对方横尸阵前——不是二百，要更多！

一五一旅一接近敌方阵地，日军的轻重机枪就扫射起来，接着是手雷、迫击炮、小钢炮（超轻型迫击炮，又叫掷弹筒），一时间，枪弹如同狂风暴雨一般将夜袭官兵裹挟了进去。

夜袭变成了屠杀，一五一旅伤亡不轻。不过这支部队并不是那种一打就退、一打就垮的鱼腩，类似的惊险场面也不知遇到过多少回，他们马上就地转入攻坚。

日军好像是捡到了便宜，但别忘了，此类便宜，是要等对手离得最近时才能实施的，换句话说，它也同时缩短了进攻方的进攻距离，增加了攻击得手的可能性。

一五一旅彻夜冲杀，到拂晓前，金龙埂、作云岭相继克复，捎带着，关帝庙、屏风坳等地也被乘胜攻占。

这是一份不错的成绩单，上面有许多血染的名字：在夜袭战中，三营营长翟玉本壮烈殉职，六百余名官兵伤亡。

岷山已成为敌我双方关注和争夺的焦点。日军向岷山大举增援，兵力达到了一个旅团，就后来缴获的文件来看，所部不仅包括第九师团，还有第一〇六师团加入，总之是把附近能够召集的都尽可能召集了过来。

9 月 1 日，日军在飞机掩护下，向一五一旅阵地发动了立体进攻。

从淞沪会战中后期开始，日军便掌握着几乎所有战场上的制空权，用中国士兵的话来说，平时空中只见"膏药旗"，不见"青天白日"，也就是一架中国军队的飞机都看不着。

中国军队不仅缺乏制空权，也没有什么防空设备，各部队均无高射炮，这使日机可以肆无忌惮地降低飞行高度。所谓立体进攻，就是在其步兵进攻之前，让飞机在中方阵地上空轮番实施低空飞行，寻找到目标后投掷炸弹并用机关枪进行扫射。

如果能够及时分散隐蔽，日机的杀伤力并不大，最多不过对前线士兵的心理和士气有些影响，而且类似情况遇到多了，中国军队也积累出较为成熟的应对经验：当日机肆虐时，阵地上仅留警备部队，其余全部伪装隐蔽起来。日机不能老是轰炸，一旦他们的步兵逼近中方阵地，为免误伤自己人，就只能暂时偃旗息鼓。

通常，在日军步兵进入阵地前三四百米至一百五十米范围时，就是守军最好的反击时机，可以集中轻重机枪和步枪，依靠炽盛火力来击退敌人。一五一旅正是运用这一经验挫败了日军的进攻。

正面攻防进入相持阶段，日军只能寻找中国军队其他方面的薄弱点。上午11点，他们向新十五师发动猛攻。新十五师属川军一部，作战能力很弱，其阵地被一举突破。

阵地丢了倒也罢了，更糟糕的是，日军在尾追新十五师的过程中，顺藤摸瓜，将一五一旅阵地也截成了数段。

日军发起全线总攻，战斗瞬间进入白热化，至黄昏前，日军攻势更猛。经过反复冲杀，三〇一团团附罗恒阵亡于鹅公包。见部队伤亡太大，一五一旅于当晚后撤进行防守。

就在一五一旅陷入苦战之际，王耀武其实已率一五三旅就位，在接到命令后，一五三旅星夜急行，拂晓前即已到达东岭附近。之所以不能及时前来增援，乃是遭到了敌机轰炸，无法实施大范围行军。

三〇六团的一个营曾奉命攻击日军侧背，以协助一五一旅的正面攻防战，但日军凭险据守，激战至天黑，进攻部队仍无成效。

把五十一师全部调了上去，结果仍然只能退守，这让第一兵团总部大感紧张。薛岳一边收缩金官桥防线两翼，重新构造两翼钩形阵地，一边让七十四军全部开往岷山作战。

已升任军团长但仍兼七十四军军长的俞济时向王耀武下达指示，令五十一师固守原阵地，俟五十八师到达后，再协力攻击当面之敌。

救人须救彻

擂台上你一拳我一脚打到正酣的时候，人家可不会等你找齐帮手再重新开局，他只会趁你支持不住的时候一脚踢你下台。

9 月 2 日拂晓过后，日军集中四门山炮轰击五十一师阵地，阵地立刻被笼罩在滚滚硝烟之中。在山炮的掩护下，日军千余步兵发起冲锋，前后共冲锋三次，尤以上午 9 点至 10 点间冲得最猛。其间日军曾突入一座叫山背后山的阵地，但还没等立住阵脚，五十一师就从四面八方发起反击，重新将阵地夺了回来。

此时在进攻日军背后，兵力还在不断增强，据估计已达到半个师团，五十一师防线随时有承受不住的危险。日军当然不只为五十一师而来，他们是要借此威胁南浔线侧翼，对金官桥防线实施包抄。为了防备万一，第一兵团总部下令金官桥守军向"黄老门线"（指岷山到黄老门一带防线）转移，同时严令七十四军负起掩护责任。薛岳在电话中对俞济时说："你要再向后退，使前方部队撤下来，我就军法从事！"

救火须救灭，救人须救彻。现在俞济时所面对的问题，不单单是掩护，而是得把岷山日军全部驱除出去，这样后撤的金官桥守军才能拥有最大限度的安全感。在五十八师到达前沿后，七十四军重新调整了部署，开始发动全面反击。

从 9 月 2 日下午起，五十一师在西，五十八师在东，同时向当面之敌发起进攻。这是考验七十四军整体战斗力的重要时刻，能不能啃下硬骨头，皆在此一举。

四周群山到处回荡着敌我双方的枪炮声，战斗毫无间歇地持续着。在进攻中，七十四军一次次与敌军短兵相接，咬住了就抵死不放，双方阵形因此犬牙交错，空中俯视的日机想上前帮忙都插不上手。

经两昼夜鏖战，9 月 3 日，七十四军终于占领岷山，确保了"黄老门线"的完整。岷山之敌除被消灭的部分外，其余皆向瑞昌退却。

在岷山战役中，七十四军共缴获轻机枪五挺、小钢炮五门，战刀二十三把，步枪一百余支，"武运长久"旗数十面。另外，还俘虏了两名日本兵。

抗日战场上，缴到日军武器的数量一般都不会多，这是因为日军即使败退，也不会轻易把完整的枪支和尸体丢弃在战场上。中国军队有不杀俘虏的禁令，规定凡上交俘虏，可奖励二百元，但在战场上很难捉到活的。曾有九名日本兵被围在庐山的山洞里，天亮后搜查，发现他们已在毁枪之后集体自杀，其中一个重伤未死，问什么都瞪着眼不理，也不愿被抬走。

假如不谎报战果，单就一支部队而言，如此数量的战利品和俘虏已经很可观了。七十四军尽管是逐次投入兵力，但自始至终都未惜工本，战役结束，五十一师共伤亡军官一百六十余人、士兵两千余人，五十八师共伤亡军官七十余人、士兵八百余人。

在金官桥守军退到“黄老门线”后，原先与之对峙的日军一〇六师团也进逼“黄老门线”阵地，并猛攻不止。第一兵团总部由此认为“黄老门线”还不够巩固，于是决定将整体防线后移至德安以北的“乌石门线”。

中国军队退一步，日军一〇六师团就进一步，他们占领了“乌石门线”前的马回岭。马回岭是一座三面环山的小盆地，守军在盆沿部署有重机枪阵地，其最大射程足能打到马回岭，此外火炮也能射到它的前沿。换句话说，第一兵团凭借有利地形，以步炮火力在马回岭构成了数道严密的火力网。

地障就是兵力，险要就是武器。日军一〇六师团看似一着不让，其实反而让自己陷入了被动。由于害怕遭到火力攻击，日军白天总是躲在工事里不出来，就连从

新兵训练。到抗战中后期，中国军队能招募到的新兵很多都是文盲或半文盲，他们要在短期内掌握枪械的正确使用和保养方法，还要适应实战需要，本身就是一件非常不易的事。

马回岭到黄老门这一段，也只敢乘坐坦克装甲车来去。

都跟精锐搭不上边

“现在的日本人不像从前那样难打了。”英国记者阿特丽深入赣北战场采访，她随机访问了几个参加过台儿庄战役的老兵，这些老兵都异口同声地说出了这句话。

将领也大多持有相同看法。曾指挥过南口战役、台儿庄战役的汤恩伯根据切身体会，给侵华日军划定了三个阶段：第一阶段是南口战役的时候（与淞沪战役同一时期），日本人作战像狮子似的；第二阶段是台儿庄战役的时候，日本人依旧是冲锋陷阵的一把好手，只不过稍稍挫了一点儿威；现在则明显没有几个月前那么凶猛了，甚至于产生了无心作战的情绪。

厌战和反战，都是在战争旷日持久的情况下必然产生的一种心理反应，尤其是在道义上完全站不住脚的侵略战争中，士兵所背负的精神压力更大，也更容易消极和厌倦。中国军队在赣北战场上缴获了许多日军的信件和日记簿，粤军将领李汉魂向阿特丽出示了其中的一本。那是一名日军大尉所写的，里面还夹杂着一张他的全家福。

从日记上看，这名大尉是个良心未泯的人。从登陆上海起，他就见识到了战争的残酷，并惊骇于同伴的残忍。在日本国内，他无疑是个好人，既是好丈夫，还是好儿子和好父亲，但当他拿着枪踏上异域，干的却全是杀人放火的勾当。尽管他也认为“我们是应该不择手段地争取胜利”，可是内心仍然感到十分痛苦：“我为什么，又为谁犯这罪行呢？我只好心里明白，因为我不敢从嘴上说出来。”

若是战争打得顺风顺水并很快结束，那倒还罢了，现实情况却是，在进入赣北战场后，恶战、苦战接连不断。有一天晚上，在浓黑的夜色中，大尉所在的部队与中国军队大打肉搏战，结果“损失异常重大”。仅隔两天，一颗炮弹落在他的旁边，差点就把他给炸死。

大尉亲眼看到自己的部队战死了百人以上，看到了中国士兵顽强的牺牲精神和吃苦耐劳的能力，这让他整个人几近崩溃。如果是保卫自己的祖国，当然应该义无反顾，但若是侵略别国，他实在找不到自己为此丧命的价值所在。

全家福是樱花节时拍的，大尉说他一看到这张照片就要流泪："明年樱花开放时，是不是我的孩子将成孤儿，我的妻子将成寡妇，我那白发苍苍的老母将无从知晓他的孩子究竟在何方？"

当阿特丽从李汉魂手中接过日记簿的时候，它的主人已经死在了战场上。

李汉魂通读过日记，对这名日本青年的死也很有感触："战争是战争。我是一名将军，他是敌军里的一个大尉，我们杀死了他，但他本质上不是敌人，所以我此刻的良心也为之感到不安。"

日军中像大尉这样的人还有很多，他们并不想从事战争，可是又被一股无法摆脱的力量裹挟着，只能硬着头皮去杀人，去送死。这种情况下，要想让他们在心理上不抵触、不消极，是不可能的。

除此之外，日军攻击力呈下降曲线，还有其他更为复杂的原因，其中很重要的一条就是经过历次交锋，侵华老兵损耗很大，势必补充很多新兵以及增加新设

第一〇六师团。走在最前面的日军军官右手所持可能是联队旗。联队旗对日军来说非常重要，行军作战时也会以专用布套捆扎保存，且每个联队都有一个军旗护卫队，保卫军旗的旗手必须是所谓优秀的少尉军官。

师团参战。一〇一师团、一〇六师团皆为特设师团，或者叫新编师团，其战斗力远不及老牌师团。二者之间的最大不同，就是特设师团的现役军人较少。以步兵联队为例，现役的只有联队长、联队副官和大队长，中队长以下全是已参加社会工作多年的预备役或后备役军人。

这种师团必须经过一定的战前训练才能适应需要，但因战事紧张，一〇六师团一组建完成就被匆匆派到了华中战场。冈村宁次认为："（像使用一〇六师团这样），把在社会上工作了几年乃至十几年的人，直接送到前线来的做法，有些欠妥。"

一〇一师团则是另外一种情形。这个师团倒不是草草编成，奈何在淞沪战役中被提前打残了，光兵员就损失了一万多人。现在的士兵大部分都是出身东京繁华区域的补充兵，且以中年已婚者居多，虽然都是受过军事训练的预备役人员，但其军纪军风十分恶劣。

冈村对此看得很清楚，"军纪严明的军队即为精锐部队"，以此标准推断，一〇一师团、一〇六师团都跟精锐搭不上边。

那些参加过台儿庄战役的中国老兵只要一伸手，就能掂量出对方的分量——日军在攻击前通常都要用火炮轰上几个小时，接着才进入步兵攻击，而步兵厉不厉害，就看攻击时的表现。

南浔线上的日军在炮击结束后，总是先派出两三个兵，这几个兵会爬到中方阵地前二三十米处，试探着往战壕里扔手雷。假如战壕里的中国士兵示弱，日军的大队人马就会跟着冲上来，假如中国士兵还以颜色，他们就立刻变得缩手缩脚，而且一打就退。

白刃战本是日军的强项，但刚上战场不久的新兵往往缺乏拼刺刀的足够胆量和经验，一〇一师团、一〇六师团不到万不得已，都不太愿意冒险打白刃战，反而战斗力较强的中国军队，比如七十四军、粤军会主动发起白刃战，以求在武器处于劣势的情况下击退敌军。

最后剩下能给日军壮胆气的，也就只有飞机大炮了，然而在山地战中，飞机大炮的使用都会受到很大局限。用老兵的话来说："当我们爬到山上的时候，他们就不容易这么做了（指用飞机大炮轰炸）。"

无论是一〇六师团，还是一〇一师团，两个较弱师团均表现乏力，无法从正面实施突破，南浔线由此出现了二十多天的沉寂期。正是利用这段宝贵的时间，中国军队得到休整和补充，也为即将到来的大决斗积蓄了必要的力量。

质比量更重要

偷得着不如偷不着。明明近在咫尺，却又触碰不得的现实，让日军一〇六师团着实心痒难耐。就在他们苦思破阵良计的时候，一个通常情况下不易被察觉的机会出现了。

由于瑞武公路（瑞昌至武宁）一线告急，第一兵团向该方面抽调了一部分部队。调整之后，南浔路至瑞武路之间的兵力变得薄弱起来，防御部署也相应出现了较大空隙。位于九江的日军第十一军司令部通过飞机侦察，获取了这一重要情报。

有空隙就可以钻过去。9 月 20 日，日军第十一军命令一〇六师团避开“乌石门线”的正面阵地，沿着这一空隙，从侧背实施奇袭。日方估计，如果一切顺利，此举足可起到一箭双雕的作用，既可打南浔防线一个措手不及，对二十多个师的中国军队实施包抄，又能解瑞武路日军被阻之困。

9 月 26 日，日军一〇六师团将不足两千人的部队留在原阵地，主力向出现空隙的五台岭一线进发。为适应山地奇袭战的需要，出击部队全部实施轻装：每支步枪仅配弹二百发、手雷两枚，作为今后全程的使用量；野炮因山地运动不便而留置后方，仅配备驮马装运的山炮和迫击炮；粮秣和行李也均由各中队自行携带，所携带的口粮只可供六天食用。

如此轻装简从，行军的速度大大加快。当天，日军一〇六师团便轻松突进五台岭，分两路向“乌石门线”的纵深快速推进。

9 月 27 日，日军一〇六师团的先头部队被防线左侧背的粤军一部所发现并截击，但在日军后续部队到达后，粤军支持不住，开始逐次向后撤退。

暂时的撤退并不要紧，重要的是日军一〇六师团的“奇袭”已经丢掉了“奇”

字，中国军队拥有了反击的可能。

此前第一兵团已减少了第一线的守备部队，增加了第二线的控制部队。这些控制部队集中在德安附近，是薛岳能够掌握和调遣的主要机动兵力，七十四军也在其中。

岷山战役结束后，蒋介石曾亲自来电，要把七十四军调到长沙进行休整。薛岳复电："调不下来。"

蒋介石再次来电："七十四军在岷山伤亡甚大，应予调下整补。"

薛岳也再次复电："赣北各军作战时间都比七十四军长，伤亡都比七十四军大，各军都未调下整补，对七十四军也请缓予调下整补。"

七十四军最终被留在了德安。薛岳对蒋介石所说的不能调七十四军的理由，自然都是明面上的理由，他不愿意说出的部分，则是一旦七十四军缺席赣北战场，则如同断其一臂。

不知道是过去军阀时代的遗留，还是受到了特有的国情人情的影响，中国军队尤其是国民党体系的部队，都最讲究派系山头，将领也更乐于掌握指挥惯了的部队。谁接到命令，要担负某一方面的指挥之责时，首先想的就是把原来领导过的部队调过来。

薛岳属于粤系军人，他指挥粤军自然会觉得得心应手，与之相应，第一兵团里面的粤军数量也比较多。不过这些都不能打消薛岳对七十四军的看重，正是岷山战役，使七十四军在战场上的价值得到了极大的体现。

从军事角度来说，投入战役的部队并不是所有时候都多多益善，关键还是要看战场条件，有时需要偏重量，有时需要偏重质。比如在兰封战场那样的平原之上，比较适宜于大兵团作战，而赣北打的主要是山地战，战斗多发生在道路及其两侧小山丘陵，大兵力无法同时展开。

这种情况下，质比量更重要，一支主力部队水平高不高，有没有足够的攻击力，往往直接决定着战役的胜负成败。很简单的一句话，如果当时换赣北各军中的任何一个军上去，哪怕是粤军，都未必能把岷山从日本人的嘴里面硬生生地给夺过来。正是明了其间的利害得失，所以薛岳坚决不肯将七十四军放手，哪怕是老蒋的面子都不卖。

为帅之人，必要的执拗很重要，要不然现在拿什么来灭人家？

洞察日军意图后，薛岳果断决定化被动为主动，将七十四军从德安调至前沿作战。此时日军一〇六师团已窜至万家岭，企图在攻破粤军防线后乘势南下。9 月 30 日下午，五十八师三四八团冒雨到达万家岭，并立即向日军发起攻击。

尽管受交通状况和雨后运动的限制，七十四军只能先发一个团，但同样是发一个团，在山地战中的效果完全不同。如果是一支战力薄弱的团，不仅不能指望它击溃敌军，相反，还可能被敌军所击溃，这时后续部队还没有来得及展开，前后人马相互践踏，结果就是把路给堵死，后续部队无法上前参战。

若是七十四军派出的团，虽然不一定能保证将日军击溃，但起码可以将对方牵制住。即便退一步，真的抵敌不住了，以七十四军的军事素质和严格的战场纪律，这个团也不会溃散，他们知道让开正面，使后续部队开上来增援，从而大大增加了反败为胜的概率。

三四八团的表现，是对这一结论的一次完美验证。激战至晚，该团将已经突入粤军阵地的五百多名日军予以歼灭，在万家岭立住了脚。

开局总是最生猛的时候，刚冲上来的日本兵全都如狼似虎，一个能拼你好几个。激战中，三四八团的两名营长均挂了彩。

至此，薛岳对整个战局的变化走势已经了然于胸。在总体的防御战中，对冒进

万家岭村舍，中国军队对日军展开围击。

之敌展开反击，利用优势兵力打一个漂亮的围歼战，几乎是每一个中方统兵者的梦想，但由于日军机动能力较强，行动飘忽，守军又抽调困难，所以即使遇到这种良机，往往也只能当面错过。

兰封会战错过了，万家岭这里绝不能再次错过。薛岳毫不犹豫地发布调令，命令德星（德安至星子）、南浔、瑞武三线主力全部会聚万家岭，对日军一〇六师团展开围歼。

薛岳的这一决策至为关键。评论者认为，若不是他看透敌情，迅速捕捉战机，很可能会为敌所算，一旦日军一〇六师团突入南浔线背后，“那就根本无仗可打，哪里还有什么万家岭的大捷”。

舞台已经搭好了，各位，抄家伙吧。

戴着钢盔的木牌

万家岭战役结束后一年，一位叫唐永良的师长奉命率部到庐山敌后打游击。因为万家岭交通不便，当时社会上还有很多人不知道这个地方以及这场战役，加之已处于敌后，一般人就算有兴趣，也不容易前来一探究竟。唐永良没有参加过万家岭战役，他当然也有兴趣，于是便决定带上照相机，对战场做一次实地寻访。

“老乡，这里距离万家岭还有多远？”

“什么，你说万家岭？不晓得！”

唐永良感到十分困惑，明明地图上标注着“万家岭”三个字，还爆发过那么惊天动地的一场战争，为什么当地百姓都说不知道呢？

没人引导，不过唐永良自有办法。沿途不断出现死人死马，那就顺着白骨多的地方走吧，一定可以找到。

穿过一片竹林，接着又穿过一座松林，一座连绵起伏的山丘地带赫然出现在眼前。这座山丘约三百米高，远远望去，山顶上木牌林立，也数不清到底有多少列。

山下有一座茅庐，唐永良一行信步走上前去。茅庐的院子里坐着一位七十岁老者，自称是湖北广水人。他告诉唐永良，此地就是万家岭。

"去年秋天，有成千上万的日本鬼子被打死在这里，鬼子还在我这茅庐里吃过饭呢。"

唐永良问他，哪里死的鬼子最多，得到的回答是:"东南方向死的最多。"

在东方的文化传统中，死人是不吉利的，何况死这么多人。显然，沿途百姓都在刻意地避讳"万家岭"，那么面前这位老者何以不但不惧，还住在此处呢?

经过交谈，才知道老者年轻时候也是一员好汉，曾经参加过中日甲午战争。原来是一位老抗日军人！唐永良注意到，老者一边跟他们谈话，一边还在用剪刀制作一顶毡帽，而用来做毡帽的材料，居然是日本的军用毛毯。

在老者的指点下，唐永良踏上了万家岭的山道。终于可以跟这座名震寰宇的山丘近距离接触了。行至半坡，三三两两的白色木牌就陆续冒了出来；再到顶上，山下所能见到的那些木牌全都触目惊心地摆在眼前。最高的一根大木牌上写着"噫噫皇军阵殁将士之碑"，再次是"濑川部队北川队奋战之地"。除了这两根木牌算集体的，其余都是日军官兵个人的木牌。

唐永良一行无意丑化或蔑视死者，相反，作为军人，他们有理由对战场上所有奋战至死的勇者表示出某种敬意，哪怕那是对立的敌方。地上有很多带锈的钢盔，唐永良他们从中捡拾了几十顶，然后一顶顶戴在了木牌之上。

冈村宁次说过，"战争是战争，武将爱武将"。早在长城抗战时，日军步兵联队为中国军人的英勇精神所感动，曾郑重埋葬战死者的遗体，并树立"中国将士之墓"的墓碑。事后，中国军队的某旅长在访日时，不避嫌疑，对树碑的日军联队表示了感谢。

在冈村看来，只有具备让敌人也为之感动的武士道德，才能够称得上是真正的勇者，而礼葬这些勇者的遗体，乃是武将自古以来就应该具备的教养。

在赣北战场上，中国武士的教养和道义精神亦令冈村叹服。曾有一名日军大队长率十余名士兵冲入中方阵地，结果被中国军队用火炮全部轰死。中方认为这十余名日军官兵在战斗中确实具有超凡的勇敢，所以进行了妥善安葬，并且破例没有收缴战刀和其他装备。对此，冈村说他感到"难以想象的敬佩"。

戴着钢盔的木牌仿佛雨后丛生的香菌。在万家岭山顶，比钢盔更多的是子弹壳和刺刀鞘。唐永良从中捡拾了一把值得纪念的刺刀鞘，上面穿过了十几个子弹孔。

那场逝去的战争该有多么激烈啊！

尸横遍野

1938 年 10 月 1 日，万家岭。日军一〇六师团的后续部队不断涌上，日军集中了两个中队的山炮，对五十八师三四八团进行连续射击。

在熬过弹雨之后，三四八团以牙还牙地实施了反击。在万家岭的南方高地上，两军展开了剧烈的阵地争夺战。多次往返冲杀，双方均伤亡惨重，自进入万家岭后，三四八团已死伤了两千余人。

10 月 2 日，日军一〇六师团后续部队全部到达万家岭一线，与此同时，薛岳所调集的十二个师也陆续聚拢于以万家岭为中心的战场，并对日军形成包围。

在这个范围仅有十几平方公里的包围圈内，除了几座小村庄，全部都是矮山丛林。五十一师据守的张古山位于万家岭附近，乃是一座仅有三十米高的小山丘，但防守难度与其高度正好成反比：此处地形复杂，灌木丛生，不利于观察和射击的展开。王耀武决定兵分两部，由一五一旅占据制高点及通往南昌的路口，由一五三旅在东侧进行策应，顺带与五十八师阵地相衔接。

在山地间跃进的中国军队。图中官兵都用草、枝叶对头部进行了伪装，由此判断，发起进攻前应该是隐蔽了较长时间。

无论是张古山的五十一师，还是万家岭的五十八师，当天都没有遭到日军的大举进攻，五十一师先头部队虽曾在张古山投入战斗，但仅仅是小范围和小规模的接战。

表面的风平浪静，常常是暴风雨即将到来的前兆。日军一〇六师团只带了六天的口粮，同时弹药也严重不足，以每支步枪配弹二百发计，即便不考虑六天以后的事，每天最多也只能消耗三十多发。

一方面是自己虚弱的内囊逐渐暴露出来，另一方面是看到已经陷入了对方的包围圈，一〇六师团有些发急，他们急忙通过电报向第十一军进行报告。

第十一军总部闻讯大吃一惊。实际上，就在一〇六师团进犯万家岭的同时，瑞昌线上的日军二十七师团已奉命东援，以接应一〇六师团。只是薛岳早已料到这一着，提前便派兵在二十七师团必经的麒麟峰设防堵截。二十七师团屡攻麒麟峰无果，只得怏怏而退。

没有别的办法，只有靠一〇六师团自己突围了。10 月 3 日，一〇六师团以主力阵容向五十一师发起进攻，重点在一五一旅正面，意图相当明显，就是企图从这里撕开南下的口子。

从拂晓至黄昏，一五一旅遭到了十余次猛扑，道旁的每一座山头都经过殊死争夺。五十一师当时的装备并不好，官兵所持武器除少数中正式步枪，绝大部队都是汉阳造，还是汉阳造里最老的一种，即俗称的“老套筒”，枪管是双层的，握在手上感觉又重又笨。另外，轻重机枪也很少，每团仅两三挺重机枪。

手榴弹加上不多的轻重机枪，这样低的火力配置当然很难完全抵挡住日军的大规模迅猛冲锋，一旦有日军涌入阵地，肉搏战便在所难免。一五一旅与敌肉搏数次，白刃相接处，喊杀声和刺刀碰撞时的铿锵声响成一片。

一五一旅也算是见过世面，然而这次战斗的剧烈程度，是他们从来没有经历过的。旅长周志道亲自赶到最前线的山头进行指挥，战至午后，因伤亡过重，连周志道身边的勤务兵都加入了战斗。

在七十四军，一旦仗打到关键时候，连排长以上军官都要亲自端起机枪射击和参与投弹，所以军官的伤亡也就特别大。激战中，三〇一团团长常孝德身负重伤，营长胡雄也受了伤，连排长负伤的更多，在有的连里，排一级军官均已伤亡，二营的胡润生连便是这种情况。

胡润生手下的三个排长都负了伤，所部只剩下三个班长和四十多个兵，他本人的左手也挂了彩。尽管如此，看到日军不断从正面冲来，胡润生仍表现得异常坚毅沉着，他一面进行指挥，一面亲自端着机枪向敌人扫射，该连阵地始终未落入敌手。

在日军的最后一次进攻被挫败后，山上山下已是尸横遍野，士兵的鲜血染遍了周围的山石和土地。

当天全师到达万家岭的五十八师开始压缩包围圈，晚上 12 点，三四八团以奇袭的方式突入了日军在万家岭的阵地。一场激烈的近身肉搏战随即展开。于是万家岭上的遗存物，除了捡不完的子弹壳，便多出了难以计数的刺刀鞘。在三个小时刺刀见红的白刃搏杀之后，五百余名日本兵带着血窟窿倒在了山岭之上，三四八团成功地占领了箭炉苏以西高地。

新的高地在防守上并不占有优势，此处受到万家岭制高点及西侧高地日军的俯射，但三四八团上来了就没打算再退回去，日军反攻七八次，每次都只能无功而返。

从 10 月 3 日起，日军一〇六师团的后勤给养已呈现出严重不足，尽管日军第十一军采取了飞机空投粮食和弹药的办法，然而对解决困境而言，不过是杯水车薪罢了。张古山突围的失败和万家岭部分高地的丧失，更是犹如雪上加霜，让这个师团惶惶不可终日。

呛人的硝烟味

眼看即将沉入水底，日军一〇六师团要伸手抓一根救命稻草的心情非常迫切。

还是张古山。一〇六师团决定绕开正面，从侧面对中方的一五一旅进行迂回包抄，但是没想到和一五三旅的防御阵地碰个正着。

既然这里也有中国部队驻守，只有靠硬撞了。10 月 4 日拂晓，日军出动约一个联队的兵力，向一五三旅三〇六团发起猛攻。

战斗越打越激烈，到中午时候，三〇六团已有两名营长负伤，三名连长阵亡，余下官兵伤亡过半。该团战斗力也由此大损，唯一还能坚持作战的仅剩下一个残缺不全的三营。

张古山地形复杂，战线较宽，没有哪一个区域不需要防守，三营堵住这里堵不住那里，渐显不支之势。王耀武闻报，赶紧让师部准备后撤，以免日军迂回成功，把五十一师的指挥核心抄掉。

此时李天霞已被免去一五三旅旅长一职，专任五十一师副师长，旅长职务由张灵甫升任。见情况紧急，张灵甫亲自赶到前线督战，发现战斗兵员不足，他就将各营残兵和杂役兵集中起来，由一名营附统带，交给三营使用。有了这部分多出来的人手，三营才得以堵住敌人的进攻，战局也再次得以稳定。

日军一〇六师团连续对五十一师所在的张古山阵地猛打猛冲，不仅没有捞到好果子吃，还遭到极大伤亡，第二天只得掉转方向，朝五十八师所扼守的万家岭防区进行突破。

10 月 5 日，日军一〇六师团以飞机为掩护对五十八师阵地发起进攻。也就从这一天起，在日军第十一军总部的调度下，日机每天都要赶来万家岭轰炸扫射，为一〇六师团助阵打气。

中国前线部队没有防空设施，所以日机敢于低飞，飞机每每都是擦着树梢飞过去，其飞行员更是张狂到一边侧飞，一边从驾驶舱里伸出头来，以观察地面目标。当时防空的唯一办法，就是设置防空监视哨，监视哨一看到飞机或听到飞机的轰鸣声，立即吹哨子报警，但这种单纯依赖肉眼和耳朵来观察的办法并不是很有效。最常见的情况是，哨音刚落，人还没到达隐蔽场所，日机已飞临头顶。

中方的战斗指挥所频繁地遭到日机袭击。有的幕僚人员来不及跑出指挥所，只好姑且躲到床板下面，结果日机一阵扫射，作为指挥所的小茅屋被打成了漏勺，满屋子都是呛人的硝烟味。

指挥所尚且如此，前沿阵地更不用说了，只有在两军相距较近的情况下，日机才不敢随便投弹和扫射。五十八师一七二旅充分利用这段空隙，以极其顽强的防御顶住日军的多次猛攻，确保了阵地牢牢掌握在自己手里。

虽然日军一〇六师团仍旧没能从万家岭突得出去，但是他们还是从当天的作战

日军在进攻时发射毒气弹。毒气弹发射后有明显的烟雾，因此日军常借烟幕弹作为掩护施放，以便最大限度地对中国军队造成伤害。

中得到了一点儿启发。

从徐州会战开始，日军就大量采用毒气战的方式来突破守军防线。为了掩人耳目，他们内部称为“特种战”，毒气弹也不叫毒气弹，叫“特种烟”，施放毒气弹的迫击炮筒（毒气筒）则是“特种发烟筒”。

日军一〇六师团在出发时没有忘记携带毒气装备，战后日军阵地上的毒气筒和防毒面具俯拾皆是。不过要采用这种阴狠战术也有许多限制条件，其中极为关键的一条就是使用者需掌握当地的气象和地理状况，若是风向或地形不对，很可能弄巧成拙，让自家部队先遭殃。

一〇六师团在万家岭显然缺乏这一条件，因此毒气弹没能派到太大用场，这时候他们就不得不更多地依靠飞机来帮忙。

10 月 6 日，日机参战更加活跃，并把空袭重点集中在张古山，以配合两千余名日军步兵发起的攻击。张古山的表面差不多已被炸弹和炮弹刨平了，要找到一块可供隐蔽的树木都很不容易，加之对空袭的准备不足，很多冒死抵抗的官兵当场罹难，张古山北部阵地也由此陷落。

攻占张古山，让日军一〇六师团在困顿中产生出一线新的希望。如果他们能够再把五十八师的万家岭防区给拿下来，战局无疑将发生重大转折，没准还能翻盘呢。

雪中送炭

翻盘，翻盘，翻盘。同一天，日军一〇六师团以步空炮联合的方式，向五十八师阵地发起“锥形突击”。

日机在张古山的作用，并没有能够在万家岭得到复制。五十八师已有防空袭的准备，日机一出现，官兵便找树木和壕沟进行隐蔽，等日军步兵接近，日机无法投弹时，再进入阵地反击。

阿特丽在进行采访时，发现负责护送的中国士兵的步伐都非常快。在跟着他们爬过许多山头后，阿特丽不得不承认：“中国士兵比世界上任何国家的士兵都善于走路。”某种程度上，这也是被逼出来的，因为如果动作不快，他们就无法适应这种没有防空保障的山地战。

五十八师真正面临的问题，是人快打光了！

自整师投入万家岭作战以来，五十八师已毙伤日军三千五百多人，但全师也伤亡殆尽，不少连队的连排长已全部阵亡，有战斗力的士兵仅剩五百余人。

五十八师把伙夫、马夫等勤杂人员都派上了第一线，仍然不敷使用。眼看日军将要突破己方阵地，在万不得已的情况下，师长冯圣法只得向军长俞济时求救，可是俞济时手里的预备队也用光了，唯一能够使用的是军警卫营。

当时为便于观察战场变化和调整部署，军师指挥所距离前线都很近，这在无形中也增加了指挥机关遇袭甚至被吞掉的危险。万家岭战役开始时，日军一〇六师团派出的游击分队就曾渗入到粤军的军团司令部附近，并从数百米外发起袭击，“流弹散布四周”。

俞济时知道一旦警卫营离开，军部可能面临莫测危险，但他还是咬牙把警卫营的两个连拨给了冯圣法，只留下一个班警卫军部。

两个警卫连有二百余名生龙活虎的士兵，对前线来说犹如雪中送炭，也正是依靠这二百生力军，五十八师堵住了即将被撕开的口子，守住了阵地。

至此，日军一〇六师团也已经伤亡过半，无力继续向外拓展突破范围，只得就地转入防御，固守待援。

一〇六师团要援兵，日军第十一军却拿不出援兵。除了二十七师团在瑞武路被截，西援的一〇一师团也在德星线上被堵，谁都过不来。负责策划此次行动的日军第十一军作战课长宫崎周一急得如同热锅上的蚂蚁，但是除了抱怨一〇六师团攻击乏力，一时之间他也想不出更好的援救办法。

宫崎事后承认，在万家岭战役中，自己对一〇六师团负有使用不当的责任，不应该派这支日军中的二流师团担负奇袭之责。言下之意，如果再给一次机会，他绝不敢端着隔夜剩饭就出来卖。

其实宫崎还忽略了另外一个方面，那就是奇袭战的利有多大，风险就有多大。当一〇六师团孤军深入至瑞昌、南浔之间时，它就已经踏上了险途——瑞昌、南浔两线中国军队只要一转身，就可以将突袭者予以反包围，换句话说，即便宫崎当时派出的是一个一流师团，最后袭击成功的可能性至多也只是五五开。

这不是一个你随随便便地出来兜上一圈，就能轻而易举地捡拾到便宜和幸运的时代了。此时距离一〇六师团从马回岭出发，已逾十天，本就携带不多的粮食弹药，即使再省再抠，也已所剩无几，只能单纯依赖飞机空投补给品。

在兰封战役中，被豫东兵团包围的日军第十四师团也曾靠天吃饭，用飞机空投的粮食和弹药度过危机。可是万家岭与中原不同，这里的地形条件较为复杂，日机推测的位置与一〇六师团实际地点之间有十里的误差，所以空投物资常常到不了需要者手中。

中国军队观察到这一情况后，每当日机空投，就在白布中间贴上红布圆心，用这种冒充的“膏药旗”，引诱日机将补给品投到己方阵地上。如此一来，一〇六师团的日子便更加苦不堪言，连其指挥中枢都面临着断粮危机，师团司令部人员已经近三日未得一饱。一般士兵更是一个个都成了皮包骨头，如同俗语说的“从正面看像铅笔，从侧面看像挂历”。

攻守态势上，尽管一〇六师团夺得了张古山，但仅限于内圈，在外圈，重叠扑上的中国军队已形成四层包围。一个疲困不堪的瓮中之鳖，可以恰如其分地形容现在一〇六师团的处境。

见时机已基本成熟，10 月 7 日，薛岳下令从四面缩小包围圈，对一〇六师团发起全线总攻。其中，七十四军主要负责南面的攻击，任务是收复张古山及其附近的长岭。

俞济时将总攻任务交给了五十一师。王耀武在战前召开会议，研究进攻方案。会上你一言我一语，一个个听下来，一五三旅旅长张灵甫的话打动了王耀武。

张灵甫认为如果单从正面仰攻的话，困难多，伤亡大，不如效仿《三国演义》中邓艾偷越阴平的战例，利用后山绝壁，组织突击队奇袭敌军背面。

王耀武采纳了张灵甫的计策。张灵甫从三〇五团中挑出五百精兵，作为实施奇袭的突击队。为了增加他的胜算，王耀武还把三〇二团增配给一五三旅，由张灵甫指挥三个团实施主攻，缺了一个团的一五一旅则改为预备队。

猛张飞

晚上 7 点，突击队轻装疾进，从无人迹的崎岖峡谷中穿过，对长岭北部高地实施突袭。长岭北部驻守着五个中队的日军，但是晚上他们看不清对方有多少人，只知道忽然从后面涌上来许多中国兵，一时阵脚大乱。

正面主攻部队趁势发动猛攻，通过两面夹击，高地上的六百多日军被迅速歼灭。

长岭得手之后，张灵甫决定一鼓作气，连续出击张古山。张古山南陡北缓，若使用大部队攻击，没有那么大的空间可以铺开，小部队又难以取胜，张灵甫便二者取其中，选择让三〇五团出击。鉴于攻袭长岭已经打草惊蛇，这次张灵甫变换了策略，他授意三〇五团先从正面佯攻，以吸引日军的注意力。

三〇五团在正面的摇旗呐喊，果然有效。日军全神贯注地投入正面防御，全然不知道对方突击队正攀藤附葛，从险峻的后山爬上来。等到发现，为时已晚。

日军腹背受敌，经过一番白刃相搏，八百余名日本兵倒在了血泊之中，剩下的残兵赶紧由山巅滚下，狼狈逃窜。

在已被重重包围的情况下，张古山成为日军一〇六师团突围的最大指望，直接关乎其存亡，若此地被中国军队所控制，则日军将成为入袋之鼠，进退不得。听说张古山得而复失，一〇六师团当晚就调集优势兵力进行反扑。中方三〇五团顽强固

张灵甫戎装照。万家岭战役是张灵甫在抗战中的成名作，也是代表作之一。

守，预备队全部都投入进去，激战中，营长王干之阵亡，连长以下军官也大部分伤亡，但阵地还是守住了。

10 月 8 日拂晓，日军又用上了空袭这一老招数，二十多架轰炸机盘旋在张古山上空，投弹如雨，将三〇五团用血肉之躯夺回的阵地重又炸成一片焦土。

空袭到上午 10 点才结束，日军随即向张古山发起冲锋，张灵甫闻讯立即赶到一线进行督战。当部分日军冲上当地人称为哔叽岭的山顶时，他和三〇五团团长唐生海带着残余官兵奋起肉搏，通过白刃战将日军赶下了山。

每个人都有属于自己的心灵故乡，但是很多时候，人们都会迷失在远离故乡的道路上，乃至于带着痛苦和忏悔四处飘荡。

回来吧，回到真正适合你生长的地方去!

张灵甫骨子里是一个武士，一个浑身都流淌着热血的东方武士。他曾经有过成长的错位，有过漆黑一团的生命轨迹，然而过去的已经过去，只有闪烁着武士荣耀的未来才值得期待。

以旅长身份在第一线与敌人拼刺刀，这一刻的张灵甫犹如战神附体，也由此被人称为“猛张飞”。

趁着战斗间隙，张灵甫匆忙整理部队，他将勤杂人员全部编入战斗队，对伤员也进行了慰问和安置。

日军并没有甘心放弃张古山。战至下午，旅长李佳明、团长唐生海、营长胡雄均负重伤。黄昏时分，担任三〇五团代团长的于清祥阵亡，三〇五团官兵伤亡大半，精疲力竭。为避免更大的损失，张灵甫不得不率余部暂时撤出张古山，待机再战。

10 月 9 日，日机一面轰炸中国军队的守备阵地，一面进行空降。随着日军防御范围的缩小，日机空投的准确率也相应得到提高。不过与以往不同的是，此次除物资外，还空投了数十名人员。起初大家都以为是增援前线的日军伞兵，后来通过讯问俘虏，才得知都是中队、小队级别的军官。

一〇六师团这样的日军特设师团，大队长以上才为现役军官，因此每逢作战，各大队长都得亲临最前线直接指挥，而大队长一旦伤亡，由其他非现役的军官代理指挥后，其大队的战斗力一般就会下降一半以下。正是出于这个原因，日军第十一军总部才会空投现役军官，以减少大队长缺员的概率。

得到补充之后的一〇六师团在战斗力上有所回升，这也同时意味着中方进攻张古山的难度变得更大，而且从后山突袭这样“讨巧”的战术也不可能再重复使用了。

张灵甫从五十一师中重新挑选了四百精兵，组成敢死队，准备从正面对张古山展开硬碰硬的攻击。

歼敌则鸣

正面攻坚，火力支援不可或缺。当时除了五十八师有克虏伯野炮，五十一师直属炮兵连也有三门这样的宝贝。克虏伯野炮虽老，命中率却很高。有一天黄昏前，五十一师师部观察到有一股日军正向山麓茅屋村前集结，于是立即用电话通知炮兵连进行射击。装填了燃烧弹的克虏伯野炮均准确命中目标，几十间茅屋全部烧毁，吓得尚未中招的日军赶紧拔腿逃命。

然而这种集中射击只能偶尔为之。日军通过声测、双曲线交绘等方式，可以迅速测出炮兵阵地，几分钟后便会进行压制射击。到万家岭战役后期，缺乏炮弹的日军一〇六师团已无足够的压制能力，但五十一师的炮兵连长战场经验不足，作战时仍然过于谨小慎微，白天都是把火炮藏在树林里，到黄昏前后才敢出来放上几炮，由此导致步炮根本不能协同。

如果舍不得损失克虏伯野炮，为步兵助力的还有迫击炮。分散到部队，五十一师的迫击炮并不多，每团仅有一个迫击炮排。王耀武于是采取了将全师迫击炮集中使用的办法，这样大致就可以组成一个迫击炮连。

在万家岭战役中，迫击炮的作用远超过克虏伯野炮。除了后者使用次数不多，主要还得益于迫击炮的特点更适合于山地战，不仅便于携带、操作方便，而且可利用其弹道弯曲的特点，有效杀伤躲在山丘或阵地后面的敌人。

当天上午 8 点，五十一师使用迫击炮对张古山的日军阵地进行了集中射击。在炮兵的支援下，大部队以敢死队为先锋，呼啸着冲上张古山北端高地，他们首先用白刃解决了日军警戒部队，随后便向哔叽岭发起猛攻。

日军虽然一再增援，但已挡不住中国军队的进攻气势，在全歼五百余名日军后，五十一师完全占领了张古山。

这一战，双方反复争夺五次，激战长达四个小时，整个山坡都被鲜血染红，日本人因此把张古山称为“血岭”。

一年后，当前来寻访的唐永良来到张古山时，这里已经遍山松柏，但当年那种残酷的战斗场景犹然在目。他看到半坡上到处都是白骨、皮鞋和零星的军用品，半坡棱角上则有不少单人散兵坑、机关枪坑，甚至被炸开的碎石、被焚烧的松树都还没有消失。

离哔叽岭越近，白骨越多，一些白骨边上还盖满了成堆的黑色死蛆。登上哔叽岭，只见上面堆积着许多骷髅人头，钢盔、皮鞋、炮弹箱、刺刀、毒气罐，扔得满地都是。

唐永良在张古山的南坡找到了几具中国士兵的遗骨。他们一律穿胶鞋、背雨笠，红色的胶鞋鞋底已经变成了白色。

张古山不高，然而山不在高，歼敌则鸣，五十一师的这些英雄用自己的浴血牺牲为本师、本军乃至整个抗日军队争得了荣誉。

在五十一师争夺张古山的同时，增援日军也突入张古山、长岭之间的隘路。好在五十八师早有防备，该师从张古山侧翼切入，经六个小时激战，歼敌三百余人，日军对张古山的增援之路被尽根切断。

凭借兵力数量多、攻击精神旺盛的优势，第一兵团基本打垮了日军一〇六师团的防御体系。当晚 8 点，各军均像七十四军那样，以敢死队为先锋，从东西南北四面一齐向日军实施攻击，日军一〇六师团被逼入了其司令部所在地——位于万家岭西北的雷鸣鼓刘村。

雷鸣鼓刘，是万家岭战役中除了万家岭、张古山，第三个不得不提的现场。与前面两个现场有所不同的是，雷鸣鼓刘除了死人，多的是死马。唐永良前去探访时，还没走进村庄，就在山下、稻田和池塘里看到了成行成列的死马骨架。

马口仍然含有衔铁，马头依旧系着皮缰，甚至破旧的鞍囊都还装着带锈的马掌，可是已经糟朽一半的黄色毛毯则分明显示着事实和岁月的无情。雷鸣鼓刘几乎就是一座马的坟场，只在半里内外的一块稻田中，就有死马五六百匹。

在一座小山的半坡之上，竖立着两块巨大的木牌，其一为“皇军爱马之碑”，其二为“濑川部队阵殁爱马之碑”。显见得这里埋葬的全是日军一〇六师团的辎重马匹。

濑川部队属于后勤辎重部队，作战时一般居于后方，且应由步兵部队为其做掩护。但万家岭上那块“濑川部队北川队奋战之地”的木牌表明，他们早就舍马步行加入了战斗。事实上，唐永良在万家岭不仅看到了许多濑川部队士兵的坟墓，还曾捡拾到一面标有“濑川部队”的破烂军旗。

在雷鸣鼓刘，濑川部队的骡马和他们的主人一样遭到了灭顶之灾。从马回岭出发时，一〇六师团配备了一千多匹东洋马，用于运载山炮和辎重，至此多数丧生于枪弹之下。

激战之地

辎重部队尚且被歼，其余兵种伤亡之大可想而知。

走进雷鸣鼓刘村，在村边的大树干上，唐永良一行发现了日军用刀所题的八个字："雷鸣鼓刘激战之地。"旁边还有一行小字注解："昭和十三年十月竹内部队宿此树下。"

中国军队攻进雷鸣鼓刘时，可不光是激战这么简单。那是一轮超规模的白刃肉搏战，战至天明，一千余名日本兵被格杀于村庄附近。

三个分战场中，雷鸣鼓刘的日军坟墓最多。原因是日军一〇六师团即将解散回国之前，三百名日本军人在雷鸣鼓刘村住了三天，为阵亡日军进行招魂祭吊。

日本民族有自己独特的生死观，对死者非常尊崇。每座日军坟墓都安插着灵牌，坟前有竹子削成的短筒，每坟一对，内插松枝野花。如果是军官墓，还会沿坟墓四周镶三四层砖台。

即便这样，能够有幸入土的日本官兵仍只是少数。沿着雷鸣鼓刘周围的道路走去，仍然随处可见日本兵及其军马的尸骨，若说五步一尸，十步一马，也绝不过分。

唐永良用以辨别日本兵的依据，主要是看脚上穿的胶皮鞋。据说日本人因为常穿人字形拖鞋，大脚拇指跟其余脚趾之间缝隙较大，所以日本兵所穿胶鞋的样式也比较特别，一看就看得出来。

全都是日军所穿的胶鞋。毫无疑问，这里也必定有过许多中国兵的遗体，但除个别当时没有发现的，大多数在打扫战场时就已妥为安葬了。

万家岭战役中日军战死者墓碑，死者中有野战步兵也有辎重兵。

还是回到那个白刃相搏的晚上。粤军敢死队曾几次攻至日军一〇六师团司令部附近，一〇六师团长松浦淳六郎将勤务人员都派出来参战，他自己手上也拿了枪。如果敢死队能够再往前前进一百米，松浦就将面临被俘或切腹的命运，可惜的是天色太黑，敢死队并不知道日军的首脑机关在哪里，使这一斩将之机擦肩而过。

当一〇六师团危在旦夕的消息传到日军第十一军总部时，作战课长宫崎周一大惊失色。本来宫崎要随军司令官冈村宁次到长江北岸的广济战场进行视察，他只好请另外一位中佐参谋代其随行。

宫崎没敢把具体情况报告给冈村，但冈村实际上已经知道了。让日军整整一个师团陷入重围，这样重大的利好新闻，中方怎么会不报道呢？

冈村不仅知道一〇六师团被围在雷鸣鼓刘的事，还感到十分"吃惊和悲愤"，原因是中国报纸几乎毫无差错地刊登了一〇六师团各联队的番号以及联队长以上军官的姓名。冈村认为，一定是被俘虏的日本兵泄露了实情。

他猜得对，也不对。日本兵在战场上很难被俘虏，但一旦被俘，且明白自己会得到较好对待后，通常都会知无不言，言无不尽。这和二战中的美军俘虏形成极大的反差。美军允许士兵在战斗不利、陷入绝境的情况下投降，不过事前就会教会士兵哪些是可以招供的要点，因此人家在被审讯时绝对可以做到不卑不亢、应付裕如，看似什么都说了，其实什么有价值的情报都不让你得到。

冈村猜得不对的方面，是那么多番号和姓名不可能都来自俘虏。道理很简单，一个基层士兵哪里可能掌握这么多情况？他能知道自己中队的编号、中队长姓名就不错了，最多再告诉别人师团长叫什么。

真正的原因，是二战初期的日军在保密工作方面非常不讲究。在唐永良之后，重庆一名战地记者也顺路登临万家岭。他那时候还看到曾作为日军指挥所的茅屋里，有许多破碎的文件和书籍。战后薛岳的参谋长写了一本关于万家岭战役的回忆录，里面大段大段地披露了日军一〇六师团的详情，不仅各联队番号和指挥官名字清清楚楚，就连毒气战的用法、要求、战例这些细节也无一遗漏。显然这些资料都应该来自所缴获的大量机密文件。

宫崎当时已顾不得计较这些问题了，他着急的是如何才能不让一〇六师团被完全歼灭。

天亮之后，宫崎派出大批飞机前往实施救援。从日出到日落，飞机成群地在万家岭上空盘旋助战，其数量之多，在整个抗战期间都很少见。日机所投炸弹虽然皆为几十磅的小型炸弹，但一次就会投掷十几枚甚至几十枚，所形成的弹雨对缺乏掩蔽的中国官兵杀伤很大。一名军官在电话中描述："日本鬼子的炸弹不是由飞机上丢下来的，是一箩箩倒下来的。"

在日机的掩护下，松浦率残部得以突围至樟树坳。有参战的中方将领为之赋诗云："马陵，庞子难逃命；华容，阿瞒幸得生！"

这个时候已不单单是宫崎需要为一〇六师团操心了。万家岭一役被媒体披露之后，日本朝野震惊。作为日军第十一军的上级，"华中派遣军"司令官畑俊六不得不直接插手救援行动。除了向万家岭直接空投二百多名联队长以下军官，还组织和派出三个支队，由铃木春松统一指挥，前去救援被围日军。

万牯一声鸣

铃木支队没有直接去万家岭解围，而是采用了类似于"伐魏救赵"的战术，沿着武永路（武宁到永修）及其北侧向东进攻，对中方第一兵团的后路造成威胁。薛岳闻讯，急忙从万家岭调出一部分兵力，南下武永路阻击东进日军。

汤恩伯曾经坦言，中国军队的最大问题是缺乏机动性和攻击力。由于装备和训练落后，即便在战略战术都没有错误的情况下，一个像第五十一师这样战斗力较强的中国师，都只能与日军一个联队勉强打成平手。那些战斗力差的就更不用说了，两三个团合一块，都打不过日军一个联队。

南调部队均为新十五师之类的弱旅，虽然并非万家岭战役的主力，在战斗中耗损也不大，但要挡住铃木支队，确保第一兵团的后路，则并非他们能力之所及。另外，日军一〇六师团残部得到了补充加强，又缩小了防御面，进攻和歼灭的难度不降反升，一连数日，留在万家岭的攻击部队均无明显进展。

10 月 16 日，薛岳下令撤围，所有部队退守德安以西防线。这时候七十四军等部都感觉支持不住了，接到命令后于当天黄昏便开始撤退。本以为日军一〇六师团会趁势展开追击，没想到对方更可怜，站在万家岭，那两条小腿比纸都软，哪里还顾得上什么追击！

一〇六师团也于当晚同一时间撤退，彼此背道而驰，从而形成了中外战争史上的一道奇观。七十四军于当晚撤退后，见日军未跟踪追来，第二天早晨便派一队士兵返回侦察。士兵返回万家岭一看，一〇六师团已踪影全无，只见遍地都是日军遗弃的武器和尸体，足见其撤退时的仓皇和狼狈。

当时气温还没有完全降下来，日本兵的尸体都已经发臭，战场上怪味难闻，所收缴到的日军武器枪支，上面多半附满死蛆。为此，第一兵团总部特地做了个规定：凡是能在战场上捡到枪支的，无论军民都赏十元钱。可尽管这样，大家还是都不太愿意去捡，因为要想捡到一支枪，就得在蛆堆里扒拉半天，实在是太恶心了。

一〇六师团在往九江方向撤退途中，又遭到了薛岳预伏的一个团的阻击。已成惊弓之鸟的日军根本无心抵抗，丢下辎重马匹便夺路而逃。东洋马素以身材高大著称，与中国的本地马不同，中国士兵从来没有见到过，于是满山遍野去捉马。战后清点，共捕得日本战马三百余匹。

“万牯一声鸣，千岳伏尸盈。战骨雨淋白，素花血溅红。”这一战尽管没能把一〇六师团成编制地予以歼灭，但把它的一大半兵力都消灭掉了，其所属的四支主力联队及其配属部队全军覆灭。在七十四军、粤军等部横扫过的区域内，若以评书的口气来说，确实就是“片甲不留”。

第一兵团仅轻重机枪就缴获了二百余挺，步枪三千余支，山炮十六门，迫击炮二十八门，文件和各式各样的军用品更是不计其数。

万家岭大捷还生俘日军一百余人，属于历次战役中俘虏日军数量较多的一次。一名被俘虏的日军军官承认：“此次实为江南空前之血战，松浦师团（一〇六师团）遭围被歼，是侵华战争之一大失败。”

冈村对一〇六师团在万家岭的惨败也始终耿耿于怀，他把战败原因归咎为该师团战斗力太过低劣。一〇六师团与号称日军第一精锐的第六师团，同出于日本熊本县的南九州。冈村当即给国内写信，让人特别转告熊本等四县的县知事：“第六师团已成为日本第一的强大师团，第一〇六师团成了日本第一的软弱师团！”

即便没有冈村的这封刻薄信，万家岭战役的情况也早就在日本国内传开了。大家都知道一〇六师团打仗烂，连同为特设师团的一〇一师团都受到了连累——好像一〇一师团站在台上喊：“有谁敢比我烂？”一〇六师团及时跳了出来：“我敢！”

没有更烂、只有最烂的一〇六师团变得臭不可闻，日本国内的老百姓似乎谁都可以对这个师团表示一下鄙薄和不屑。已经被打成空壳的一〇六师团需要大量补充新兵，那些补充兵一听说自己要被拨入一〇六师团，都视为奇耻大辱，全都痛哭不已。

绝对主力

能够在万家岭重创日军一〇六师团，靠机遇，靠实力，更靠意志和决心。早在日军登陆九江时，随军记者就在九江车站的墙壁上看到过用粉笔所写的“军人三忘”：“出家忘妻，出境忘家，出战忘身。”之后日军缴获到的所有中国官兵的家信，上面透露的也无一例外全是前线作战的情况以及誓死报国的决心，而极少掺杂个人私事。

日本人一向以拥有舍生忘死的武士道精神为傲，但是“军人三忘”让他们意识到，在他们急切渴望征服的这片土地上，也有着一群想法一致的钢铁武士。

如果说这些都还只停留在口号和语言上，中国军人在战场所表现出的惊人的忍耐力则更令人惊叹。在万家岭，尽管七十四军等部没有缺粮之虞，但生活仍异常艰苦。一方面是条件有限，另一方面中国政府本身也不太重视后勤保障，更不关心普通官兵生活的改善，兵站补给除大米和食盐外，食油、蔬菜、肉食等副食品概不过问，全都得由连队自行采购。可在老百姓都已逃亡一空的战场上，即便连队有足够的经费，又到哪里去采购副食品呢？

此外对官兵杀伤最大的还有疟疾、痢疾，甚至霍乱。治愈和防治这些疾病需要特效药，然而前线严重缺乏药品，许多染病的士兵都是硬撑在打仗，直到摔倒在地，不能动弹。

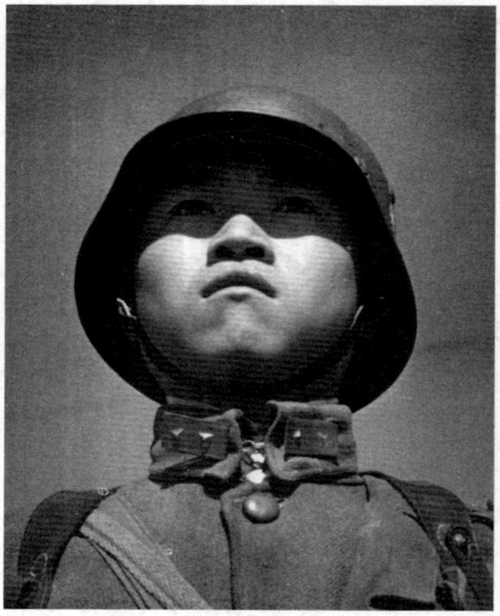

抗战中最著名的照片之一，被选为当年《生活》杂志的封面人物。照片中的主人公是武汉阅兵式上的一个年轻士兵，当年才十五岁，但目光里充满坚毅和果敢。这张照片在欧美影响了很多人对中日战争的看法，并使他们逐渐从支持日本或漠不关心转而倾向支持中国。

这些在西方人眼中都是难以克服的困难，他们认为任何国家的官兵都有理由因此放弃战斗，但是中国军人全都忍受了下来，他们甚至比同样习惯忍耐的日本军人更能爬山、更能吃苦。女记者阿特丽多次目睹过类似让她心酸到要哭的场景：沿路都是受伤或患病的中国士兵，很多人铁青着脸在路边颤抖，还有人已经摇摇欲坠，可仍然在缓慢地向前线移动。

艰苦忍耐终于换来了报偿。当万家岭大捷的消息传到后方时，街头巷尾顿时鞭炮声齐鸣，民众一致认为，这是九一八事变以来最令人兴奋的日子之一。全国各地发来贺电五十五份，新四军军长叶挺在贺电中盛赞万家岭大捷“挽洪都于垂危，作江汉之保障”，并将这次空前胜利与平型关大捷、台儿庄大捷并列，称它们“鼎足而三，盛名当垂不朽”。

在万家岭大捷中，七十四军像其他友军一样，付出了极大的牺牲。截至 10 月 15 日，死伤失踪官兵达到九千九百余人，超过参战兵力的半数，其中五十一师伤亡五名团长（包括代团长）、七名营长，五十八师伤亡两名团长、六名营长，两师所伤亡的连排长都在百名以上，三〇五团是张古山之战的最大功臣，伤亡也最大，撤下战场时一团变成了一连。战后薛岳除奖给七十四军锦旗一面外，还专门拨给负伤官兵五千元养伤费，以资嘉勉。

由于在万家岭战役中的出色表现，七十四军声名鹊起，被公认为是一支能打硬仗的强军。经蒋介石钦点，七十四军被列为军委会直辖的战略总预备队，成为华中三大战区之前卫。

如果加以横向比较，七十四军与日军中的第一一六师团在建军史上有着某种相似之处。日军第一一六师团也是特设师团，但与一〇一师团、一〇六师团不同，其表现一直非常活跃，到抗战中后期，更是几乎成为侵华日军中的顶梁柱。一一六师团之所以能够脱颖而出，据冈村分析，是因为该师团在动员后，曾在郊外野营地进行了约一个月的基本训练。这样的野营训练效果极佳，即使在平时，一周就抵得上兵营训练一个月甚至更多。

七十四军也一样，在它开赴淞沪战场之前，就已经具备了较为扎实的基本功，所以才会在抗战第一年就显露出剽悍本色。虽然在此后连续不断的战事中，部队遭到过很大损失，但由于骨骼强健，加上训练和纪律严格，七十四军始终能够保持一种蓬勃向上的发展势头。

淞沪战役中，七十四军还只是次主力，在它前面曾经排列着一批看似难以超越的王牌部队：德械师（第八十八师、第八十七师、第三十六师）、教导总队、第一军、第十一师、税警总团……

现在七十四军出头了，成了中方首屈一指的绝对主力，这既是时势使然，也是自身努力、不断拼搏的结果。试想，伤亡那么多团营长，有他们在前面身先士卒、冲锋陷阵，这支部队又怎么会不强呢?

鉴于七十四军战功卓著，军委会为七十四军优先补充了一批武器和新兵。当时中国政府能够掌握的军事资源较为有限，不可能做到平均分配，因此常常有武器装备和新兵补充不足的情况出现，七十四军能够得到这一待遇是令人羡慕的。除此之外，五十七师也被调入七十四军编制，使七十四军所属部队增加到三个师。因为三个师的番号均以“五”开头，从此日本人就把七十四军称为“三五部队”。

五十七师最早是一支地方杂牌军，系由安徽和山东的地方部队混编而成，中级以上军官多为北方人，班排连长及老兵亦多北方籍。在被编入七十四军编制之前，该师战绩并不突出，不过战斗力、装备到军官素质都还可以，并且它还具备一个特长，即善于构筑野战工事及组织防御战。加入七十四军后，五十七师迅速融入这一集体，其特长也表现得愈加鲜明，在战绩上并不逊色于其他两个兄弟师。

由于补充得力，就综合指标而言，七十四军当时处于国内领先水平：步兵持清一色的中正式步枪，每连有捷克式轻机枪九挺，并配有六〇迫击炮、枪榴弹。每营还有机枪连，机枪连配有马克沁重机枪（大多其实为中国仿制马克沁的二四式重机枪）六挺。兵员基本充足，每连都有战斗兵一百五十人。

没有热血的呼唤，就找不到执着的方向；没有苦苦的寻觅，就难以抵达理想的殿堂。七十四军“愈战愈奋，愈战愈勇”，在民族救亡和捍卫军人荣誉的道路上开始渐入佳境。

第三章

世界上最伟大的士兵

（南昌战役）

万家岭大捷给中国的民心士气带来了一股暖暖的春风。当阿特丽走进万家岭，她惊喜地看到那里的战利品堆积如山，步枪、机关枪、“膏药旗”、防毒面具、望远镜、指挥刀，甚至有许多日本兵贴身携带的“千人针”以及神符。就连前线将领用来款待她的食品，都是从日军手里缴获的波罗蜜罐头。

离前线越近，阿特丽越相信中国人能够守住武汉，但是李汉魂提醒她，一旦日军大规模施放毒气，中方阵线就很难守住了。

未几，李汉魂的话便不幸变成事实。当然这不仅仅是因为日军实施了毒气战，更主要的还是双方实力差距太大。在整个武汉会战中，中方有一百零九个师参战，日军只使用了九个师团、五个支队，但照旧可以占据主动进攻的地位，而万家岭大捷作为一个局部胜利，难以改变这一总的实力格局和趋势。

到万家岭战役结束时，武汉已处于日军南北包围和夹击之中。不过蒋介石早早就做好了撤离武汉的准备。据说他做出这一决策，与苏联顾问团团长崔可夫的建议不无关系。崔可夫认为，武汉全凭铁路、长江和后方联系，又是个湖沼地区，前进后撤，都必须通过轮渡和架设桥梁。如果战败后再从武汉后撤，就可能遭致和南京保卫战时一样的惨重损失。

1938 年 10 月 25 日，武汉宣布弃守，但是由于撤离及时，除了辎重损失较多，日军没有能够捕捉到中方的任何一支大部队。

我们是民族的先锋

武汉失守，南面的长沙随即处于日军的严重威胁之下。七十四军奉令保卫长沙，五十一师、五十八师被用汽车、火车紧急输送至长沙外围进行布防。

11 月 12 日晚上，七十四军到达长沙附近，军部即驻于长沙南郊。但他们没想到的是，第二天长沙就被大火焚毁，而放火的居然不是日本人，是误以为日本人已经兵临城下的自己人。

就算日军进了城，难道就可以把一座千年古城焚之一炬，让老百姓流离失所？中方指挥中枢在遇到可能的危险时，总是习惯性地表现出盲目、被动以及对国民生命财产的极度不负责任。这幕几乎与花园口决堤同出一辙的重大悲剧，足以把人心浇凉。阿特丽站在旁观者角度，说出了一番很辛辣的话：“危险总是存在于后方那些神经衰弱的分子之中，他们急于退却而不敢冒被杀的危险。他们讲的话可能比前方将领还更爱国，但是他们自己却并不想死。”

本要迎战日军的七十四军临时改变任务，被调入长沙城内处理善后事宜。因为军纪严明，七十四军与当地民众关系融洽，并在帮助长沙居民恢复家园期间留下了良好的口碑。

田汉。中国现代戏剧的奠基人，中华人民共和国国歌、中华民国军歌《义勇军进行曲》的作词人。

得知抗日的英雄部队到了长沙，一些后方的抗敌演剧队纷纷赶来长沙进行慰问演出。经过演剧队的教唱，那些令人热血沸腾的抗日救亡歌曲开始在军营中回荡：《流亡三部曲》《大刀进行曲》《义勇军进行曲》《牺牲已到最后头》……

演出过程中，带队演出的著名戏剧家田汉慕名造访了五十一师。通过广泛收集素材，他以张灵甫和张古山之战为原型，编写了话剧《德安大捷》。剧目公演后，张灵甫及其七十四军更加声名远播，为国人所熟悉和了解。

作为《义勇军进行曲》的作者，田汉还泼墨润毫，亲自为七十四军创作了一首军歌。在嘹亮的歌声中，七十四军官兵被部队辉煌而光荣的战史所感召，他们齐唱、合唱、轮唱，一遍又一遍地激励着自己和战友：“我们是国家的武力，我们是民族的先锋！”

要担负先锋作用，没有足够的力量是不行的。七十四军在南浔和万家岭战役中受损不小，而国内由于缺乏成熟完善的征兵制，一支伤亡较大的部队调到后方补充，往往都需要很长时间才能恢复或接近原有水平，有的王牌部队就出于这个原因越打越弱，直至一蹶不振。

显然，想要长盛不衰，就要在最短的时间内争取满血复活。好在作为军委会直辖的战略总预备队，七十四军在补充兵员方面享有得天独厚的条件，并能够优先分到一些黄埔学生作为骨干。

鉴于抗战急需用人的现实情况，黄埔军校早已进行扩招，规定高中毕业两年后均可报考，然后军校根据考试成绩由高到低录满为止。原先一期通常只招六七百人，到第十三期时已招一千四百多人，翻了一倍有余。学制也从原定的三年缩短为两年，毕业典礼一结束，学生拿着毕业证书和分配到各战区各部队的通知书，独自奔赴前线。

黄埔十三期学员钱之根被分配到的部队，正是七十四军。对这些黄埔生，七十四军高层也非常看重。钱之根到长沙后，俞济时、王耀武都亲自予以接见和适当安置。

当时五十一师刚刚补充一批新兵，受训的时间都不长。五十一师采取先抓骨干、以点带面的做法，为此专门成立了军士训练班。军士训练班由身体素质较好的新兵组成，共二百人不到，被编成一个大队四个分队，钱之根担任分队长。

军士训练班的教学一开始就非常严肃认真。从体质锻炼、军事知识的灌输，到刺杀、投弹、爆破、射击技能的训练，再到“军人四耻”“军人四乐”之类的教育，均能有序进行。尤其是实弹射击训练，因为一上战场就要用，所以抓得很严，军士们完成训练后都要相互进行批评。

1939 年 3 月 25 日，正在湖南进行休整的七十四军接到紧急命令，要求加入正在进行中的南昌战役，并火速增援赣北。

已持续四周的军士训练班就此结束，大家居住的寝室立刻变得空空荡荡。受训的军士分配至各连，大多数直接充任班长。钱之根因为是黄埔生，所以当了排长。

兵来将挡

3 月 26 日晚，五十一师一五三旅三〇六团乘汽车率先到达距南昌约六十公里的高安。他们刚刚在高安城北的祥符观完成布防，日军一〇一师团所属的一一一旅团就杀奔眼前。

日本拥有近百年的户籍历史，征兵制度也已经相当完备。一〇一师团、一〇六师团在南浔战役和万家岭战役中均受到了罕见的重创，但在补充了大量年轻士兵后，战力很快就得到恢复，并担任了此次南昌战役的主力。

眼看三〇六团势单力薄，一五一旅乘火车及时赶到。旅长周志道亲率一五一旅主力发起反击，终于击退日军的进攻，暂时稳住了高安一线阵地。随后到达的五十七师也在锦江右岸抢占阵地，与五十一师一起协防高安。

江西赣江有一条支流流经高安，名叫锦江。高安就位于锦江北岸，实际上是赣北丘陵之间的一小块冲积平原。尽管面积不算大，但它是进入湘北的咽喉，敌我双方均势所必争。3 月 27 日拂晓，日军一一一旅团派出一个步战混合大队，以坦克战车开道，再次向三〇六团所在的祥符阵地发起猛攻。

在步车协同战术中，坦克的主要作用是冲毁守军阵地，并转移对方注意力。一旦阵地被冲开缺口，防守起来就非常吃力。三〇六团团长卢醒急忙向上级和兄弟部队求援，但在敌人的猛烈攻击下，三〇六团和前来增援的部队均伤亡惨重。五十一师副师长李天霞认为在这种情况下，继续增添援兵已成了无用的添油式战术，白白消耗兵力不说，也不一定能守住高安，倒不如保存实力，等全军会集后再做打算。于是他命令五十一师撤出了高安城。

3 月 27 日，南昌陷落，但这时七十四军已经集结完毕。军长俞济时一声令下，五十一师和五十七师同时夹击，日军立足不稳，在多处阵地被突破后，被迫将刚刚到手，都还没焐热的高安城拱手相让。

退出城后，日军一一一旅团并不甘心，稍事整顿便又向高安一线阵地发起试探性攻击。3 月 29 日凌晨，日军故技重施，以两个中队搭配八辆坦克的方式，企图再次从三〇六团阵地撬开缺口。

有坦克助阵，看似很有气势的样子，但步车之间的协同性要求也很高，简单点儿来说，就是车离不开人，人离不开车。坦克车的视界有限，为保持行进秩序，日军坦克群在行军过程中，往往会在公路两侧插小木棍，一根棍上挂一张白纸条，每隔五十米插一根。不过在枪弹纷飞的前线，没有坦克兵会气定神闲地跑出来插木棍，坦克与坦克之间的配合、坦克与步兵的配合，都依赖于平时的训练。

在淞沪战役和兰封战役中，中国军队也有坦克参战，但因为缺少步车协同作战的训练，往往坦克一上战场，步兵就不予掩护，说你有装甲护身，怕什么，冲啊！于是坦克只好冒着敌人的炮火前进，直到全毁为止。

日军经过战前训练，协同性上要好得多，然而也是临时搭配，所以一样有办法打得它乱套。当守军看到步车冲锋时切忌慌张，更不要乱放枪，坦克要过就让它过，重点是截住后面的人。待敌方步兵进入有效射程，便用轻重武器一齐开火，一旦人车脱离，其冲锋效果就会大减。

通过上次的激战，三〇六团已有类似经验。团长卢醒沉着指挥，兵来将挡，水来土掩，击退了敌人的进攻。

见坦克不好使，日军阴招便出来了。3 月 30 日，日军一一一旅团出兵对三〇五团二营发起进攻，并在战斗中施放了毒气弹。

中国正规军队也有一定的防毒面具配备，但型号单一，而戴防毒面具必须选对型号，也就是敌人用哪一种毒气弹，就得戴哪一种防毒面具。打个比方，对方用芥子气毒气弹，戴防催泪型的面具便没有太大作用。

就是这样的面具，由于数量不足，很多士兵还领不到。大多数情况下，各部队都只能土法上马，让大家自喝尿水，以减轻中毒症状。

日军所使用的毒气弹，催泪型和催嚏性毒气弹占很大比重，有时还会夹杂以烟雾弹，其目的在于扰乱对方阵脚。比如毒气弹如果落到甲连阵地，甲连士兵在惊慌

正在发射毒气弹的日军。这张照片被盖上了“不许可”印章，表明当时日本军方将其列为不许可照片，严禁对外发表。

之下就可能向乙连阵地跑，反之，如果落到乙连阵地上，乙连同样会有部分士兵向甲连方向跑，这样就会给守军的指挥系统造成混乱，日军可趁势攻入。

在当天的战斗中，二营中毒者达一百五十多人，但严格的战场纪律并未使部队因此发生混乱，他们拼死守住了阵地。

英雄本色

除了催泪型和催嚏性毒气弹，更为狠毒的是芥子气毒气弹，轻者使人昏迷，重者致命。3 月 31 日，日军对位于司公山的三四七团二营阵地施放毒气，毒烟笼罩了防守阵地，该营百余官兵中毒，连长戴天猷、陈云章中毒身亡。

大多数芥子气毒气弹并不能立刻使人毙命，但它会让人在吸入后三十分钟内陷入中毒昏迷的状态，这时候戴着防毒面具的日军就可以趁势冲入和占领阵地。得知阵地一角被日军突破，五十八师一七四旅旅长劳冠英急忙派援兵进行堵截。

援兵赶到时，毒气已经消散，官兵上好刺刀，几经冲锋肉搏，终于将敌军击退，阵地重又转危为安。

自 4 月 1 日起，占领南昌的日军第一〇六师团主力逐渐转向高安方面。一一一旅团得以全力出击，其前锋一个大队朝高安正面的中方五十一师阵地猛扑过来。

已经来到前线快一个星期的钱之根终于轮到打仗了。日军炮弹不断从他的眼前飞过，随后散落在阵地各处，同时日军的九二式重机枪咯咯咯的尖啸声也分外刺耳，直接对中方阵地进行压迫。

火力掩护一结束，日军步兵开始发起冲锋，钱之根看到前面四百米左右的阵地上已经出现了日本兵。

见敌人冲了上来，五十一师炮兵营立即进行试射，同时重机枪也开了火。五十一师所在的阵地位于丘陵之上，部队顺着山势，从山前到山后，挖了十几条长长短短、弯弯曲曲的战壕工事。由于丘陵植被稀疏，仅有几排大大小小的松木，因此站在战壕里的官兵视线非常开阔，射击效果也比较好。趁被打击的一路日军趴下隐蔽的空隙，炮兵营又掉转炮口对另一路日军射击，暂时将对方的凶猛攻势遏制了下去。

过了一会儿，整顿好的日军重又发起进攻。这次火力更猛，阵地上硝烟弥漫，飞弹如雨。

情况变得异常紧急。副师长李天霞亲自督战，他果断地把预备队调上来，组织五十一师对敌发起反冲锋。冲锋号响过之后，战壕内除轻重机枪组留下掩护外，其余官兵全都拿着枪和手榴弹冲了出去。激战中，钱之根腿部受伤，但他自己毫无意识，直到排里一名士兵看到鲜血不断地从他的裤腿渗出，一检查，才发现大腿膝盖上方已被子弹贯穿。

士兵将钱之根背回了阵地，由担架队简单包扎后抬到战地医务所进行治疗。直到从阵地上下来，精神得以放松，钱之根才感觉到自己的左腿剧疼难忍，无法动弹。

当钱之根撤下来时，他所在的排因伤亡同时抬下来的就有二十多人。虽然当天五十一师击退了日军的进攻，但战斗确实打得非常激烈艰苦，前敌总司令罗卓英判断高安处境孤立，防守难度太大，而从南昌一线撤出来的其余中国军队又均情况不明，第七十四军已经成为唯一有力的战略预备军。为保存七十四军的战力，他给俞济时打去电话，指示七十四军撤出高安。

南昌战役总体上是敌胜我败，但即使在兵败如山倒的状况下，七十四军仍不失英雄本色，他们两进高安，既攻得上，又守得住，成功完成了阻敌西进的任务，称得上是战役中一大难得的亮点。4 月 10 日，蒋介石对七十四军特电嘉勉：“余对此役（高安之战）之捷，至属兴奋，全国民情舆论，尤深鼓舞。”

一周后，军委会对南昌失守的战局形势发表谈话，声称南昌战役“已达到消耗战的目的”，而南昌是中方主动放弃的，放弃之后，不但于抗战形势毫无影响，而且“反为有利”。

有利没有利，光自己说没用，得看别人如何评判。已从重庆出走的汪精卫在香港《南华日报》上发表谈话，声称南昌的陷落“是日军的大胜利”。

蒋介石看到后十分恼火。此时军委会判断赣北日军尚处于分散状态，若能予以奋力一击，收复南昌并非没有可能。对南昌发起的反攻战由此展开。4 月 20 日，七十四军各部奉命强渡锦江，直取高安城。俞济时采取的进攻策略是三路夹击：五十一师从正面突进，五十八师侧翼掩护，五十七师负责迂回。

流血不流泪

凡阵地通常都是易失而难得，此时日军一〇一师团所属的两个步兵联队，即一〇三联队和一五七联队，已在高安重重设防，环布据点。五十一师的优势是拥有在高安两进两出的经历，对高安外围的地形和工事颇为熟悉，尤其当地一半是丘陵，一半是平地稻田，可以借助其中的空隙，插入日军据点的侧后方进行巧妙攻击。

战国兵学家吴起说过，为将者必须战时身先士卒，与部下同滋味、共安危，只有这样，发布号令时士兵才愿意听从，兴师动众时士兵才乐于作战，白刃相搏时士兵才甘愿献身（《吴子・励士》）。在五十一师发起的正面进攻中，一五三旅旅长张灵甫一如既往，亲自率一个营冲在最前面，他有一条大狼狗，由卫士韩文德拉着，也紧随主人冲向前沿。

发现中国军队兵临城下，且出动的是大部队，敌人拼命阻击，战场上枪炮声响成一片。为遏制中方的攻势，日军又主动发起反击，双方官兵混战在一起，开始白刃肉搏，包括一五三旅在内，五十一师全师投入搏杀，连后面的督战队亦不例外，战况非常激烈残酷。

韩文德虽然年龄不大，却曾作为三〇五团的一兵，参加过张古山之战，故而毫不怯阵。拼刺时，一个面目凶恶的日本兵端着枪向他刺来，并且仗着体力占据上风，压住了他的枪。韩文德平时负责照顾张灵甫的狗，人狗已经混得很熟，只要他一声令下，让狗咬谁就咬谁，见主人危急，大狼狗立即挺身相助，扑上去一口咬住日本兵的大腿。日本兵猝不及防，疼得怪叫一声，压住韩文德枪的手也不由自主地松了。韩文德逮住机会，把枪往上一撩，一个箭步，就把刺刀扎进了对方的肚腹。

由于用劲过大，这一刺刀扎得很深，一时间拔都拔不出来了，韩文德手一松，顺势把日本兵手里的枪夺了过来，再回头一看，张灵甫也正在跟日军拼刺刀，张灵甫身材高大，比较惹眼，有两个日本兵正围着他拼刺刀。韩文德赶紧对大狼狗吆喝一声，后者反应神速，如同离弦之箭一样冲出来，朝其中一个日本兵猛扑过去，日本兵急忙闪躲，瞬间被张灵甫一刀给捅了个透心凉，另外一个日本兵刚想乘隙刺杀张灵甫，已经迅速打开枪保险的韩文德一声枪响，将其当场击毙。

卫士和爱犬救了张灵甫一命。此后几天，七十四军继续攻击敌据点，统帅部下达的任务是非把高安打下来不可，在缺乏重武器支援的情况下，要达成任务，也就只能硬上，拼胆量，拼人员，拼消耗。在最前沿进行突击的五十一师官兵，连续几天几夜都没有睡好觉。张灵甫虽是猛将，却并不是一个粗犷不讲究的人，他平时很注重自己的仪表军容，即便在紧张的作战环境和污浊的人群中，也总是穿着整齐，保持一副标准的军人风范，但那些天也顾不上了，整个人胡子拉碴，眼睛熬得通红，

正在冲锋的中国军人，
枪支上都上着刺刀。

跟着他的韩文德也累到站着就能睡着。

经过连续的鏖战，五十一师终于攻下了高安城外四个敌据点中的三个。敌人意欲重新夺回，张灵甫率部在高安城北进行防守，对方攻得很猛，他刚刚从指挥部走出，一阵机枪就横扫过来，贯穿了其腿部，张灵甫一个趔趄摔倒在地。韩文德拉着大狼狗跟在后面，在张灵甫倒下的同时，狗也发出一声惨叫，原来它的腿也被机枪打断了。

韩文德忙喊来担架队，把张灵甫往下抬，又把狗抱起来，也搁在担架上。眼看老长官和爱犬都即将被抬走，韩文德流着泪对张灵甫说："鬼子把你的腿打断了，把你的狗腿也打断了。"张灵甫已经痛得微微皱起眉头，却一下子被他生生逗乐了："你这娃咋说话呢？"

韩文德不放心张灵甫，想扶着担架跟着一起走，张灵甫对他说："下火线只能带一个人，不准多带。你年龄小，没有力量，照顾不了我。"旅部一个姓郭的参谋正站在旁边，张灵甫嘱咐韩文德："你先跟着郭参谋，等我伤好后，你再来找我。"

韩文德一听，哇的一声就哭了。张灵甫从担架上伸出手来，摸了摸他的头，说："别哭，男子汉大丈夫，流血不流泪。"他又给郭参谋交代："你要把我们这个小鬼照顾好，他可是从张古山下来的幸存者。"

张灵甫被抬往后方医院疗伤，从那以后，韩文德就再也没有见过他，而前线的战斗仍在激烈进行当中，截至 4 月 23 日，五十一师已对高安城形成完全包围。与此同时，实施迂回的五十七师也突进了西山万寿宫。

万寿宫设有兵站，是高安与奉新之间公路交通的咽喉，日军增援高安的部队及其后勤补给都需要从这里经过。当天，日军一〇六师团用汽车将驻奉新的一个联队运往高安前线。俞济时得报，派侧翼掩护的五十八师前去阻击。五十八师师长冯圣法奉命调动三四三团、三四四团设置伏击圈，对日军车队实施了突然袭击。日军猝不及防，多辆汽车被击毁，所部被迫撤退。

第二天拂晓，清醒过来的日军开始对五十八师阻击阵地进行反扑。部分敌人冲入阵地，与守军进行肉搏，"杀、杀、杀"的喊声响彻于耳。战至下午 5 点，日军攻势被挫败，援兵暂时无法到达高安。

日军的增援，迫使正面进攻必须尽快改变胶着状态。俞济时于是从五十七师抽出两个营，向日军发起侧击。这一战术调整令日军阵脚大乱，五十一师趁势向纵深挺进。

五十一师师长王耀武此时已兼任七十四军副军长，加之生病住院，遂由副师长李天霞代理师长。4月25日晚，李天霞亲赴火线指挥攻城战。在战斗中，三〇五团二营攻占了高安城北制高点，得以居高临下地向城内的日军进行扫射。在二营的掩护下，其余主攻部队攀登城垣，对高安城实施突破。

午夜1点，五十一师主力攻入高安城，与日军展开巷战。由于是晚上，能见度低，日军的轻重机枪封锁受到限制，而中国军队惯用的手榴弹投掷则大显威力。见势不好，日军慌忙施放毒气。毒气固然歹毒，但在这种逐垒逐屋且互相穿插的拉锯战中也难逞其技，日军只好收拾家伙，选择往西山万寿宫方向突围。

4月26日凌晨，城内残敌被完全肃清，七十四军收复了高安。在当时的情况下，如果让日军在一个地区或一座城池站稳了脚跟，要想硬攻下来是很不容易的。军委会致电俞济时，认为在此次高安三失三得的战役中，充分展示出七十四军“战力之精强”，起到了使“敌寇畏慑”的作用。

首先还是要有底气

夺取高安后，五十一师乘胜向北攻击，李天霞把全师火炮都集中起来对日军阵地进行轰击，不让逃敌获得喘息的机会。已进入万寿宫区域的五十七师一六九旅也来了个迎头痛击，两相夹击之下，败逃日军几乎崩溃。

突围出来的敌人与万寿宫的守军合二为一，一边对万寿宫进行固守，一边伺机组织反击。罗卓英下令七十四军全力攻击万寿宫，但因左翼友军推进缓慢，在奉新一带的日军始终可以自由调动，让七十四军不能不有所忌惮。

从南昌战役到南昌反攻战，大部分中方参战部队都是既攻不上，也守不住，有的较弱部队甚至一开场就摆出了一副挨打的架势，随时预备好往后面逃跑。这些弱旅不能往前面扑，导致强军也不敢冒险轻进，连外国记者也看出，在抗日战场上，总是“最好的部队被最坏的部队拖累”。

七十四军现在就面临着这个问题。如果孤军出击，很可能遭致奉新日军的迂回包抄，何况他们本身还得分出相当多的兵力来驻守高安。经过一番深思熟虑，俞济时决定只抽出一个团支援一六九旅对万寿宫的攻击行动，主力则在高安、祥符观赶建防御工事。过后不久，罗卓英调来部队接防了高安方面的部分防务，但友军的军事行动仍未有太大起色，奉新方面的威胁也因此始终得不到解除，七十四军主力只能继续在原地进行警戒。

俞济时的顾虑并非无的放矢。5 月 3 日，日军一〇六师团自奉新进入高安北翼，他们先用少量部队吸引五十八师的注意，继而以两个联队的力量猛攻五十八师与友军的接合部。五十八师三四三团阵地被突破，前沿的两个连在没有接到上级命令的情况下便撤了下来。

失守阵地，擅自撤退，这在七十四军内部都是非常严重的事，而且高安一线也受到了直接威胁。五十八师师长冯圣法立刻下令枪决了那两个连的连长，并通过反攻将日军重新逐回奉新。

就整体而言，反攻南昌，是以轻装备部队对重装备且已预作设防的敌军进行攻坚，自这一作战意图产生之日起，就注定会遭到失败。5 月 9 日，赣江以东的第三战区进攻部队溃败下来，蒋介石这才下令停止反攻，撤出战斗。

战役失败不是七十四军的责任，他们在自己的职责范围内已经做到了最好。反攻战结束后，七十四军有功将领均受嘉奖，俞济时因指挥出色获颁华胄荣誉奖章。国民政府所颁奖章，大多数在抗战前颁发，抗战结束后也颁发，唯有华胄奖章是专门为抗战中的有功官兵所设，获奖者不是在抗战中战功卓著的战将就是特别勇敢的士兵。

除了获得华胄奖章，俞济时还得以升任第十集团军副总司令，这就为王耀武继任七十四军军长留下了位置，但双方的交接班并没有马上得以实现。

有的上司在得到提拔后，出于各种原因对保举副职接替自己并不积极。比如七十九军的夏楚中在由师长升任军长时，军令部让他保荐一个人接替师长职务，正常情况下，夏楚中应该保举的是副师长王甲本，但他一心想让湖南益阳同乡来接掌老部队，所以迟迟不予推荐。

俞济时和王耀武之间当然不存在这种问题，俞济时早就视王耀武为继任的不二

全面抗战爆发前，俞济时（左）即获青天白日勋章，这是他在受勋仪式上的照片。

人选，他所担心的只是王耀武可能控制不住部队。

俞济时当七十四军军长，以他黄埔一期的个人资历和战绩足以弹压住下面的师旅长。淞沪战役时牺牲的旅长吴继光早先在九十八师任职，跟上司闹得不愉快，接着才投了俞济时。后来他再碰到过去老部队的同事时叫苦不迭："当初该听你的劝告，还是留在九十八师好。俞济时太厉害了！"

越是战斗力强的部队，越是人才济济。上司如果不厉害一点儿，下面有的是跟你捣乱的人，你就等着被架空吧。当然要想真正在军队里立住脚，关键还是要有底气。王耀武虽然也战功赫赫，但他只是黄埔三期生，而七十四军内部别说黄埔三期、四期的比比皆是，就是黄埔一期、二期的也不乏其人。在以黄埔学生为骨干的国民党中央军体系里，黄埔资历可不是一般地重要。有的部队甚至就是按黄埔期别来授职的，基本上是三期、四期的任营、连长，一期、二期的任旅、团长。

再者，七十四军的三个师里面，除了五十一师是王耀武的基本部队，王耀武在这支部队里算得上根基深厚、一言九鼎，其他五十七师、五十八师皆师出旁门。五十七师还好，师长施中诚没有黄埔资历，且是杂牌将领出身，只要用之得法，驾驭不难。最大的问题主要出在俞济时自己带出来的五十八师上，该师师长原由副军长冯圣法兼职，后由陈式正专任。陈式正籍贯浙江奉化，和俞济时还是黄埔一期的同学，照资历他也完全有资格被提升为七十四军军长。私下里，陈式正对王耀武又一向不怎么太服气。若是这次升迁军长无望，陈式正免不了会心中有气，一旦有气，对王耀武就不会那么服从和听命。

有资格和想当七十四军军长的远不止一个，可惜金交椅只有一把，真是一家饱暖千家怨。如何摆平众人，让王耀武成功上位，俞济时颇费心思。

脱胎换骨

陈诚手下的大将方靖被调去十三师当师长。赴任之前，他去参见何应钦。何应钦一听方靖要去的是十三师便连连摇头，因为知道这个师一向不听约束，上了战场之后居然能把他们的师长都给扔掉："你去，能带得了吗？"

方靖也正为这件事犯愁，来求见何应钦就是想向对方讨个主意。何应钦与方靖有黄埔师生之谊，自然不能不为之筹谋。他教了方靖一条"脱胎换骨"之计："十三师有两个旅长，四个团长，你把一个旅长调军委会，一个旅长提升到别的师当师长，一个团长升旅长、一个团长升副旅长。你再把你过去的部下调四个过来，充任旅、团长。这样一来，全师岂不都在你的控制之下了吗？"

方靖茅塞顿开，此后他每到一个新部队都如法炮制，结果百试不爽，连陈诚也经常夸奖他："再难弄的部队，方靖都有办法整顿好！"

俞济时不是第一天在官场这道浑水里搅了，如何能不通此间关节和诀窍？在王耀武半真半假养病的那段时间里，他将陈式正调到浙江当军长，将出身黄埔二期的副师长何凌霄也调到浙江任师长，这都属于让当事人无话可说的保举升迁。

"脱胎"之后，便是"换骨"。新调来的副师长廖龄奇是黄埔四期生，该师团长以上军官也都没超出黄埔四期的，这样王耀武就比较好掌握了。

只有完成必要的铺垫，继任者才不致有被架空的危险。6 月 24 日，王耀武升任七十四军军长，五十一师师长由副师长李天霞接替。

一个多月后，七十四军奉命进行整编。随着战争的延续，中日两军根据前一阶段的实战总结，都发现旅一级（日军是旅团）在普通步兵师中起的作用不大，反而增加指挥程序，影响了部队决策和行动的效率。于是，日军的一些新设师团都裁撤了旅团，老师团中的四联队制也变成了三联队制。中国军队的编制原来参照的就是德日模式，你改我也改，军委会决定撤掉旅编制，由师部直接指挥所属各团。

在改编后的七十四军中，每师由三个建制团、一个野战补充团（野补团）组成，团编号也随即变更。旅部一撤，旅长们便要重找出路，原一五一旅旅长周志道由此升任五十一师副师长。

副师长的职位毕竟有限，军委会也考虑到了这一层，所以又允许有需要的师设置步兵指挥官这一职缺，规定资历较浅的旅长可以调任师步兵指挥官。

师步兵指挥官的概念也是从日本的编制改革里学来的，日军里面叫作步兵团长。只不过日军的步兵团长具有实权，可统一指挥师团的三个步兵联队；中国自有中国的国情，步兵指挥官就跟高参一样，大多有职无权，主要是用来安置人的，比如还在外地疗伤的张灵甫就是步兵指挥官。这样做当然也有好处，就是可以留住人才，一旦有了实缺能立即进行递补。

王耀武属于那种一经点拨便能长一斗见识的绝顶聪明人，他不仅在长袖善舞方面毫不逊色于前任，还拥有自己的绝活，那就是通晓经济、善做生意。

当时国民党军队分两种类型：一种是整编师，属于蒋介石的嫡系部队，这样的部队粮饷比较有保障；另一种是包干师，即未经过整编的杂牌部队，蒋介石只按月发给一定数量的经费，具体分发则不予过问。于是“包干师”的将领便往往几个月不发饷，即便发饷也要打折扣，以便中饱私囊。

以湖南人为主的第五十三师就是这样的“包干师”。师长李韫珩不仅跟夏楚中一样，爱重用乡亲，使得各级军官多为李姓的湖南人，而且大家连成一气地喝兵血，搞得士兵苦不堪言。有个了解内情的军需官实在气不过，就用纸条写了一副对联偷偷地贴在师部门口，上联是：“李师长，李旅长，李营长，李连长，同是湖南家族。”下联是：“六成饷，五成饷，四成饷，不关饷，长官坐地分赃！”

内战时期，五十三师在江西与红军作战，士兵做了俘虏后，一边走一边骂：“他妈的，我们好几个月没有关饷了。没想到当了俘虏，红军倒发给我们三块钱！以后再打仗，干脆先缴枪，再向红军领赏，这样既安全，又有钱，真是打着灯笼也难找的好事啊！”

这样的部队当然不可能有多少战斗力。后来在武汉会战中，已经做到军长的李韫珩仍因马当失守而被革职退役，这里面或多或少有他过往只知贪财而不知治军练兵埋下的祸根。

王耀武胸有抱负，绝不贪财，而且私生活非常严肃简朴，平时不打牌不吸烟，也不讨小老婆。早在补充旅时期，他就经常告诉官兵：“我不要你们一文钱，我不喝兵血。”并且赌咒发誓：“我王耀武要是为了几个纸钱，就寡廉鲜耻地去贪污去吃空缺，就是没有父母的骨头！”

王耀武说到做到，但他也架不住没钱的苦楚，不是他缺钱，而是部队缺钱。补充旅在没有得到整编前，属于嫡系中的杂牌，经费并不充裕。王耀武率部到江西与红军北上先遣队作战，还不到一年时间就欠了士兵四个月的军饷。除此之外，上下打点也都要钱，王耀武又不愿意从兵缺上想办法，那银子也不可能从天下掉下来。

没钱，就得想法子挣啊！被逼无奈，王耀武不得不在带兵之外承担另外一个角色。

东方式的坚毅

王师长成了王老板，开始办厂做起了买卖。他早年当过店员，非常有生意头脑，工厂被他办得红红火火，此后又扩大规模，开起了分厂。不过与当时常见的利用部队牟利不同，所有工厂和生意机构都属于王耀武的私人企业，他也不亲自参与，而是另外安排友人托名办理。赚到钱之后，这些钱大部分被用于军队补贴，以提高和改善官兵的生活待遇。

北伐战争前后，若就国内生活水平来比较，中国军人的待遇还是可以的，要是能够正常发放不欠饷的话，甚至称得上优厚。以粤军为例，士兵每月有三元（银圆）钱的军饷、六元钱的伙费食，只要不染上什么不良嗜好，每个月都会有结余的钱寄回家。军官从准尉起，每月有三十二元军饷；做到少将，就有三百二十元；如果祖坟冒青烟，能升到上将，每个月就有八百元！

有实权的主官还有更大的收益来源，比如只要把军队经费存入私人银行，就可以获取高额利息。在国民党将领中，方靖算是比较清廉的一个，但据他自述，仅团长一任，就花四千元大洋在上海买到了一处旧房；升任旅长后，又花一万两千元将旧房翻建成楼房，还资助其兄在南洋开办了一家印刷厂。

以后随着币制改革，军饷由银圆改成了钞票，即国民政府发行的法币。抗战前物价还较为稳定，抗战后物价翻着跟头往上升，法币迅速贬值，而士兵的薪饷和伙食费仍未有增加，这点儿钱根本就买不到什么蔬菜食油，用士兵的话来说，“（发到的钞票）拿来擦屁股都嫌打滑”！

如果军粮保障再出点儿问题，士兵就连喝粥都难了，所以当时不少部队都有逃兵现象。一则是因为在前线食不果腹，二则很多士兵都是抓来的壮丁，他们被抓后，非常担心家属生计无着。

军官的日子并不比士兵好过。九一八事变爆发后，军政部规定发“国难薪”，上将至上校的军饷减半，少校打六折，尉官打七折。相比之下，高层军官受到的影响较小一些，甚至那些有实权的主官也照旧可以通过各种创收渠道为自己牟利。苦的是基层军官和那些有职无权的幕僚，他们不比士兵，大多拖家带口，负担很重，光靠“国难薪”根本无法维持。于是能带兵的就吃兵缺，或者让士兵帮自己去干活跑生意；带不了兵的甚至偷偷利用部队的骡马去驮盐换土特产，以便维持起码的生活和体面。

抗战期间，后方设有慰问伤兵委员会、伤兵之友社、战地服务队等组织和团体。这是工作人员在为前线的伤病员代写家信。

王耀武很清楚这些，他也知道这些问题上面解决不了，只能“自力救济”。他在江西、广西等地购买田地，让年老伤残官兵开垦农场，部队整补编训时，也开垦农场和畜牧场，以种植蔬菜、水果，饲养鸡、鸭、猪、鱼，名为“农兵合一”，所获成果均用来改善官兵的副食。以练兵见长的冯玉祥曾巡视七十四军，巡视之后对七十四军官兵的生活条件也表示满意。

自然，那个“王老板”的身份同样是不能舍弃的。抗战期间，王耀武不但办企业照旧，还派人在各地贩售日用品，这些日用品也销给七十四军官兵，不过价格比市场价格要低一成。

手里有了银子，办事才能不慌不忙。在七十四军，各级官兵在资金上有任何公私困难，都能够立即得到解决。部属有私事回家，只要去见上王耀武一面，王耀武都要另有旅费相赠，以壮行色，因此所属官兵对他无不感恩戴德，争相效命。

王耀武不是那种装模作样的人，军官囊中羞涩，不仅会令其本人窘迫和难堪，也不利于激励士气和吸引人才，毕竟人不能总是靠热血沸腾的口号活着。正是明晓这一点，王耀武允许七十四军的基层军官吃空缺——不是兵缺，是长夫缺，即征用民夫时的缺额。

长夫缺每名是十五元，按规定，团长可以吃二十名，也就是能多得三百元的补贴；连长减半；一直到排长，也可以得到至少十五元。如果部队需要临时征用民夫了，报酬依旧照给不误，但严禁强抓民夫。同样，七十四军也严禁吃士兵的空额，这使部队的兵员永远都能保持完整充足。

对中国士兵所处的艰苦条件和英勇精神，到过中国的西方记者无不深感震撼。这些士兵时时面临被 20 世纪武器摧毁的危险，然而他们身后的社会组织和医疗救护大多还属于中国古代。

英国记者阿特丽在前线看到过许多中国士兵，亲眼见证了士兵的身体是多么消瘦，四肢是多么孱弱，可就是这样一种条件，战场的存活者仍然会在第二天继续战斗。

在老外看来，这种东方式的坚毅实在是一个神秘的奇迹。有人甚至为此杜撰了一种理论，说中国人的神经组织一定跟西方人不同，因此也就没有与西方人同样的感觉。

事实当然不是这样。还是那位颇有胆魄的美国人卡尔逊说得好：“只要给予中国士兵以精神的激励和足够的粮食，那就没有一种困难他们不能安然渡过。他们的毅力无可超越，他们的忍耐举世无双！”

阿特丽也深信，无论武器装备有多么落后，后勤条件有多么简陋，中国都是必胜的，原因就是这个国家拥有世界上最伟大的士兵。

卡尔逊和阿特丽所言非虚。王耀武的当家，使七十四军更加兵精粮足，这支强军逐渐走向其历史上的全盛时代。

退一步海阔天空

自 1939 年 6 月起，由薛岳担任战区司令长官的第九战区向日军发起长达三个月的游击作战，战果虽然不算很大，但对日军威胁不小。与此同时，渗透进敌占区的谍报人员和武装小分队也乘势展开行动，日军的邮政所、运输队经常遭到袭击，连第六师团长稻叶四郎中将视察前线的行动计划简图，都被中方人员截取了。

为反击第九战区的游击战，保证敌占区的守备安全，并为即将成立的南京汪伪政权制造声势，司令官冈村宁次决定对长沙实施一次扫荡式的大规模进攻。

冈村在策划这次进攻时，并不准备像占领南昌那样占领长沙，这主要是考虑到作战和占领面积扩大后，会造成警备兵力的不足。他计划通过出奇制胜的战术，在短时间内给予第九战区中国军队以极大打击，然后再迅速返回原防区。

有鉴于此，冈村没有首先触碰湘北的“薛伯陵防线”（即薛岳防线，薛岳别号伯陵），而是打算从奉新以西进行突破，以迷惑和牵制中方的防守力量，隐蔽第十一军的主攻方向。

在高安至奉新约三十公里的一线正面，部署有罗卓英第十九集团军的四个军，以阻塞日军西进的道路。七十四军则作为战区预备队，被部署于可向高安，亦可向长沙做机动运动的分宜附近。

针对中方部署，冈村动用第一〇六师团全部和第一〇一师团的两个联队，组建了“赣北攻击军”。这时一〇六师团、一〇一师团都已调整为三联队制，并全面实施了骡马化。日军第十一军总部另外还为一〇六师团配属了军直辖的重炮、坦克和工兵部队，使其机动性和火力都得到大幅增强。

9 月 15 日，日军一〇六师团在奉新集结完毕。按照冈村的事先设计，一〇六师团采取奇袭方式，以少数兵力在正面进行牵制，主力则从北翼实施迂回，从而一下子就钻入了中方第十九集团军的后方。

守方的防御阵线一片混乱，正面负责防守的四个军被压得连连后撤，罗卓英急向第九战区求援，要求把七十四军调至高安作战。

墙有风，壁有耳，薛岳已掌握确切情报，知道日军第十一军主力是奔着长沙而来，高安方面只是拉后腿的战斗，目的是要拉住罗卓英的后腿，不让第十九集团军的几个军来参加长沙方面的作战。对薛岳来说，那几个军不过来也罢了，七十四军是当时第九战区公认最有战斗力的一个军，他当然想把这个军使用在长沙方面作战。

各自都有各自的想法和考虑，最后经不住罗卓英的一再恳求，为稳住赣北防线，

日军在对中方堡垒实施爆破后，用步兵发起冲锋。

薛岳还是下令七十四军立即由分宜出发，开赴高安作战。

在形势急如星火的情况下，时任第十九集团军总司令的罗卓英本想赶紧将七十四军全部顶上去，以帮助驻守高安的第三十二军支撑起防线，但蒋介石这时候亲自给薛岳发来电谕，告知除七十四军外，第九战区在任何情况下都不能把其余兵力抽调到高安一线来进行增援。

蒋介石的电谕表明，即便赣北防线被击穿，罗卓英也不要再指望能拿湘北方面的兵力来填补防线漏洞，七十四军就是罗卓英手中唯一的王牌和预备队。掂量再三，罗卓英选择了节约兵力的稳妥做法。9 月 18 日，第三十二军奉命退出高安城，其他部队也且战且退，进入第二线阵地进行防守。

占领高安后，一〇六师团十分得意，在向第十一军进行呈报时，他们声称已通过奇袭迂回的方式击破了当面之敌，并开始捕捉败退的"重庆军"，整个作战过程"损失很小，成果较大"。

一〇六师团的喜报发得有些过早。退一步海阔天空，罗卓英很快就弄清楚了，原来一〇六师团的主力在奉新以西的会埠，高安方面只是佯攻，所以他没有必要在高安方面收缩防线。

掌握对手的虚实后，罗卓英下令第三十二军重新对高安展开反攻。占领高安的日军属于一〇一师团派来助阵的一个加强联队，编号为佐枝支队，兵力并不是很充足，而且高安的地形本身也不利于防守，一经有力冲击，便会稳不住阵脚。9 月 22 日，三十二军攻入高安，佐枝支队撤出时极为狼狈，连作战命令都被缴获了。

见佐枝支队吃了败仗，一〇六师团便索性放弃高安方面的攻势，让佐枝支队取守势，以尽量吸引中方兵力，而其师团主力则全力西攻，以争取与湘北日军会师。

一〇六师团的突进反而给罗卓英造成了一个歼敌良机。因为此时随着中方二线阵地的适时恢复和拉开，一〇六师团在战略上已呈孤军深入之势，第十九集团军只要派有力部队北上挺进，即可截断日军在奉新方面的退路。

罗卓英看到了这个良机，他决定先站稳脚步，待各军阵型相互连接后，再兵分多路向北挺进。在此期间，他下决心调用第七十四军。

接到罗卓英的命令，王耀武立即派五十一师北上，以帮助友军坚守防线，为袭击一〇六师团侧翼争取时间。

五十一师北上后，一面与友军取得联络，一面对日军展开堵截，北面防线逐渐得到巩固。见时机成熟，罗卓英电令各军转守为攻，同时五十七师也奉命向会埠挺进，直取敌军侧翼。

战场局势出现了新的变化。一〇六师团主力遭到三面围攻，后路又被五十七师威胁，境况十分窘迫。师团长中井良太郎感到极为恐慌，已有意放弃原先预订的会师计划，撤回奉新。但这时从湘北正面发动进攻的日军第十一军主力也正骑虎难下，急需赣北方面进行策应和配合，因此冈村严令一〇六师团在击垮当面中国军队之前不得先行撤退。

中井有令在身，遂集中全力进行抵抗，不时还以小部队进行逆袭，围攻部队的攻势因此减弱，大家都只能翘首等待五十七师那里传来好消息。

五十七师不负众望，10 月 1 日午夜，该师击破了日军在横桥的警戒阵地，其中一个连冲上横桥东北的高地，以优势火力进行俯射，从而迫使日军警戒部队放弃阵地后逃。

攻克横桥，等于切入了一〇六师团侧腹。在其阵脚动摇之际，正面友军乘势猛击，日军战史中称："敌军之抵抗逐渐顽强，并屡次进行反击。"

葫芦里究竟卖的是什么药

一〇六师团最初的惊喜早已过期，可是限于冈村的命令，又不能单独撤军——实在要撤也行，那就必须发起一个说得过去的攻势，以证明一〇六师团的确完成了"歼灭重庆军主力"的战略目标，这样才能名正言顺地撤回奉新。

经过观察，一〇六师团找到了中方当面防线的一处薄弱点，马上进行重点突破。这时中方北面防线虽有薄弱点，然而周围的部队都靠得很紧密，一看到日军突入，援军即填入缺口，令一〇六师团前移不得。

眼见突破失败，中井师团长只好拿谎言代替战果，报告第十一军总部，说一〇六师团"已告突破"，并对"从西北方退却的重庆军大部队"予以了"重大打击”。

从南昌战役开始，冈村就有意扶植一〇六师团，以便使这个被指责为不顶用的“最弱师团”重拾信心，现在看到一〇六师团的战斗力果然增强到了见谁灭谁的程度，自然是大喜过望，连称如今的一〇六师团“使我愉快，也使我放心”。

得到冈村的点头放行，中井如蒙大赦，急忙准备撤退，以免后路被五十七师完全截断。

日军的撤退是秘密行动，尽管前方的中国军队缴获一张日军地图，上面明确标明了一〇六师团要撤回奉新，但对方表面所做出的不退不进的姿态，仍令罗卓英举棋不定，不知道中井的葫芦里究竟卖的是什么药。

经过一番研究，罗卓英判断日军一〇六师团将继续向西发起攻势。按照他的命令，七十四军的五十一师与五十八师集结于上高后方，第五十七师则向横桥以北攻击前进，以求与友军一起夹击一〇六师团。

在这一点上，比罗卓英更高明的是七十四军军长王耀武。早在日军一〇六师团寻求薄弱点攻击时，他就认定中井发动攻势的目的，不是与湘北主力会合，而是要掩护大军在九仙汤方面站稳脚跟，然后寻机向奉新撤退。

于是在罗卓英发现日军真实意图，下达追击令之前，王耀武便提前一步做出了部署。他派五十一师向九仙汤挺进，派五十七师向九仙汤与奉新之间的上富进攻，只把五十八师留下来作为军预备队。

五十一师轻装疾进，途中部队得到了赣北民众的大力支援。虽然冈村宁次站在有利于侵略的角度，制定了所谓的“讨蒋爱民”战略，然而他也承认，自始至终，他的“爱民”方针都未能得到彻底贯彻，日军“对俘虏、居民缺乏仁爱”。如果说在武汉等日军占领区，暴行还会相对收敛，在赣北这样的“敌对区”就不一样了，前线日军简直形同野兽，仅在一个多月前，就爆发了团山寺惨案，高安百姓一次性被屠杀六百多人。

深受日军荼毒和残害的赣北民众反过来对子弟兵更加拥戴。五十一师北上，根本不用额外征用民夫，老百姓都自发地为部队抬担架、送粮弹，并且是一站接一站地送过去，这对五十一师起到了极大的激励和鼓舞作用，部队士气旺盛，官兵们都抱有打大胜仗、抓活鬼子、得战利品的信心和决心。

10 月 6 日，五十一师第一五三团攻占了九仙汤前的日军据点，但在向九仙汤攻击时遇到了日军的猛烈阻击，战斗异常激烈。

赣北多属山地，且越向北地势越高。九仙汤乃赣北地势较高的一处山地，遍山茂林修竹，只有一条狭长的山道与外部相连。攻击类似高地，一般是先用迫击炮连续向日军机枪掩体进行射击，炸哑机枪后，进攻部队再利用死角向制高点前进。

以第一五三团的能力，采用这种打法攻占高地，通常都没有太大问题，但九仙汤守军担负着掩护大部队后撤的任务，抵抗起来十分玩命。加之当时正逢秋雨季节，山上细雨蒙蒙且大雾弥漫，也大大增加了攻击难度。

一五三团在进退困难的情况下，不得不在死角进行隐蔽，作战双方一度处于胶着状态。

10 月 7 日拂晓，五十一师师长李天霞接获情报，五十七师一七〇团将盘踞在上富以北村落的日军击退，上富一带已无敌迹。李天霞据此判断，日军一〇六师团主力正在急速向奉新方向撤退，九仙汤日军仅负责掩护，于是他决定进一步增加攻击兵力，将一五一团也投入了战场。

一五一团从右翼，一五三团从左翼，以迫击炮与机枪齐射作为掩护，终于完全占领了九仙汤。九仙汤是日军兵站基地，日军溃逃时丢下了不少辎重粮弹，甚至还

江西战场上的江岸，用来阻止日军登陆的竹箭。

有很多大皮靴。

九仙汤有百户人家，来不及逃窜的漏网之鱼便躲进民房里继续顽抗。直到清扫战场，还发现一间民房楼上藏有日本兵。一名上尉军官想上前去抓活的，不料竟被开枪射倒。其余官兵见状，一枪打中日本兵的腹部，将其生擒活捉。

五十一师最后一共俘虏了八名日本兵。本来还可以捉更多，但五十一师在赣北耳闻目睹日军的暴行，早已对敌人恨之入骨，有的士兵在搜捕时遇到死不肯投降的日本兵，宁愿不要二百元的赏金，一刺刀就把那家伙捅掉了。

这时一〇六师团主力已退回奉新，罗卓英为避免攻坚，电令各军停止追击，在收复区就地巩固阵地。

捕获队

攻占武汉后，由于战线拉长，日军在兵力上已渐感捉襟见肘。蒋介石对此早已洞察于心，他在内部军事会议上分析说：“照敌人理想，他何尝不想一举挺进我们的长沙和南昌，而他进到岳州就不能再攻进来，这不是他战略上没有算到这一着，而是他事实上力量已经用尽。”

侵华成为日本国力的庞大负担，可是又不能就此退出，只好不尴不尬地这么挂着，也就是陷入了中国人所说的“持久抗战”。为了守住华中占领区，冈村以武汉为中心，将日军第十一军所属的七个师团、两个混成旅团洒雨点一样配置在长江南北岸。其联队以上主力主要集中于南昌、奉新等城防阵地内；外围以中队级部队据守山丘小据点；而在这些小据点之间，则安排大队级部队随时应援。

对于广阔的乡镇地带，日军就无力完全布防了，至多在重要关卡和渡口，再部署一些小队级部队警备，其他只能交给伪军去维持。

日军在占领区只能占点而不能控面的窘态，让军委会感到可以有所作为。1939年10月，蒋介石决心发起冬季攻势，组织正规野战军打击日军，同时让掩护整编成熟的游击部队挺进敌后，以游击战方式弥补正规会战的不足。

冬季攻势发起之前，七十四军即奉令接防第十九集团军在锦江北岸的部分阵地。此时日军第十一军总部通过截获和破译密电，已提前掌握了中方的冬季攻势计划，各部都在预作防范。当七十四军到达接防地点时，发现日军一〇一师团、一〇六师团也正与三十三师团、三十四师团交接防务。日军调动十分频繁，而且为了加以掩饰，还不时用火炮对中方阵地进行扰乱射击。

七十四军决定借机试探对方的虚实以及阵地的巩固程度。自 11 月 15 日晚起，五十八师开始组建多支“捕获队”。“捕获队”的称谓最早起自南昌战役，当时也是因为敌情不明，所以建立了这样短小精悍的小型部队，目的就是捕捉敌人，查清日军番号。“捕获队”里既有携带手枪、麻绳、麻袋的便衣组，也有荷枪实弹的战斗连，这样万一与日军大部队遭遇，仍可靠火力进行对抗和突破。

在正面战场上“抓舌头”（抓俘虏），比想象中要艰难得多。第六十军“捕获队”曾经一连十几天都抓不到一个俘虏。后来师部开会，研究出十几项捕捉计划，也一项都没有成功。最后还是日军看不下去了，派部队出来扫荡，结果反被“捕获队”给击退，这才抓到两个伤兵，弄清了对面日军的番号。

五十八师的“捕获队”也遇到了抓不到“舌头”的情况。更糟的是，日军全都缩在阵地工事里，并不主动跑出来扫荡。没办法只好硬攻。日军阵地前布有几层鹿寨和铁丝网，非常难以突破，即便进攻部队剪断铁丝网，从鹿寨缺口处冲入，日军秘密火力点的轻重机枪还可以进行侧射，使进攻部队前进不能、后退不得，从而陷入其火力网的覆盖和包围之中。

“捕获队”因此蒙受了很大损失，而收获寥寥。11 月 25 日，五十八师一七三团团副罗仁麟亲自率部实施袭击，“捕获队”在冲破铁丝网、鹿寨后，同样遭遇了日军轻重机枪的集中封锁，一名副营长及以下百余人阵亡。直至第二天拂晓，“捕获队”才得以撤出。

不过，这一次“捕获队”进入了日军工事内部，并缴获多件军旗、书籍以及至关重要的文件。文件显示，七十四军对面的日军确已由第一〇六师团变更为第三十四师团。

军委会的冬季攻势令 11 月 21 日就发布了，但是考虑到第九战区在长沙会战后还未补充完整，因此将攻击发起日延迟到了 12 月 12 日。

两年前的 12 月 12 日，日军在南京展开了大规模屠城。中国军队选择这一天发起攻势，显示的是一种永不屈服的抗战意志。按照计划，第十九集团军被分成三个兵团，分别是警戒兵团、挺进兵团和预备兵团。七十四军被纳入警戒兵团，任务是实施佯攻。当天，警戒兵团发起第一波佯攻，王耀武派五十一师、五十八师出击祥符观。

在这次佯攻行动中，七十四军除以小部队袭击当面敌军，主要精力都放在破坏日军的交通和通信设施上。就在破坏过程中，王耀武发现日军野战主力始终没有露面，企图前来恢复交通的都是小部队，而且一打就退。他由此推测，日军第三十四师团在占领区内的活动能力相当有限。

为什么不乘此良机扩大战果呢？再说让七十四军这样的精锐之师承担佯攻、砍电线杆这样的活也未免太大才小用了。王耀武向罗卓英打电话，主动请缨要求打突破战。

战场上就怕你胆小畏缩，不怕你气势如虎。罗卓英听后很是高兴，于是授命七十四军加入进攻行列，不过主要目标仍限定于截断日军交通，而不是攻坚拔地。

12 月 15 日，五十七师集结完毕，王耀武也率军部及直属部队向前推进。此时正值友军遭敌阻击，攻势停顿，七十四军得到了一个绝好的发挥机会。

日军第三十四师团在奉新以西部署了大量以中队级兵力驻守的据点，并以大队级兵力进行机动配合，从而组成防御纵深。五十七师扑上去后连克十五个据点，但接下来的小岭阵地布防严密，日军凭借地形和工事组成了浓密的火力网，九二式重机枪和“歪把子”轻机枪不断喷吐火舌，让攻击部队难以接近。

在这种情况下，五十七师师长施中诚下令将各团迫击炮集中起来，为进攻小岭的步兵提供火力支援。

神出鬼没

12 月 16 日凌晨，迫击炮兵开始进行试射。通过两次试射，炮兵修正了射向、射距，也获得了射击诸元的正确数据。

随着一声“预备——放”的口令，迫击炮弹咣地飞出炮膛，在预定目标地点发生爆炸。驻守小岭的是日军三十四师团二一四联队的一个中队，他们正在进行晨间训话，万没想到攻击部队会在这个时候进行炮击，连找地方躲藏都来不及。

单发炮弹命中后便是连续射。炮弹一发接一发如冰雹一样落下来，前沿阵地上火光闪烁，烟柱翻腾。一俟炮火延伸射程，五十七师一六九团即发起冲锋，以迅猛的动作将小岭的二百余日军全部消灭。

同一天，五十八师也对阻碍其前进的沙古岭阵地展开猛攻。副师长廖龄奇亲自指挥三十七毫米平射炮支援步兵冲锋，一七四团两个营两面夹击，将日军二一四连队一个中队二百余人予以全歼。

与一六九团以奇袭方式攻击小岭，因此伤亡较小不同，一七四团基本上是强攻，尽管有炮火支援，仍伤亡近四百人，为歼敌数量的两倍，但假使各部队申报的战果都不掺一点儿水分，这样的敌我伤亡比率在当时来说已经是非常划得来了。

五十八师攻克沙古岭后，罗卓英电调其他部队接防，让五十八师继续攻击。这时日军一个步战混合大队企图夺回沙古岭，五十八师为友军着想，继续留下来迎击，直到击退日军的反攻，他们才让友军进入阵地接防。罗卓英得报后很是赞许，特地报请军委会给廖龄奇记大功一次。

五十一师采取的打法与两个兄弟师有所不同。除了加强当面攻势，师长李天霞还以加强营为单位，组织了两个支队驰骋敌后，对日军进行破坏牵制。12 月 29 日，

迫击炮。中国抗战的三大法宝之一，居于手榴弹和捷克式轻机枪之上。

其中的刘光宇支队冲入后方维持会，烧毁了两处日军仓库和通信机关，之后又从容撤出。

一着得手，让七十四军看出了对手的虚弱。事实上，自冬季攻势发起以来，日军三十四师团一直坚持乌龟壳战术，到 12 月末，甚至明知有外围据点不断遭到围攻，驻于奉新的主力部队也不敢派兵出城救援，任由各据点靠自己的力量死守。

你们不出来，那我们就进去。12 月 31 日，五十一师王俊儒支队突然夜袭奉新。乘日军警戒疏忽之际，支队从奉新西门及北门冲入，以机枪和手榴弹将警戒部队歼灭大半。随后，王俊儒下令用手榴弹将城北的两门日军山炮予以炸毁，并焚毁了西门外的两座军用仓库。

日军第三十四师团万没想中国军队敢摸它的老巢，赶紧调集奉新城郊的各支守军回援。王俊儒支队在撤退过程中遭到夹击，归路被切断后陷入了包围。一五二团三营前去营救，官兵冒着枪林弹雨杀入敌阵，奋不顾身地搭救陷于重围中的弟兄，营长王经印因此在战斗中殉职，但该营终于帮助王俊儒支队安全冲出。

1940 年 1 月，第九战区下令结束冬季攻势。整个攻势期间，以七十四军损失最重，对整个攻势所做出的贡献也最大。正是他们神出鬼没的突袭战术，使第三十四师团被迫放弃奉新城郊的次要据点，将部队收缩到奉新城内固守。奉新的城防纵深由此变窄，其侧面要地大多控制在中国军队手中，已无法构成一个完整的防卫阵地。不久，奉新便被第九集团军一举收复。

作为当时最熟悉中国情况的美国军事观察家之一，卡尔逊早在淞沪战役结束时就认识到了游击战的价值，认为它可以有效地弥补正规战的不足。随着南京和武汉的先后失陷，军委会也开始越来越重视游击战的作用，蒋介石甚至破天荒地接受中共建议，在湖南衡阳开办“南岳游击干部训练班”，专门进行游击战术的训练。冬季攻势实际上就是一次游击战术的大演练，尽管它在收复失地和歼敌数上突破不大，但在最大限度上达到了袭扰目的。攻势进行期间，南浔铁路一连两个月不能通车，日军运送补给完全依赖水路。攻势结束后，第十九集团军留下的工兵破坏队又继续扰袭日军交通，仅南浔路铁轨就被破坏了二十余公里。

冬季攻势的成效令军委会颇受鼓舞，于是筹划一旦完成对部队的整补，便在1940年夏季发动规模更大的攻势。夏季攻势的战术原则仍与冬季攻势相同，即以正规野战军配合游击部队对敌后进行大规模袭扰，以消耗日军战斗力。

一时之间，敌后游击战成为战略规划的新宠，但客观地说，在正面战场上，游击战术只能作为正规战的一种辅助——如果日军被游击战完全吸引，将其野战部队化整为零，专用于在占领区内的扫荡和固守，那就“入我彀中”了；然而倘若不为所动，继续发动中等规模的主力会战，则中方游击战的生存空间和意志将会受到严重打压。

身为日军指挥层一等一的战术高手，冈村对此做过深入研究。他认为在同等条件下，中国军队的战斗素质远不如日军，能在冬季攻势中弄得日军左支右绌、忙于招架，说穿了，还是仗着人多，即每次作战，中方兵力都要比日军多十几倍。

怎么办？冈村的办法是集中使用兵力。这一手非常狠辣，两年后冈村赴任华北，正是用这一办法让八路军的游击作战陷入了全面低潮。

因人施术

冈村平时以儒雅作风示人，但对执行自己的战术非常坚决。最初日军第十一军内有不少指挥官都对他的战术思想持反对态度，认为这样做可能导致左右乃至后方空虚。冈村听到后，马上以各种各样的理由把这些指挥官全都调走了。

夏季攻势尚未启动，冈村便提前出击，集中五个师团的兵力对武汉北面的第五战区发动了一次大规模攻袭，这就是著名的枣宜会战。

枣宜会战令第五战区损失惨重，第三十三集团军总司令张自忠首先战死南瓜店，令日本战地记者都深感震惊。当小俣行男了解到张自忠及其集团军司令部是在经过十几轮白刃战后才覆灭时，不由大为动容，在他的采访生涯中，这种“中国军长（实际应为集团军总司令，日方无此职务，因此小俣将它比拟为日军的军长级别）也战死了的白刃战”是从来没有过的，而如此高级别的指挥官都浴血沙场，也足以证明遭遇战打得有多么惨烈。

枣宜会战的坏结果并没有仅止步于此，接下来的宜昌失守，使得川东门户大开，重庆受到直接威胁，抗战形势变得异常严峻。

枣宜会战是一个分界点，自此以后，各战区谋略层都在埋头研究如何设防，正面战场上刚刚兴起的大规模游击战和已制订的夏季攻势计划均悄然流产。

战事暂歇，七十四军抓紧时间在上高一带进行休整和补充，军官层也进行了程度不同的换血。王耀武用人秉持选贤与能的原则，甚少有宗派或乡亲意识。他的胞弟王哲民一直跟随他，曾官至营长，但因在兰封会战中表现不佳，被王耀武降为副官。后来王耀武发现他这个弟弟确实缺乏才干和胆略，便再也没有予以提升，以至王哲民多少年都只挂着一个副官衔。

王耀武培植军官，非常重视当连长的经历。在七十四军内部，一个军官若没有连长履历，即便拥有光亮的学历和资历，也很少能够得到高级带兵官的职务。

某次王耀武有事到五十一师师部，碰到了刘炳均。刘炳均原来在别的部队任炮兵排长，经人介绍给王耀武后，被直接任命为五十一师炮兵营营副，以后李天霞又调他到师部当了作战科长。王耀武觉得刘炳均不失为做指挥官的好材料，但是因为没有当过连长，在带兵打仗和管理部队经济方面的实际经验必然不足，而这将对他今后的个人发展造成不利。

有感于此，王耀武便提醒刘炳均："你以为在师部当科长好吗？你没当过连长，将来要吃亏的！"

刘炳均没好气地回答道："你们不调我去，我能自己去吗？"

王耀武治军严格，但畏而不猛，平时待部属非常随和。他被刘炳均顶撞之后也不生气，反而很是高兴："好，好，我跟你们师长说。"

经王耀武安排，刘炳均很快被调回五十一师炮兵营任副营长兼第三连连长，使他的才干得到了更充分的发挥。

培植将士的前提是必须了解将士。平时不管有多忙，王耀武都会尽量抽出时间，分别和各级军官进行个别谈话，同时了解军官各方面的情况。

王耀武的家属住在重庆，有一段时间，日军日夜不停地对重庆进行轰炸，他便想另外找个地方让家人躲一躲。刘炳均是会理人，会理位于四川省的最南端，是座偏僻小城，相对要安全一些。王耀武就找到刘炳均："你的家乡会理，我看那里蛮好，日本飞机不会去。我想叫我家属到你家里去住上一段时间，如何？"

刘炳均的家庭条件不错，房子很宽大，不然王耀武不会这么说。刘炳均一听，很高兴，满口答应下来。后来因为重庆轰炸逐渐趋于缓和，王耀武才取消了搬家的打算。七十四军的军官为数众多，从这件事上也可以看出，王耀武对部下个人乃至家庭情况的熟悉程度。

对邱维达、张灵甫这些既有实战经验，又具一定军事理论素养的指挥官，王耀武尤其爱惜，他也知道如何针对个人不同的性格特点进行鞭策。邱维达内敛沉静涵养好，即便你有时责备得过重，他也不会放在心上，王耀武给他的"待遇"就是职业老兵常用的那种骂骂咧咧，用以激发邱维达的豪气。张灵甫与邱维达有所不同，这是一个清高孤傲、固执倔强的关中汉子。王耀武因人施术，对张灵甫大多数时候都是嘉奖兼表扬。即便碰到不满意的情况，王耀武也不直接批评，而是会当着张灵甫的面，对另外一名犯错的军官进行训斥。那些话其实就是说给张灵甫听的，王耀武的用意，是在给予启示的同时，还给对方留面子。

王耀武有一套笼络人的独特技巧。还在他当五十一师师长时，张灵甫常派文书胡立文去师部送文件，王耀武由此认识了这个小家伙。他对胡立文格外和气，有一次胡立文在师部办完事时已近中午，到了该吃饭的时间，正好碰到王耀武。王耀武

炮兵阵地。按照抗战初期的编制，每个步兵师直辖一个炮兵团，加上团营炮兵，共应配属各式火炮四十六门（只是编制如此，实际达不到）。

拉着他的手闲聊，知道他还没吃饭，又叫他一起到师长办公室吃午饭。

一个师长每天不知道有多忙，能拉着一个十几岁的小兵问长问短，还请吃午饭，其实都是为了一件事，那就是要让小兵的长官，也就是张灵甫得到不一样的礼遇。他的高明之处在于，整个过程看似完全不经意，其实润物无声，王耀武想达到的目的全都达到了。

随着旅部的裁撤，原任旅长的邱维达闲置下来。王耀武先将邱维达调为师步兵指挥官，接着邱维达自己考上了陆军大学特别班，王耀武又将他调为五十七师副师长，让邱维达能够拿着副师长的干薪，在陆军大学心无旁骛地读书深造。

同样，王耀武也在张灵甫就医期间，为他挂了一个过渡式的步兵指挥官职务。因为内地医疗条件有限，张灵甫住院治疗了大半年，腿部也没能痊愈，当时只有一个办法，就是送往香港，由英国医生负责治疗。可是香港的医疗费用很昂贵，个人承担不起。于是王耀武便报请薛岳，并通过薛岳转报蒋介石，为张灵甫争取到了一笔专门的治疗费用。

张灵甫伤愈归队时，正值廖龄奇升任师长，王耀武顺理成章地将张灵甫由有职无责的步兵指挥官递补为五十八师副师长，确保他有兵带有仗打。

无论是邱维达，还是张灵甫，抑或是刘炳均这样的基层军官，对王耀武都是既敬畏又爱戴。这批少壮军官的脱颖而出，成为七十四军走向辉煌的重要保证。

现在王耀武和他的部下要想继续走向成功，缺少的也许只是机会，而这些机会，自会有对手慷慨给予。

第四章

最强者才有机会生存

（上高会战）

1941 年 2 月，鉴于赣北战场相对平静，驻南京的日本“中国派遣军”总司令部内定将第三十三师团调往华北，刚在上海组建的独立混成第二十旅团则被调至南昌，以接替三十三师团留下的防务。

调来一个旅团，换走一个师团，南昌方面的日军兵力自然将有所削弱。第三十四师团长大贺茂因此提出，应在三十三师团被调走之前，趁兵力富裕发起一次进攻，以减少赣北中方第十九集团军的威胁。

此时冈村宁次已经离开武汉，第十一军新任司令官为园部和一郎。园部是“短切突击战”的倡导者。所谓“短切突击战”又名“短距离截断作战”，也就是以攻为守，但对中国军队的防区攻而不占，一打马上就撤回来的一种防御战术。

园部同意大贺在“短切突击战”的范围内在赣北攻击一下，然而大贺所考虑的并非一击这么简单，他是想延续冈村在任时的重兵突击战术，利用这个机会完全消灭第十九集团军。

过去第十一军总部与各师团之间不是没有出现这样那样的分歧。不过冈村比较细心周到，经常会主动到一线师团的司令部去沟通思想，对各师团长的特长和个性也拿捏得住。园部做不到这一点，而师团长又都不是省油的灯，他们会通过直接接受参谋本部或“中国派遣军”的命令，来绕过第十一军总部的限制。

你说要短切，我偏要重攻，彼此都不买对方的账。当参谋本部作战部部长田中新一来到南昌视察时，他的观感是第十一军总部“有些悲观”，第三十四师团司令部反而“信心很足”。

后退决战

由于想法不一致，仗还没打，赣北日军就与他们的总部出现了貌合神离的状况。冈村在任时，每次开战前夕，他都要乘坐飞机、汽车乃至汽艇，尽可能地遍访各参战师团，在鼓舞军心的同时，顺便掌握前线实情。这次不同，负实际指挥责任的园部自始至终都坐在汉口闭门造车地下命令，赣北参战的师旅团长也毫不在乎，各自为战，这种“轻浮疏忽”的举动，无疑触犯了兵家之大忌。

按照计划，日军第三十三师团、第三十四师团及第二十旅团从北、中、南三路实施分进合击。1941 年 3 月 15 日，南北日军率先启动，这两路日军负责对中方第十九集团军侧翼的部队进行攻击，把它们压向中路，最后在被视为赣西北中心的上高完成合围歼灭。

战斗开始不久，北路设防的中方第七十军接到命令，要求其一部留下进行侧击，一部后撤至上高以北加入二线兵团。

虽然看上去只是简单的一道命令，但它反映的是中方战略思想上的重大转变。

从淞沪会战到武汉会战，直至南昌会战，中国军队采用的习惯性打法，都是一线展开的传统单线布防。单线布防需要填充大量军队，在淞沪会战中，中国就调集多达七十个师，把整个上海防线全部都塞满了。

这是抗战早期的标准战略思想，它的好处之一是开始可以防较长时间。可是在现代战争中，几乎没有什么防线是不可能被突破的，一旦一线阵地被突破，往后面去便不堪设想。淞沪会战是一溃千里，从上海到南京这一段几乎找不到较强的完整部队来继续设防。南昌会战也一样，当日军攻破前沿阵地时，罗卓英手中都没有援军可用以堵塞漏洞，及至日军即将兵临南昌城下，那么重要一座城池，城里居然仅有保安队和少量警察，奉新等要点则干脆只有警察可供维持秩序。

由此造成的结果是该守的地方没人守，一些对全局不起关键作用的地域，因为兵力正好充足，又往往守住了。一位对正面战场做过认真观察的驻华美国武官分析说，中国军队往往会轻易放弃那些只要几千人就能守住的阵地，反而在一个理论上不能防守的地方会死守好几个星期乃至好几个月。

南昌会战中通过桥梁的日军坦克，泥泞的道路限制了其突进速度。

这位武官对此表示无奈："他们硬要用他们自己的方式去打，为这个着急是没有用的。"但其实很多时候，也并不是中国人一定想这么打，是打着打着就成这样了。

在屡战屡败的情况下，中国军队谋略层穷极思变，开始绞尽脑汁地构思一些新颖的战略方案。一些有识之士都不约而同地想到：如果换一种打法，不固守一线，而是逐次抵抗，后退至一定距离，待援军到达后再与敌决战，会不会不一样？

在这股大潮作用下，单纯防御的固定模式逐渐被打破，"后退决战"的战略思想一点点浮出水面。事实上，在高安之战中，罗卓英已经有了"后退决战"的意识，他没有将七十四军继续填进高安防线，而是暂时放弃高安，就是有了后退一步制敌的考虑。

赣北和湘北地形都为"后退决战"创造了条件。这里不是山地就是湖沼，交通又屡经破坏，决定了它们与平原不同，不是随地皆可运动。运动受限，加之沿途的伤亡疲劳，战斗时间越长，突进的日军越容易成为强弩之末，也越容易被以逸待劳的守军所击退。

罗卓英敢于留置七十军的一部进行侧击，而不怕这股力量被日军趁势歼灭，则是掌握了日军的作战特点和习惯。

抗战前，中国社会的主流倾向是“军事学东洋，政治学西洋”，军官学校的教程主要翻译自日本，日本教官也有不少。以重点培养军事幕僚人员为目标的陆军大学为例，前九期请的都是日本教官。某种意义上，中国军人其实就是日本军人的学生，对“老师”使用的战术，“学生”并不陌生。

日军的战术原则很多，但核心的只有一条，即“攻击第一，包围第一”，冈村的指挥再精妙，其基本思路也脱离不了这条主线。反映在实战中，就是日军眼中往往只有要攻占或合围的目标地点，而忽略歼灭对方的有生力量。

南京是如此，徐州是这样，就连冈村亲自指挥的南昌战役也概莫能外。当时侧翼有许多中国的败退部队落在敌后，如果具备机动优势的日军打定主意要予以歼灭，这些部队都将难逃灭顶之灾，偏偏日军仅以攻城略地为满足，把机会放过了。

正是知道日军第三十三师团眼里全是上高，罗卓英才会在侧翼放置相当数量的反击部队。反击部队将与日军背道而驰，然后再回过头来对第三十三师团展开骚扰和围攻。

让人过目不忘的部队

邹继衍是七十军一〇七师的一名营长。他在率部向上高行进的途中，不断碰到形形色色的友军，一时间，行军路上变得车马辐辏、摩肩接踵。

这些友军有的刚在前线受损要撤到后方进行整补，有的也像一〇七师一样，正从一个地段调到另一个地段实施堵击任务，还有的是刚从后方调来的预备队。他们大部分属于第三十集团军。第三十集团军系由四川省保安处的保安队为基础编成，出川抗战时正逢武汉会战后期，所以部队没有受到过严重损失，兵员尚能保持完整。

当然这说的仅仅是兵员，其他就没法提及了。邹继衍遇到的友军部队不仅武器装备杂乱陈旧，而且大多服装破烂、军容欠整。

军容可不是做表面文章那么简单。冈村就很善于捕捉此类细节，武汉会战时常从室内观察各部队宿营地。他注意到台湾旅团行军宿营都很混乱，士兵携带的帐篷常被当成背袋使用，以致破烂不堪，难以遮挡风霜雨露。与之相反，第九师团士兵所使用的帐篷完好，而且一到宿营地就支起帐篷露营，营中秩序也井然肃静。

冈村由此得出的结论是，第九师团乃精锐部队，以后可派大用场，至于台湾旅团，就难堪大用了。

冈村的眼光是犀利的，他这一判断也可适用于任何一支部队。回到赣北战场，一〇七师在行军中曾迎面遇到一支川军步兵团，此时正好三架日机飞临上空，川军团看到后立刻炸开了，士兵不会寻找地形地物隐蔽，只会像一群没头苍蝇一样毫无秩序地乱跑乱撞，其间居然也无军官出来指挥制止。

日机巴不得你们乱。一阵俯冲投弹加低飞扫射之后，川军团数十名官兵伤亡，辎重行李也被炸得一塌糊涂。

同样是遭到意外空袭。邹继衍立即指挥士兵疏散隐蔽，并架好改装的高射机枪对空监视，部队便未受到太大损失。邹继衍所在的一〇七师属湘军系统，本身也是一支缺乏实战经验的新编师，但在军事训练方面显然要比川军规范得多。

中国军队数量不少，可战斗素质和战斗力往往不高，在中国军队中，像川军和比川军稍好的湘军这样的部队占了相当大一部分。

真正的强军也是有的。当邹继衍率部进入一个两山夹峙的山垭时，他见到了一支以前从未见到过的国内部队。这支部队不仅武器整齐划一，而且军容雄壮，官兵个个精神饱满、斗志昂扬，与川军的差别极为明显突出。

在与川军比较时，邹继衍尚有些自得，而现在他也不得不承认，湘军或许比川军稍胜一筹，却也远远不及眼前这支部队。

这支让人过目不忘的部队就是七十四军。现在它在抗战中的战略作用又不一样了。事情还得从不久前军委会的一项评选讲起。

1941 年初，军委会决定在西北、西南两地区各成立两个攻击军（主力军），以作为大江两岸的机动部队。攻击军与普通军的区别之一是军司令部的编制明显扩大，军直属部队包括炮兵、工兵、辎重兵各一个团，另有半机械化搜索营、高射炮营、战车防御炮营、通信兵营、特务营（警卫营），官兵人数比一个师还多。作战时，这些特种部队都可配属于各师，以加强步兵的火力和机动能力。

中国军队使用的博福斯 75 毫米山炮。这种山炮采用的是德国技术，但产地在瑞典，由德国克鲁伯公司的子公司瑞典博福斯厂制造生产，是当时比较新式的山炮。

西北地区被改为攻击军的是第一军和第二军。西南地区已经决定下来的，是驻广西的第五军，那是中国最早的机械化部队，谁也没有话说。围绕着剩下的最后一个名额，各方面竞争相当激烈，大家都挤破了头想得到它。

经军令部提名，西南地区有四个军报请审批，其中以第十八军和第七十四军旗鼓相当。第十八军以第十一师为基本部队，乃陈诚一手建成，从内战到抗战均战功累累，负有盛誉。第七十四军在抗战初期才成立，但成立以来战绩骄人，正如其军歌中所唱："我们死守过罗店，保卫过首都，驰援过徐海，大战过兰封！南浔线，显精忠，张古山，血染红！"这样一支敢打敢拼的英雄部队，也同样是攻击军的有力候选者。

军委会评来评去拿不定主意，只得提交蒋介石定夺。蒋介石反复考虑，把自己的票投给了七十四军。

入选攻击军，不仅可以扩大军的力量，更主要的是它还意味着一种至高荣誉，是对部队过往战绩以及整体素质的褒奖与肯定。喜讯传来，七十四军全军上下一片欢腾，士气空前高涨。

获选时，七十四军就驻扎于上高、高安一带，归罗卓英指挥。改为攻击军后，按规定他们不再担任前线的固定守备任务，而应后撤改装成攻击军。

七十四军首先向友军移交了防守任务，以进行第一期整训。整训的内容主要是校点人员装备，以及对换装武器的性能和使用进行讲解。

一个星期后，第一期整训结束，全军举行校阅。也就在这时候，前线情况骤紧，罗卓英按照“后退决战”的部署，向七十四军下达参战令，并将其列为二线兵团的核心。

老一套的三部曲

“后退决战”与单线布防最重要的区别，就是在消耗敌方力量后，让敌军自由突入，同时以要点为诱饵，迫使其自动放弃机动优势，置一线兵团于不顾，傻傻地对要点展开围攻。

要点由谁守？由二线兵团守。在单线布防中，二线兵团只是填补第一线阵地缺口的预备队，假如一线兵团所守阵地被突破，预备队即用来拼凑第二条防线。“后退决战”则不一样，二线兵团可以完全不受一线兵团的影响，不管前面打得如何，它都不会贸然迎上前去，而只会保持阵容完整，等到日军被吸引至要点时，再与之缠斗。

“后退决战”与传统意义上的诱敌深入还不同。一般的诱敌深入，都要求守方在机动能力上要超过对方，或至少相差不能太大。比如在国内的四次“反围剿”战争中，红军诱敌深入，同时又具有熟悉地形和善于爬山越岭的机动优势，就使前来“围剿”的国民党部队一点儿招都没有。

到了抗战，日军的机动能力远超中国军队，弄得不好，攻方极可能反客为主，反而占据内线优势，所以“后退决战”要想成功，其实就看二线兵团的本事：你能吸得住对方，让对方欲罢不能，最后跌入陷阱（罗卓英称为“磁铁战术”），那你就是此役的最大功臣，假如不能，你就是此役惨败的罪人。

功过评判既直接又残酷，而环视赣北，这样的重担除了七十四军可挑，再无第二人选。

罗卓英在高安之战中对“后退决战”的掌握还欠缺经验，其中最关键的就是没有把七十四军用好。七十四军本来应该当底板使用，等日军扑到面前时才倾力出击，但在实际操作中，当底板的是战力不足的一线兵团。七十四军提前跑上去御敌了，而因为机动力不足，导致合围日军一〇六师团和截其后路的意图都没有能够完全实现，追击时，只有五十一师的九仙汤之战打得堪称漂亮。

以前是本末倒置，现在得重新调整过来，那就是让七十四军率领二线兵团当底板，让一线兵团从侧翼截敌后路。

接到罗卓英的命令后，七十四军立即占领以上高为中心的二线阵地。为此，王耀武还专门派出一个营在上高的山垭前列阵防守，严阻所有无关部队撤到上高附近，以免干扰保卫战的部署。

在邹继衍出示参与上高保卫战的命令后，他们才被允许通过山垭的垭口，前往上高城南的一座高山下驻守。二线兵团中除了七十四军，包括七十军在内的其余部队均作为后续反击部队，不参与首轮作战。

罗卓英在一线区域并未全力实施阻击，有时甚至有意佯败，使赣北日军自出兵以来，每天的前进速度平均达到了三十公里，说是作战，其实倒更像是行军。3月17日，中路第三十四师团突破中方一线兵团驻守的祥符观防线，攻占高安后继续西进。第二天，兵锋即到达上高外围，一个大队共八百余人向中方五十八师一七二团据守的警戒阵地发起进攻。

上高外围这一带都是丘陵，大山小岭连绵不断。警戒阵地就位于丘陵之上，但阵地上只设置了两个连，任务主要是实施机动防御和报警。为了拔除这颗硬钉子，攻击一开始，日军就出动九架飞机对位于山头的守军阵地实施轮番轰炸，这叫作“猛虎洗脸”，继之以各种火炮的猛烈轰击，紧接着便是几路步兵纵队的波浪式连续冲锋。警戒阵地上硝烟弥漫，火光冲天，枪响轰鸣，不断有负伤官兵被抬下后运。

由于阵地面积不大，在日机和火炮的集中轰击下，两名连长一死一伤，总共死伤了八十余人，但他们没有因此后退或畏缩，而是沉着应战，奋起迎击，凭借有利地形和既设的坚固阵地，打退了日军一次又一次的凌厉冲锋。至傍晚时分，两连余部才撤入主阵地与主力会合。

此时五十八师师长廖龄奇正在湖南岳麓山参加军官训练班学习，副师长张灵甫代理指挥。根据反馈的敌情，他迅速对防御部署做出调整，把重兵调整至日军的主攻方向。

日军在攻击程序上很少变化，都是按照其军事教科书的规定，分阵地侦察、开进、展开几个步骤依次进行。经过对五十八师警戒阵地的攻击，日军第三十四师团认定已经侦察到了防线配置情况，因此便于 3 月 19 日调动主力向五十八师主阵地发起攻势。

七十四军在野战阵地构筑方面已有相当经验和水平。建立在上高外围的阵地都是据点式的半永久野战工事，它由点连成线，再由线连成面，除在掩体前布设铁丝网和鹿寨外，阵地前和阵地内的火力网也均编织严密。

这样的部署只是为了抵御步兵冲锋，要用来击退日军的整个进攻，还远远不够。抗战以来的经验教训告诉人们，日军进攻有一个老一套的三部曲，即轰炸、炮击、冲锋。它在攻坚之前，必定会凭借其强大的火力优势，以飞机和大炮进行轮番轰炸，从而给守军造成重大伤亡。等到日军步兵开始冲锋时，阵地上往往无可战之兵。

鉴于这一认识，中国军队很早就在山地防御战中贯彻了“阵地战中的运动战”原则，即在山棱线背后百余米的地方挖掘隐蔽阵地。当日军轰击时，主力部队全部撤至隐蔽阵地，前面阵地上只留下观测兵和通信兵，随时报告日军动态。

五十八师的主阵地体系即为如此结构。当日军要前两板斧时，山头被炸得烟尘滚滚，碎石乱飞，而当日军以为守军在其猛烈轰击下已死伤殆尽，遂用步兵展开猛扑时，守军主力会突然自棱线后面翻上来，并迅速组成交叉火网，打日军一个措手不及。

激战竟日，五十八师主阵地丝毫不为所动。与此同时，另一侧的五十七师也露出峥嵘。该师原师长施中诚已升任副军长，现任师长余程万率部急进，从侧背向日军实施了猛袭。

很冒险

五十七师所守阵地为官桥、泗溪一线。泗溪有一条溪流名叫泗水，有一座七八十米的五孔石桥横跨其上，如果不是在雨季，行人可以从桥下涉水而过。五十七师所袭击的正是实施强渡中的日军。

三路日军兴兵作战，中方在南北两路或多或少都安排了军级部队与其缠斗，只有中路基本上是你想怎么来就怎么来，没有人跟它硬顶着。这在无形中助长了日军第三十四师团的骄横之气，官兵个个气焰逼人，都恨不得一步就跨进上高城。

过度的轻敌和麻痹必然要付出代价。日军第三十四师团只顾加快行军速度，却不知戒备，让五十七师找到了可乘之机。而就遇袭的类型来说，半渡被击通常又是最要命的。日军第二一六联队第二大队被打得溃不成军，大队长木下重四郎第一个被击毙，该大队的指挥力量随之下降，余下官兵几乎全部战死。

渡河点旁边的日军炮兵部队同样毫无防备。一部分火炮当即被击毁，剩下的日军炮兵来不及装定标尺，被迫用直接瞄准的方式做抵近射击，这才勉强稳住阵脚。

接到前方战报后，第十九集团军总部随即在其主办的《华光日报》上发布了消息。以往很多所谓的喜报都不同程度地掺杂水分，但这一回连报纸编辑都很自信地说："（我们）打了胜仗是不会错的。敌人在昨晚的广播上还趾高气扬，可是今晚的广播却对上高战况只字不提了。"

这时日军阵容已经出现了新的变化。在北路，第三十三师团一方面苦于在狭窄山隘里遭到中方侧击部队的围攻，另一方面又误以为已完成了驱赶任务，于是便以要出发前往华北，不能在前线久待为由，急匆匆地开始返回。本来该师团已有一个前锋大队插入中方五十八师防线并交火，现在见大部队撤退，这个大队也就跟着走人了。

第三十三师团不顾另外两路友军的安危，提前脱离战场，为中方第十九集团军解决了一翼的威胁，同时也使日军自身的右侧背暴露出来。南路的第二十旅团犯的则是另外一个错误，他们舍不得集中兵力硬拼，一个大队也要分成几个纵队来逐次使用，导致整个旅团零零碎碎，进展十分缓慢。

向上高进犯的日军。自1938年6月1日后，日本陆军开始戴陆军略帽（也称战斗帽），这种军帽的特征之一是配发了“略帽垂布”，即军帽上的布片，其主要用途是遮阳和防蚊蝇叮咬。

一个缺了阵，一个不给力，等于只有中路的第三十四师团在孤军深入。冒险吗？很冒险。可是第三十四师团长大贺茂并不想就此罢手。知道遇上劲敌，反而增强了他继续往前突进的兴趣。

在进攻战中，如果老一套的三部曲不顶用，日军通常还有最损的一招，那就是放毒气。

3月20日拂晓，日军第三十四师团向五十八师主阵地发射了大量毒气弹，渐渐满山都被毒雾所笼罩，许多官兵陆续出现中毒症状。虽然因浓度的关系，当场窒息死亡的人不多，但在情绪上已受到很大影响。

除了实施毒气战，日军还一反以往不夜战的习惯，在夜色尚未散去时就展开大举进攻。由于在第三十三师团返回时，日军第十一军总部已将第二十旅团配属给第三十四师团指挥，所以第二十旅团一部也从南面赶来会合，使其中路可以投入进攻的兵力更加雄厚。七十四军的情报人员在某一狭窄路口定点观察，发现列成纵队行军的日军绵延不绝，居然走了整整七个小时都没有看到尾巴。

天亮之后，五十七师和五十八师接合部终于被敌突入，战场局势瞬间逆转。张灵甫发现情况不妙，赶紧将作为预备队的野补团顶上一线，对从缺口处蜂拥上来的日军实施反击，这才将日军的后续冲锋波勉强阻住。

尽管如此，因为正面过宽且兵力单薄，五十七师、五十八师在战斗中都已渐感吃力。针对日军阵容上发生的变化，特别是第二十旅团由攻转守并增援中路的情况，中方第十九集团军对部署做出了新的变更。

上高城南面是锦江天堑，有军桥沟通南北。3 月 21 日，薛岳和罗卓英联合向七十四军发出电令：锦江北岸（即中路）取守势，以确保上高为主；锦江南岸（即南路）取攻势，争取提前切断日军第三十四师团的退路。

王耀武于是命令五十八师主动向后收缩，退守上高西北一线，原先在锦江南岸待命集结的五十一师则向高安进发。

不料第二天战局突然恶化。日军第三十四师团向官桥、泗溪发动连续猛攻，泗水桥尤其成为攻击的重点目标。守卫桥头的步兵排伤亡惨重，排长赵相卿左手指被炸去三个，不得不由其他人接替指挥，但接替者很快也阵亡了。当天傍晚，日军攻占官桥、泗溪。

在锦江南岸，日军第二十旅团居然也发起攻势，并通过抄袭侧背的战术击退了五十一师主力，其所属的一个联队趁机直扑上高西南的华西镇。

此时五十一师主力鞭长莫及，五十八师又集结于上高西北，若华阳被击破，则五十七师必将陷入日军包围圈。形势变得异常严峻，罗卓英的“后退决战”和七十四军的作战能力双双面临严重挑战。

鸟飞不下

七十四军的指挥所就在锦江南岸。军参谋长陈瑜经过战阵不多，见此状况，一边劝王耀武撤出上高，一边给第十九集团军司令部打电话，要求放弃实施上高保卫战。

陈瑜性格固执，集团军的参谋没法说服他，只好向罗卓英报告。罗卓英听后，跑来接过电话，厉声呵斥了陈瑜。之后他生怕王耀武会动摇决心，便又派中将总参议张襄前往七十四军，名为慰劳，实为监督。

王耀武深知罗卓英的心思，于是连忙给罗卓英打去电话：“请总司令相信我，我是能够贯彻您的命令的！”

罗卓英听后，犹如吃下了一颗定心丸。他勉励王耀武："军人的事业在战场，军人功过亦在战场。"又说："打仗是军人的天职，打胜仗尤其是应该的。"

知道锦江南岸大片地域都是空虚之地，无一兵一卒守卫，罗卓英还临时把四个江西保安团调拨给王耀武，用以进行守备。

江西保安团虽有熟悉当地地形之利，但一向驻扎后方，很少参加前线的实战，而且他们到达前线也需要一段时间，刻不容缓。被王耀武派去紧急驰援华阳的，是部署在军部附近的五十一师野补团。

野补团用每小时十五里的速度跑步前进，在王耀武限定的时间内抄近路赶到华阳并构筑出简易工事。日军也试图用急行军的方式抢占华阳，以取得战斗主动权，但整整晚了四十分钟，所以只能跟在屁股后面捡漏了。

日军第二十旅团是一支步骑混合部队，在六架轰炸机的掩护下，来袭的日军联队以五个骑兵中队为先，步兵殿后，通过步骑协同和梯队冲锋的方式向华阳镇前沿阵地发起猛攻。

锦江南岸主要是一片宽约三四公里、纵深狭长的平原田畴，两侧则为连绵起伏的高山丘陵，其形势险要，易守难攻。野补团事先做过地形侦察，已经在日军必经的华阳峰设置了机枪阵地，二四式重机枪早就严阵以待。

中国军队所使用的二四式重机枪仿制于马克沁机枪，它继承了马克沁性能稳定、威力强大的特点，可连续发射约六百发子弹。日军步骑兵虽然一上来气势如雷，但因没能抢占制高点，运动前进完全暴露于七十四军重火力的有效射界之内，也根本无法冲进华阳镇。

就实战性能而言，二四式重机枪在各方面都要超过日本的九二式重机枪，不过由于属于水冷式机枪，射击时会产生水蒸气，容易暴露目标，日军的飞机、小钢炮、步兵炮都可以迅速对它进行精确打击。在日机的狂炸低扫和火炮的猛烈轰击下，华阳峰上尘土飞扬，爆炸声此起彼伏，震耳欲聋。

机枪排长周阳负伤多处，直至战死仍不肯撤下火线。当他的遗体被抬下来时，浑身上下的军服都被鲜血染红了。在周阳的激励下，所属机枪排无一人动摇，无一人后退，最后大多壮烈牺牲。战事结束后，军委会特将周阳阵亡的高地命名为"周阳山”，陆军测绘总局通令全国，将军用地图上的华阳峰改成“周阳山”。

坚持到晌午时分，日军终于扛不住了。因燃料弹药耗尽，飞机率先在天空消失，步骑兵也凶焰顿挫，气势衰竭，全都趴在地上蛰伏不动。野补团见状，立即转守为攻，发起全线反击。日军被迫向北溃逃，野补团除了缴获许多辎重，还生擒了六名日本兵。

野补团的坚守，为五十一师主力重新夺得主动权争取到了宝贵的时间。为了能够进行有效指挥，五十一师所有指挥人员都捆好行李，并套上扁担，一旦需要，随时可以一挑就走。当战斗打到最激烈的时候，前线指挥所的电话响个不停，李天霞左手握电话筒，右手按着方桌上铺着的军用地图，不停地向前线发号施令。当看到地方劳军人员走进指挥所时，他也没有放下电话筒，而只是站起来简单地表示了一下欢迎。

五十一师拼死拒敌，虽血肉横飞，伤亡惨重，仍寸步不退。激烈的争夺战几乎摧毁了这一战场上的所有建筑物。与五十一师协同阻敌的东北军军长刘多荃想找一间房子做指挥所都找不到，最后还是当地的江西保卫团让出了一间又小又破的旧房子。会战结束，有人从已被打扫过的战场走过，沿途见不到一个活人和一所房屋，能见到的只是一具被日军枪杀，尚未掩埋的民夫尸体。那真是唐人《吊古战场文》中描述的情景：“鸟飞不下，兽铤亡群。”

血肉厮拼的结果，五十一师反败为胜。日军第二十旅团企图从南岸包围上高的

上高会战中的第七十四军，决战兵团的火力组合令人折服。

计划由此破灭，整个战局从失衡再次转向暂时的稳定。

就规模而言，华阳保卫战乃至锦江南岸争夺战，充其量只是一道开胃菜，上高保卫战才是实实在在的正餐。

罗卓英让七十四军固守上高，原本就是要起到“磁铁战”的效果，即越吸越近，越近越紧。这个效果基本达到了，日军第三十四师团只顾进入上高，而忘记了它的右侧背因第三十三师团的过早撤离，局势正变得非常危险。

罗卓英观察整个战场局势，认为“后退决战”中的围歼时机已到，于是传令北路担任侧击任务的第七十军预九师、第十九师迅速南下。

日军侦察机在上空看得真切，归其第十一军总部直接指挥的第三飞行团急忙向第三十四师团报信。飞行团团长远藤三郎从飞机上向大贺投掷要件，告知大贺必须尽快占领上高，占领后还不能停留，应立刻返回，因为若再拖延下去，“敌军（南下的中方侧击部队）会威胁后方的安全”。

事实上，大贺早已感受到了这种威胁。第三十四师团的师团指挥所、野战医院和辎重部队在向前线移动的过程中，都遭到了七十军从侧背发起的袭击。

大贺知道时间对自己越来越不利，最好的解决办法就是从上高正面钻开一个缺口。于是他亲自赶到官桥以南的毕家附近督战，指挥部队向上高发起总攻。

经过一番拉锯式的恶斗，日军第三十四师团冲过上高大道，直达距上高城北仅三公里的镜山，从这里，日军机步枪已可射至上高市区。

一鸣惊人

3 月 23 日，天刚蒙蒙亮，日军第三飞行团便早早驾到。日机最初是二三十架，后来最多时达到七八十架，有如蝗虫一般，遮天蔽日地连续飞临上高上空。这些涂着“红膏药”标识的飞机在反复对上高进行盘旋侦察，开始对城池及外围轮番俯冲投弹。

随着成吨成吨的弹药从飞机中倾泻而下，上高城很快沦为一片废墟，城内的所有钢筋水泥工事以及坚固战壕均被轰塌炸平。在让飞行团助战的同时，日军第三十四师团还集中火炮对守军阵地进行猛烈轰击。没有接到作战任务的部队指挥官在城南高山上瞭望观察，只感到地动山摇、震耳欲聋，遥望前方阵地则是浓烟滚滚、一片火海。在七十军营长邹继衍的记忆中，日军使用如此多的飞机和如此强大的炮火，他参战以来还是第一次见到。

上高城除了南面由锦江横贯，东西北三面均山岭环绕。第三十四师团当天的攻击重点集中在城东北的下陂桥，也就是五十七师所扼守的核心阵地。为制造恐慌情绪，日机甚至炸断了沟通锦江两岸的军桥。

在日机、火炮猛轰时，五十七师阵地一直静悄悄的，毫无反应，仿佛守军都已被消灭或全部撤走了。只有当日军展开“老三部曲”中的最后一步——实施步兵冲锋且达到守军的有效射界时，阵地才像突然苏醒一样爆发出来。这正是“阵地战中的运动战”类型里最经典的打法。

就是那么一眨眼的时间，设置在战壕、山洞里的各种隐蔽巧妙的火力点一起喷射，轻重机枪的子弹就像泼水一样洒向敌群。配备在后方的师炮兵营也紧随着咆哮起来，远射程大口径火炮发出雷鸣般的怒吼，进行地毯式的迅猛急射。

日军步兵一批批冲上来，然后一批批被扫倒。冲锋中的日本兵不可谓不凶顽坚忍，但在五十七师铜墙铁壁般的防守面前，除了碰得头破血流，一无所得。

严格的战场纪律，严密的火力网布置，以及配合默契的步炮协同战术，让在山头观战的邹继衍看得目瞪口呆。他明白，能够顶住今天这样强大攻势的部队，在国内并不多见，五十七师的确称得上是一支善于防守的精锐之师。

五十七师是善守之师，师长当然就是善守之将。五十七师师长余程万身材不高，但精明干练。他是黄埔一期生中最早一批升少将的拔尖人物。若论黄埔资历，他比俞济时还要老，更不用说王耀武、张灵甫这些学弟了。私下里，王耀武等人也都称他为老学长。余程万晋升较慢，主要是因为在黄埔毕业后很长时间都在读书，先是陆军大学特别班，接着是北平的中国大学政治系，后来又转入陆军大学研究院深造，这样虽然学历高了，而战功自然就少了。

有一失必有一得，在国民党军队系统中，向有“黄袍加陆帽”一说，即黄埔生后来又得陆军大学文凭的，升职上具有优势。回到一线部队后，余程万的上升势头很猛，为王耀武所倚重，而且这位大器晚成的将领也确实做到了“不鸣则已，一鸣惊人”。在“三五部队”中，五十七师善守的威名就是从余程万时代开始叫响的。部署防守时，余程万很巧妙地利用了地形特点以及旁边五十八师协防支援的优势，每次都非常大胆地只调用一个团防守正面，每当这个团疲惫或面临被打垮的危险时，他就立即把另外一个团顶上去，全师四个团，轮番接替，这样便能够最大限度地增强手中兵力的使用效率。

明明上高城已经近在咫尺，却可望而不可即，无法靠拢一步，日军第三十四师团陷入一个极为尴尬的境地，其攻势也越加疯狂。战斗进行至白热化阶段，余程万亲临一八三团阵地，跳进机枪掩体，用马克沁重机枪对敌人进行猛烈射击，一八三团团长见无法把余程万拉下阵地，便干脆直接给师长当起了弹药手。

余程万身先士卒，令所部士气大振，但在日军不顾一切的冲击下，部分阵地仍被突破，下陂桥一线险象环生。余程万、张灵甫的师指挥部都设在镜山一侧的山腰里，与下陂桥要隘不过一步之遥。眼看镜山亦可能不保，军部的气氛也格外紧张起来。

指挥所里的电话咣咣咣地响个不停，指挥官根本无法安静休息。王耀武已经熬了几个通宵，整个下腭都红肿着，他的食指和中指因为一直在地图上点来点去，甚至已经磨破皮流出了血。

面对前来慰问的地方民众，王耀武尽管声音早就嘶哑，但仍特别坚定地告诉大家：“敌人为了攻下镜山，打破缺口，不惜任何代价，那么我们也不惜付出任何代价死守镜山，决不让敌人前进一步！”

中方指挥官在上高前线观察敌情。

我不怕敌，敌便怕我。王耀武明示余程万：“必须固守上高，丢了北城就枪决。”

赏罚严明是王耀武带兵打仗的主要特点，在这方面，他向来说到做到，没有丝毫打马虎眼的余地，不会说今天讲了要你脑袋，明天就当作什么事也没发生过。

余程万没有选择，他又亲率师军士大队冲上了最前沿。

后发制人

军士大队与军士训练班有所不同：军士训练班是从新兵中选苗子；军士大队却是从老兵中挑尖子，成员大多是连队中的班长、副班长，准备集训后再分发至各连队当下级军官。因此军士大队不同于一般连队，显得特别精壮。当这些久经战阵、训练有素的老兵端着刺刀杀上去的时候，其凶猛程度绝不逊色于以冲杀劈刺见长的日本兵。

“短兵始相接，长刀映日光。”天空中飘洒着血雨，没有人能够逃脱，只有最强者才有机会生存并继续战斗下去。下陂桥阵地三次失而复得，阵地前堆满了日军的尸体，而伴随着每一块阵地的收复，五十七师运下来的伤员都络绎不绝，这些伤员十之六七受的都是刺刀伤，足见近战搏杀的激烈程度。

在另一侧，五十八师防守的白茅山一线因日军火力凶猛，守军伤亡殆尽，阵地也一度被敌人攻占。王耀武向五十八师指挥部下达死命令，要求必须夺回白茅山。张灵甫亲率突击队，和第十九集团军派来增援的特务营一起，向白茅山发起冲锋。

就在突击队即将占领阵地时，日军突然施放芥子气毒气弹，猝不及防之下，部分突击队员因中毒或失去作战能力，或当场阵亡。危急时刻，幸得老天相助，风向突变，毒气调个头，吹进了日军阵地。日军顿时阵脚大乱，突击队趁势夺回了阵地。

下陂桥核心阵地争夺战是上高会战中的焦点战斗，仅仅一天下来，敌我双方伤亡人数就达四千人以上。至 3 月 24 日上午，尽管日军第三十四师团伤亡惨重，但仍无法前进，只能望上高城墙而兴叹。

大贺决定发动最后一次总攻。日军第三飞行团也倾囊助阵，出动一百架次飞机，对下陂桥阵地和白茅山阵地进行反复轰炸，投弹多达一千七百余枚。仅在下陂桥对面一座方圆仅数十丈的小山头上，就落下了一百六十余枚炸弹。

日军过度频繁的冲击，使“老三部曲”之间几无间隔，炸弹和炮弹伤敌伤我皆有可能，“阵地战中的运动战”也不可能再顺顺当当地实施了，双方都把注意力放在阵地的争夺上，确实到了不惜一切代价的程度。

在七十四军的前沿阵地上，战壕挖了又被炸平，炸平了又重挖，作为防守阵地的整座山头都几乎被炸弹和炮弹翻了过来，看上去好像耕牛犁过的田一样。只是此田非彼田，其间泥土与血肉相互搅拌和渗透，令空气中充满了血腥味。

当支前民众来到前沿阵地时，他们看到活着的士兵正在抢挖战壕，每个人脸上不是烟尘就是鲜血。山头上的草石树木都被炸得粉碎，虽然尚有几棵侥幸没有被炸倒的树木，但也只剩下了光秃秃的树干和大枝丫。枝丫上挂着被炮弹炸起的衣带破布，在早春寒风中摇摆，此外还有残肢断手，甚至是血淋淋的人头……

在上高保卫战中，上高民众也发挥了很大作用。锦江的石桥被炸断了，支前的运输队、担架队不顾危险，冒着日机的轰炸扫射，通过唯一的一座浮桥在南北岸之间来去。其间，飞机扔下的炸弹在浮桥旁激起冲天水柱，浮桥一直在剧烈地颠簸震荡，但依旧无法阻止桥上的滚滚人流。

见战况到了紧急关头，位于城南的友军纷纷向集团军总部请战，但罗卓英出于后发制人的考虑，没有同意他们的请求，只是把集团军特务营调给七十四军使用，而自己不离开司令部一步，以显示坚守上高的信心和决心。

王耀武亲临前线督战，在短短一个小时内，指挥军预备队先后发起七次反冲锋，终于顶住了日军的疯狂冲击，把日军第三十四师团阻于镜山之外。

当七十四军在正面顽强固守的时候，七十军（湘军）和四十九军（东北军）已从左右两翼逼近日军侧背，第七十二军（川军）的两个师也在当天抵达上高边境的凌江口。

凌江之上既无桥，又无船，川军无法渡过，又是支前民众卸下门板，撑来大大小小的木排、竹排，用一天工夫搭出了一座新的浮桥。川军在沿着浮桥通过凌江后，与湘军、东北军配合，对日军第三十四师团形成了一个东西十五公里、南北五公里的包围圈。

大贺察觉到周围的险情，连忙向日军第十一军司令部发出求救急电，同时下令停止攻击上高，在原地固守待援。

3 月 24 日下午 6 点，罗卓英发布总攻令，命令所有合围部队向当面之敌发起进攻。王耀武鉴于本军在保卫战中打得过苦、伤亡过重，且连续作战十余天，早已人困马乏，起初对加入进攻战很是犹豫不决。

若七十四军不参与进攻，总攻效果必然大打折扣。罗卓英将城南待命的第二十六师和第一〇七师统归王耀武指挥，并通过一番打气，说服王耀武把五十七师、五十八师派了上去。

罗卓英告诉王耀武的是，这次进攻战实际上就是追击战："打追击战，是不用做饭吃的，敌人做的饭，会送给我们吃！"

倭奴冢

罗卓英一共集中了九个师的优势兵力，由南北两面对日军实施包围。凌晨 2 点，五十七师率先实施反击，用白刃战将第三十四师团逐出了其原先所在阵地。

拂晓以后，日军在飞机的掩护下试图重夺阵地，但被五十七师击退。碰壁之后，日军第三十四师团再向第七十二军一侧猛烈突击，第七十二军的两个师被打得后退了四五里路。

罗卓英得报后先看了地图，然后问总部参谋蓝介愚："你看情况如何？"

蓝介愚想了想说："这是敌人要跑了。撤退前先猛打猛冲一阵，然后再脱离阵地，这是敌人的惯技。"

罗卓英沉吟着又问道："（第三十四师团）会不会再派一支部队南渡锦江，以迂回上高之侧背？"

这时前线部队已缴获了第三飞行团团长远藤三郎投给大贺的那份机密要件，因此蓝介愚以肯定的语气回答："那绝对不会。你看连远藤给大贺的那封信他都丢掉了，一定是急于逃跑。很有可能，大贺也被我们击毙了。"

包围圈继续紧缩。邹继衍所在的第一〇七师属于第二批出击部队，任务是堵截日军向赣西北方向出击，但日军第三十四师团确如蓝介愚所言，已成惊弓之鸟。猛击第七十二军，只是逃跑前习惯性的虚晃一枪罢了，根本不可能再分出力量出击赣西北，所以一〇七师用不着执行堵截任务，便直接向下陂桥进发。

第三十四师团的大部队早已从下陂桥撤出，残存掩护部队也被七十四军等部基本肃清，一〇七师已捞不到什么仗可打。邹继衍营仅在出城不远的地方俘虏了十几个被冲散和负轻伤的日本兵，缴获了二十余支长短枪、几箱完整的弹药以及一批罐头、纸烟等军用品。至于遗弃的零碎物件和枪炮弹壳则遍地皆是，也没有人再顾得上去管它了。

在搜索过程中，邹继衍还发现道路两侧的稻田、山坡上，到处布满杂沓无序的人马印迹。因过于拥挤，原先的羊肠小道竟被踏成了一条宽阔的大路。这是敌我以往作战中很少见到的现象，可见日军夺路突围时的惊慌和狼狈。

蓝介愚奉罗卓英之命到战地视察，生平第一次看到了和古书中“尸体枕藉”相应的实景。只见大道两旁的尸体点都点不清，成群的野狗撕咬着尸体，它们瞪着血红的大眼睛，连看到活人都不害怕也不知道回避。几十里地的路面上，到处都是鲜血和紫红的血迹。

日军一般不会在战场上留有己方士兵的尸体，而会把尸体拖回去进行火化，并告知其国内的家属。可是在兵败如山倒的情况下，要想再抢运完整的尸体已不可能，许多尸体都只能丢在战场上。他们所想到的办法是斩一只手臂拿走，后来觉得太重，携带不便，就割右手的五个指头，再后来连这都嫌麻烦，便只割一个大拇指，同时取下死者身上佩戴的标有姓名和部队番号的身份牌，作为战死凭证一道带走。

战场上可以看到不少这样断了手臂或缺少手指的敌尸。经审问俘虏，也证明日军第三十四师团在逃跑时确实是这么做的。打扫战场的人们将敌尸全部予以掩埋，称作“倭奴冢”，与七十四军阵亡将士陵墓遥遥相对。

当天蓝介愚夜宿下陂桥，彻夜无法入眠。这位年轻幕僚只要一合上眼，脑海里浮现的便全是那些死人死马，尤其是老鹰争啄死马以及飞起飞落时所发出的凄厉尖叫，更是令他坐卧不安。

一边是残酷的生死场，另一边却传来了下陂桥下潺潺不息的流水声。喧嚣与宁静，疆场与田原，战争与和平，有时仅仅一线之隔，蓝介愚感慨之余，即席赋诗：“下陂桥底三更水，彻旦潺潺枕上闻。”

此时兵火不仅没有出现熄灭的迹象，还将继续燃烧，在日军第三十四师团仓皇退至的官桥、泗溪，战神正披甲执戟，迎风高歌。

3 月 25 日，在震天动地的喊杀声中，张灵甫指挥五十八师猛攻官桥。日军第三十四师团急于脱身，再次施放了毒气，然而这次毒气战必不可少的天气条件没有给他们帮到忙，天空忽然电闪雷鸣，下起了大雨。

毒气在风雨中消散一空，完全起不了作用。无可奈何之下，日军只好将这批吃又不能吃，带着又累赘的毒气弹埋入地下。直到解放后，人们还在官桥无意中挖出了二百余枚锈迹斑斑的毒气弹，造成一千多名当地民工中毒。

大雨不仅令毒气弹无所逞其技，就连跟地面部队充当保镖的飞机也没法露面了。真是天助我也！五十八师在雨中勇猛急进，会同友军连下官桥外围的多处阵地，将第三十四师团紧紧压迫于官桥核心阵地。

南北两面中国军队的重机枪射程，恰以大贺的临时指挥所毕家为交错点。在如

山洞内的日军通信兵，他的旁边还有“支那事变”的画报。

此密集的火力网面前，日军第三十四师团根本无法凭借自身力量突围，而且部队的粮秣弹药也逐渐消耗殆尽，陷入了“士困粮绝”的境地。

抗日铁军

在接到大贺的求救电后，第十一军总部当时就慌作一团。园部司令官急令已返回原驻地的第三十三师团驰援解围，同时军参谋长木下勇等人也匆匆赶往南昌坐镇指挥。

第三十三师团自3月24日出发，沿途须翻越崇山峻岭，而公路则早已遭到破坏，实际道路只能容一路纵队前进，有些地方甚至连马都不能骑，加上中国军队的顽强阻击，所以进展非常缓慢。3月27日，该师团终于在官桥包围圈的东北角打开缺口，并与第三十四师团取得了联系。

3月27日当天，在第三十三师团的掩后掩护下，第三十四师团开始组织全线撤退，部队急不可待地渡过泗溪，向北面的土地王庙村逃去。

让大贺万万想不到的是，他们刚出火坑，转眼又沉到了海底。正是在土地王庙，中方第十九集团军完成了继官桥之外的第二个包围圈：早在五天前，第七十军预九师就进入土地王庙，并在这里建立了中枢阵地，而在日军的侧背和尾部，则有以七十四军为主的六个师平行追击。

第三十四师团携带着数百名伤病员，其行军序列为师团司令部在前，病员输送队、野战医院、独立山炮队居中，后卫部队殿后掩护。入夜之后，雷电交加，大雨倾盆，各部队急于脱离包围，但由于道路泥泞、夜色昏暗，加上又须加以戒备，行军速度始终快不起来。

3月28日凌晨2点，在土地王庙的西端，日军负责野战医院警卫的野炮兵第八中队遭到中方预九师的围攻。其所属的炮兵大队部向大贺请求增援，大贺考虑到，若零星派出增援部队，整个师团的后撤速度将因此减慢而招致更大的危险，因此给出的答复很是冷酷无情：“由于情况紧急，部队可放弃第八中队，迅速向旅团司令部前进。”

援兵不至，第八中队被全部消灭。覆灭之前，该中队知道难以逃脱，已将火炮全部毁坏。现今北京军事博物馆抗日战争纪念馆中陈列的一门炮的残存炮身，就来自此次战斗。

至下午2点，第三十四师团才突出包围圈。此时他们的伤亡又大量增加，尽管在慌乱的撤退中，许多抓来的民夫已乘机逃跑，但抬运伤病员的大担架队仍长达好几公里。

第三十四师团脱离了险境，为之做掩护的第三十三师团还在后面煎熬着。当天凌晨，中方五十七师、五十八师相继迫近官桥核心阵地，五十一师在扫清锦江南岸之敌后也适时赶到，对日军右侧背发起猛袭。随后，五十七师、五十八师冲入官桥镇，与第三十三师团留下阻击的数百名日军展开巷战，激战至下午，七十四军收复了官桥、泗溪，歼敌六百多名。

3月29日，第三十三师团全线撤退，但当后撤到泗溪西北约五公里时，就开始处处遭到中方各路部队的侧击，为此他们不得不展开全部兵力作战以求解脱。因为轻装救援，第三十三师团所携带的粮食弹药并不多，官兵陷入了饥饿和极度紧张的状态之中。经过多次苦战，最后连山炮部队的炮弹也全部用光了，处于不能射击的状态，只能靠空投弹药来继续维持。后来，第三十三师团的劫后余生者谈到在泗溪一带的作战情况，仍然心有余悸，认为当时那种凄苦的惨状，实在难以用语言来形容。

4月2日，第三十四师团、第三十三师团先后逃回原驻地，上高会战以中方全胜的结果完美落幕。

此役，包括第三十四师团步兵指挥官岩永、第二一四联队长滨田在内，中国军队共毙伤敌一万五千七百九十二人，俘一百多人，第三十三师团遭到重创，第三十四师团及第二十旅团的伤亡率更是达百分之七十以上。战利品方面，缴获山炮、迫击炮十门，步枪一千多支，此外还击落了日机一架，有意思的是，它还不是栽在高射炮或高射机枪手里，而是七十四军五十七师补充团团长方军用迫击炮打下来的。

上高会战与以往会战最大的一个不同点，是参战的中国军队在数量上并不占有很大优势，甚至在上高保卫战中，还明显少于对手，在这样条件下犹能取得完胜，实属难能可贵，也可以说，抗战以来仅此一例。所以何应钦在对新闻记者发表谈话时说："上高会战，是抗战四年来最精彩之战。"

正如第十九集团军作战参谋蓝介愚所分析的，上高会战前，广州、武汉、南昌的连连失守，令第十九集团军的多数部队在对日作战时都有些胆怯畏战，但经此一战，畏怯者变成了赣北日军，他们再不敢随随便便举兵西犯了。

"天苍苍，野茫茫，上高东北好战场，锦江夹岸阵堂堂。"上高会战的胜利，固然建立在罗卓英"后退决战"战略的基础之上，但归根结底，七十四军在上高誓死不退，血战数夜，才是制胜的关键。只有战斗的胜利，方能保障战略战术的成功，作为战役指挥者，罗卓英很清楚这一点，他在评点上高会战时说了一句很中肯的话："第七十四军好比袋子底，这次袋子底很坚强，没有把敌人漏掉。"

整个上高会战，中国军队共计伤亡 20333 人，其中七十四军伤亡达到 10651 人，占总伤亡人数的一半还多，无论是付出的代价，还是做出的贡献，七十四军都称得上厥功至伟。论功行赏，七十四军被颁授"青天白日飞虎锦旗"；第五十一师荣获国民政府第一号武功状；第五十七师荣获第二号武功状，同时被命名为"虎贲师"，全师官兵都戴上了"虎贲"袖标。

王耀武、李天霞、余程万、张灵甫等将领及有功官兵均获勋章或奖章，其中王耀武被授予第一级别的青天白日勋章。以上锦旗和奖励章均由重庆派专机送达长沙，再用专车送到上高，由罗卓英代表军委会颁授。罗卓英在对七十四军全军军官的讲话中，给予七十四军极高评价："记得北伐时期，第四军以'铁军'闻名。现在是抗战时期，我敢大胆地说，第七十四军是抗战时期的'铁军'！"

上高会战使七十四军名扬中外，它成为世人心目中名副其实的"抗日铁军"，并一步跨上了其发展史上的巅峰阶段。

第五章 死神的乐园

（长沙会战、浙赣会战、鄂西会战）

上高会战一结束，七十四军即开赴上高以南的新余进行第二期整训兼攻击军改编，其间一边对兵员进行补充，一边优先换装了苏式装备。

抗战初期，德国在日本政府的压力下，不仅撤回了驻华军事顾问团，而且禁止再对中国输送军事物资。英法美等西方国家虽然也有武器进口中国，但数量极少，苏联是对中国提供军事贷款和武器援助的主要国家，所有从苏联进口的武器都被集中用于补充中央军精锐部队，尤其是像七十四军这样的攻击军。

为了让中国在东方牵制日军，以保护自己在远东的利益，苏联除以低于国际市场的价值出售武器外，还自北伐后再次派来了一批军事顾问。这次七十四军实施整训，主要就是由苏联顾问担任教官，负责对部队进行训练。

苏联顾问的缺陷是过于专业化，一个顾问只懂一个领域的专业知识，比如炮兵出身的顾问可以对某种大炮的构造娓娓道来，别的就讳莫如深。偏偏中国军队的装备五花八门，犹如万国武器展览会，光懂一种炮根本不济事，得懂各种炮才行，所以如果让苏联顾问执教混合型的集团军，往往效果一般。

当面对七十四军这样装备了苏式武器的部队时，苏联教官才找到了发挥自身才能的最大空间，而且苏联顾问不像英法顾问那样倨傲或懒惰，他们虽然没有德国顾问那样好的技术，却具备后者的忍耐力和吃苦精神。这些苏联老外经常能不避艰险，穿着中国军装到第一线去观察，这使他们在执教时很少犯脱离战场实际的错误。

经过整训，七十四军不但重新恢复了元气，而且随着官兵对新武器的熟练掌握和军政素质的增强，其战斗力较以往还有了一定幅度的提升。

1941 年 9 月 18 日午后，王耀武突然接到第九战区长官部的电令，要求从速开赴湖南，以应对日军对长沙的大举进攻。

虎子

上高会战后不久，原日军第十一军司令官园部便因作战失利而被免职，继任者阿南惟几再次祭起了冈村的重兵突击战术，决定集中军的主力对中方第九战区施以猛击。

第九战区长官部也已经掌握了相关情报，所以准备是比较充分的。经报请军委会，湘北战场增加了好几个军的兵力用于御敌，这几个军中，分量最重的便是第七十四军。

早在冈村首攻长沙时，就有人把未将七十四军调来长沙作战引为憾事，认为当时就算高安方面多丢几座村庄和山头都无妨，重要的是七十四军只要一到湘北，就准能扩大长沙会战的战果。上高会战的胜利，将七十四军进一步推向了荣誉的顶峰，以致不管谁指挥大规模会战都会第一个想到使用这支王牌军。另外，赣西北的日军在会战中被着实打怕了，已将近半年不敢进犯，前线比较平静，第七十四军调至湘北短期内不会影响赣北形势。

七十四军久驻江西，而且规模体量也非过去可比，几万人马要立刻集中起来远调湖南谈何容易。别的不说，光是征集挑运行李辎重的民夫就是个大问题。没有人具备相关成熟经验，在手忙脚乱地筹备两天之后，到 9 月 21 日，部队才得开拔，全军分三批取道湘赣边境，向浏阳开进。

七十四军兵马刚动，薛岳发给王耀武的电令却被日军第十一军司令部截获了，后者利用缴获的中国军队密码本完整破译了电报全文。当读完电报内容，整个军司令部顿时为之震动。

七十四军在上高会战中的卓越表现，让“抗日铁军”在日军心目中牢牢扎下了根，日军第十一军视之为“中央系最精锐的部队，长久以来的宿敌”。在总结上高会战教训时，第十一军曾专门告诫各部：“今后对王耀武将军的第七十四军作战，要特别注意。”

日本人将七十四军称为“虎の子”。“虎の子”在日文中是指非常珍惜、不舍放弃的东西，战争期间成了王牌部队的代称，而按照中国人的习惯，也可以称为

“虎部队”。正好七十四军被颁授的“青天白日飞虎锦旗”，上面绣着的就是一只白色飞虎。

一提起“虎部队”，日军将领无不高度重视，阿南亦不例外。日军第十一军曾通过地面、空中侦察和破译电报等方式，试图对七十四军电台进行测向，准备在掌握其位置后，组织大机群进行轰炸，但都因七十四军属于机动部队，不固定布防于一地而未能成功。

现在七十四军突然出现在就近战场，日军第十一军的参谋均认为机不可失，如能集中力量对七十四军予以聚歼，不仅能给予中国的嫡系部队沉重打击，还可减少今后武汉以南地区所受到的威胁，相应地，此次湘北作战也就取得了预期的效果。

按照原计划，日军第十一军在渡过汨罗江后，将派第六师团占领东部侧翼的平江，以防止中国军队像以往那样，以平江山区为根据地发动侧击，但在发现七十四军即将进入湖南战场后，阿南临时取消了这一计划。

几次受挫于七十四军的惨痛经历，让日军真正认识到，无论是万家岭战役中的第一〇六师团，还是上高会战中的第三十三师团、第三十四师团，这些新设师团尽管武器占优，但在作战士气和经验方面，与第七十四军这样久经沙场的老部队相比，还是相差很远。一句话，与七十四军对阵，如果不起用老牌精锐师团，就绝无胜算。为此，阿南不惜对全盘计划做出修改，以便让日军第六师团来拖住七十四军，同时参与进攻平江的日军第四十师团也被调至主战场。

沿着江岸行进的日军，周围是丘陵和稻田，很快他们还将进入另外一座山岭。

要让阿南下这个决心可不容易。平江是第九战区的武器补给中心，同时也是杨森第二十军军部所在地。第二十军虽是川军，却号称“川军中的铁军”，其战斗力接近于中央军精锐部队，且极善于侧击和运动作战，这一点在国民党系统的部队中实属难能可贵。冈村第一次进兵长沙时，就已经吃过第二十军的亏。正因如此，阿南曾抱有坚决占领平江的意图，一年后，他在回顾平江的战略价值时还表示：“其实使敌统帅机关（指平江）受到破坏和发生混乱，应是作战的最高目的。”

当第六师团接到阿南的取消命令时，其先头部队距离平江只有八公里之遥，尖兵中队甚至只剩一公里路程就能到达目的地。据说士兵得知命令被取消，就像嘴里的点心被突然打掉一样，变得目瞪口呆，哑然失色。

有舍必有得，阿南想得到的东西就是击败七十四军，这成了他当时指挥作战的最高目的。自此，七十四军的番号便在日军的作战计划、命令和阿南的日记中频频出现，而移动中的七十四军也一直处于日军第十一军司令部的严密监视之下。

9 月 23 日早上因为有降雨，日军侦察机无法出动，但到中午逐渐云开雨止。飞机从空中鸟瞰，可以清楚地看到七十四军已出现在浏阳西北的隘道上。

得到七十四军露面的情报后，日军第十一军司令部顿呈紧张状态。阿南甚至想到了要不要暂时避开七十四军的锋芒。只是他考虑到，如果不与这支中国最精锐的部队打一下就即行撤退，会被中国政府抓住进行宣传，那样第十一军不但脸面扫地，而且对日军的军心士气也是一个极大打击，所以还是要“避免此类情况发生”。

阿南走进军作战室，对木下参谋长等全体幕僚强调：“以后的问题，即在于对第七十四军究竟应如何处理。”

利用地障进行包围

在失去制空权的情况下，中国大部队的调动一般都是昼伏夜出，以避免日机侦察和空袭，但是由于时间紧迫，为了能尽早赶到战场，七十四军不得不实施白昼行军，全军的行进方向因此完全暴露。

9 月 24 日，下午 1 点，日军侦察机发现“有正从浏阳方向西进的敌军约两百名”。

下午 5 点，在浏阳至万载之间，飞行员目击了“约一万五千名敌军大纵队”。

阿南虽急切地希望对新来的七十四军予以打击，但包括木下等人都对胜负没有把握，他自己也认为，如果这个时候就派兵越过浏阳西方山地出击，“未免显得愚蠢”。

阿南决定暂不与七十四军进行地面交锋，只用飞机进行监视和轰炸。命令既下，大批日机朝七十四军行军纵队的上空蜂拥而至。

七十四军的出发顺序是五十七师先行，五十八师及军直属部队次之，五十一师随军部行进。当五十七师、五十八师及其军部直属部队在经过浏西城西的蕉溪岭时，立即遭到了日机的轮番轰炸扫射。

七十四军并不是没有行军中防空疏散的经验。遇到日机空袭，各部会以班排为单位分散，一边防空，一边利用山坡或田埂跃进，这样既能减少损失，也不致影响行军速度。可是蕉溪岭的地形与别处不同，这是一条上下十五里，两面是石山的羊肠小道，不但无法跃进，连藏都没地方藏，大家挤一块全被飞机当成了活靶子。

一般情况下，防空都是用高射机枪或高射炮对飞机进行驱逐，问题是部队在隘道中纵队行进，大多数位置上都只有普通的机步枪，而由于缺乏经验和疏忽大意，七十四军军部事先也未对部队所经过的地形做深入调研，尤其是没有针对沿途地形制定防空措施，结果防空也成了一句虚言。官兵只知道用树叶伪装隐蔽，还不准喧嚷，唯恐飞机上听到，其实各部完全可以组织机步枪集中射击——两边都是石山，日机要飞低空袭，一旦遇到下面的密集射击，同样避让困难。只是在准备不充分且早已惊慌失措的情况下，谁都想不到这一点了。

七十四军在空袭中遭受了严重损失，指挥系统也被打乱了。当第五十一师最后一个经过蕉溪岭时，看到前面伤亡的人员已经不少。五十一师本身也没有躲过日机的投弹扫射，有人情急之下跳进弹坑中，发现里面已有被炸死的近十具尸体，他只好卧在尸体中间进行隐蔽。

未曾参战，便失锐气，七十四军被一种不祥的征兆笼罩，但部队仍不敢稍停，至 9 月 25 日上午，全军终于到达浏阳。接着，王耀武便收到薛岳发来的急电，要求七十四军兼程向长沙以东的黄花镇急进，在黄花镇、永安镇一线沿捞刀河南岸占领阵地，以防守长沙外围。

薛岳在湖南战场所使用的战术思路原本与罗卓英一脉相承，即“后退决战”，但是随着手中掌握兵力资源的不同，指挥官的想法也会出现微妙的变化。此次第九战区集中的几个军，除了七十四军，第十军、第三十七军、第二十六军也均非弱旅。有这么多威龙猛将，薛岳便不甘于老是“后退”，他不顾参谋处处长赵子立的反对，执意把决战防线部署在了汨罗江边，试图拒敌于汨罗江北。未曾料到的是，在日军的重兵突击下，江边防线很快陷于崩溃。

在汨罗江防线失守后，薛岳预计日军接下来一定会直取长沙，所以才要让七十四军赶去黄花镇防守长沙。赵子立得知后，依旧认为此决定欠妥。

中国兵学家结合过往战史和抗战实践发现，日军不仅遵循“进攻第一，包围第一”的战术原则，而且特别崇尚“利用地障进行包围”。比如进攻南昌时，就利用了鄱阳湖、赣江这一地障，以主力向中国军队的左翼进行包围。进攻长沙，则惯用洞庭湖、湘江作为地障，以主力向中国军队的右翼进行包围。

按照这一规律以及湘北正在进行的战斗实情，赵子立判断，日军第十一军这次还是要寻找右翼来实施包围，如果把七十四军往长沙以东拉，正好是以右侧背受敌，是自投罗网。他建议，不如把七十四军放在浏阳东北，俟其余援军到达后，同时向日军外线发动进攻。

赵子立的这一建议实际上是中国军事谋略层在“后退决战”之外的另一个著名的战术思想，叫“争取外线”（当时亦称“争取外翼”），也就是把主力部队保持在日军包围部队的侧面，予包围者以猛烈的侧击，通过这样的办法来击破敌人，而不是被敌人包围和击破。上高会战实际上就是一次反包围的经典战例。

薛岳当然了解“争取外线”的价值，但他面临的现实困境是，若坐等外线进攻，长沙就有可能不守。在保长沙还是攻外线之间，他最终还是选择了前者。

不期而遇

中日幕僚体系的一个最大不同，是日军参谋层的权限和影响力都较大，师团长或军司令官往往都是按照参谋已制订的作战计划行事，有时参谋甚至直接代替主官发号施令，而中国参谋所充当的角色，倒是实实在在出谋划策，主官可以听你的，也可以不听你。

薛岳坚决要用七十四军来保长沙，赵子立也没有办法。之后，他便接到了王耀武的电话。王耀武已遵命率部前往黄花镇，但行进途中有些放心不下，于是便打电话向赵子立进行确认。

赵子立很坦率地说：“把你的部队向长沙以东拉，我是绝对不同意的。你们由东向西前进，敌人由北向南前进，我估计敌人会恰好出现在你们的右侧，你们将要与具有绝对优势的敌人发生严重的遭遇性战斗！”

说到这里，这位颇有见地的智囊压抑不住自己的郁闷：“他们（指薛岳等人）硬要这样做，真糟糕透了！”

赵子立的话很难不在王耀武的心里产生阴影，但军令如山，而且薛岳在命令中已告知会派第二十六军进行掩护。从接到薛岳命令起计算，七十四军距黄花镇不过一日行程，从理论上讲，至少在到达防区之前不会有太大危险，因此王耀武也就没有真正重视，七十四军继续成一字长蛇队形向黄花镇前进。

之前在蕉溪岭遭空袭的经历，让七十四军对日机格外提防，并加快了夜间行军的速度，然而他们忽略了地面的警戒。因为倚仗第二十六军的掩护，又想早日赶到指定地点，以便争取时间占领阵地和构筑工事，王耀武既未与前线友军直接联络，也没有派出搜索部队或侧卫部队为主力提供掩护。

9 月 25 日中午，五十七师一部以急行军的速度抢占距黄花镇约九公里的春华山，该师其余部队于第二天黎明时分到达。

王耀武不知道，第二十六军已经被日军击破，自顾尚且不暇，根本就对七十四军起不到掩护作用，更不知道薛岳命令七十四军开往黄花镇的电报又落入日军之手，阿南已传令日军第六师团做好攻击七十四军的准备。

第一个与七十四军遭遇的并非日军第六师团，而是第三师团。第三师团亦属老牌精锐师团，在此次湘北作战中风头最劲，一路过来基本没遇到过什么强悍的对手，阿南称赞该师团是立了头等大功的部队。

乘车向前线集结的中国军队。

第三师团没有接到过和七十四军作战的任务，它原本是要通过春华山直奔长沙而去的，七十四军不偏不倚，正好就闯进了其搜索范围。

9月26日，上午9点，第三师团花谷先遣队（由旅团编成）所属的池边大队在到达春华山附近时，突然遭到前方不明方向的子弹射击。由于前方为小松林所遮蔽的丘陵地，观察视野不清，大队长池边实推断，他们可能遇到了溃败的部分中国残兵，于是立即下令尖兵中队进行攻击。

一打下来才发现不对，丘陵上的中国军队不仅出乎意料地顽强，而且火力凶猛，甚至可以用重机枪进行连续射击，尖兵中队根本无法前进。

与池边大队不期而遇并交火的正是五十七师，当时他们也刚刚进入春华山，见敌就火力齐发，并不是一种轻率行为，而是要给对方一个下马威，让日军知道山上有大部队埋伏，不敢上山搜索。

池边至此才如梦初醒，知道遇上了中国军队的主力，他果然不敢恋战，趁着守军尚未完全展开，向西迂回而去。

随后开来的花谷先遣队主力自然不会这么容易就避战退走，在春华山东侧，两军展开了激烈的攻防战。五十七师居高临下，轻重机枪由疏渐密，集中火力横扫着仰攻中的日军。

如果忽略数量对比，七十四军原先配备的捷克式轻机枪和二四式重机枪，在性能上都要超过日军的同型武器。以后增加的苏式轻机枪，从仿制马克沁的马克沁－托卡列夫轻机枪，再到中国人熟悉的转盘机枪（正式名称是捷格加廖夫轻机枪），也被证明实战威力要盖过日军所使用的“歪把子”轻机枪。这样的轻重机枪火力组合，用来制压正面之敌还是非常有效的，中川大队以火炮为掩护，组织几个中队并列进攻，一时都很难攻得上去。

唯一的机会就是等机枪换弹。趁着这一间隙，万年中队猛掷手雷，方于下午 3 点 25 分冲上并占领了一五三点三高地。

一五三点三高地失守后，五十七师以侧防火力对高地进行集中射击，同时敢死队员也抱着捷克式轻机枪，前仆后继地向高地上的日军展开反击。

中川大队急忙用机枪中队进行阻击。日本九二式重机枪的整体外形酷似一只斗鸡，枪声类型听起来也像咯咯咯的鸡叫声，所以中国人把这种机枪称为“鸡脖子”。“鸡脖子”采用三十发弹板供弹，射速相对较低，连续射击能力远不如用弹带供弹的二四式重机枪。如果单挑，“鸡脖子”重机枪占不了上风，它的优势主要是数量多，日军每个大队（相当于加强营）都会配备一个机枪中队，拥有十二挺重机枪，而即使在七十四军这样中国最精锐的头等部队中，每营所设的机枪连中也只有六挺重机枪，少了整整一半。

九二式重机枪咯咯咯地狂叫了半天，共击退中方发起的十余次冲锋，而就这么半天时间，机枪子弹居然就打没了。无奈之下，日军不得不采用最拿手的白刃冲锋，这才勉强守住高地。

难解难分

下午 5 点，第三师团所属第六联队到达春华山西侧。联队派出的尖兵中队经过搜索，未发现中国军队的踪影，于是向联队长报告：“敌已退却，不见踪影，就此继续前进。”

联队长重信吉周知道花谷先遣队正在山的东侧接战，他不相信西侧会没有中国兵，便以炮队镜进行仔细观察。

炮队镜又称剪形镜，它不同于一般的望远镜，原先是炮兵用来测定坐标的一种双筒潜望镜，后也用于步骑兵搜索，其观察距离和视野都较大。透过炮队镜，重信看到了一个中国士兵的头部，马上断定春华山西侧高地也有中国军队固守。

加藤大队奉命对高地展开攻击，很快也领教到了“虎贲师”擅长固守的特点。尽管五十七师在春华山立足未久，但他们已经在高地松林中构筑出了相当坚固的阵地，而且在火力组合和发挥上一如既往地出彩。加藤大队展开攻击不过半个小时，已经不断出现伤亡，其间，他们曾一度进入高地端部，五十七师见状，即以军官带头冲杀，将日军赶了下去。

加藤大队接着投入预备队，从反攻部队的右端切入，在担任指挥的中队长下岛阵亡的情况下，经反复三次冲锋，在晚上 6 点夺下了高地。

至此，春华山被日军完全占领。五十七师师长余程万随即下令占领天鹅山，与日军对峙。

当五十七师下午激战于春华山的时候，向永安镇开进的五十八师也遇到了麻烦。作为先头部队的五十八师一七三团原以为捞刀河南岸会有友军驻防，没有料到那里早就空无一人，他们只好临时为桥梁站岗，而此时日军第三师团第十八联队的森胁大队正好沿着桥梁直冲过来。

进入永安和桥梁边的只是一七三团的少数尖兵部队，也就刚刚来得及在桥头插一杆团旗，猝不及防之下，不仅桥梁失守，团旗也被日军夺去了。

见情况紧急，五十八师后续部队进行猛烈反击，将森胁大队和跟随前进的日军第三师团司令部拦腰斩断。

正打到难解难分，土屋大队赶到，日军兵力加厚，师团司令部这才得以摆脱危机。此时虽然敌我战线异常错综复杂，但师团长丰岛房太郎综合各方面信息，仍做出了眼前出现的中国军队就是七十四军主力的结论。

丰岛看出七十四军的防守势态尚未完备，乃是乘人之危的最好时机，于是下令各部对七十四军“予以击灭”。

入夜之后，花谷先遣队首先对天鹅山展开进攻，双方激战彻夜，但在“虎贲师”面前，日军未占到一点儿便宜，至第二天凌晨，不得不退却下去。五十七师乘势发起反击，重新占领了春华山。

下午6点，日军第十八联队（含森胁大队、土屋大队）攻入永安，然后继续向五十八师实施急袭。五十八师则依托永安以南一公里的一四七高地顽强固守，战斗十分激烈。

凌晨2点，在师长廖龄奇的指挥下，五十八师突然转入反攻。霎时间，机步枪声、手榴弹声、军号声冲破云霄，震撼大地，官兵排山倒海一般地向日军猛扑过去。

到处都是手榴弹的爆炸和白刃发出的寒光，枪支之间的铿锵碰撞以及被刺杀者临死前的凄厉惨叫，让这个夜晚成了死神的乐园。五十八师连续发动三次反击，森胁大队的两名中队长战死，日军攻势因此受挫。

日军主力部队的进攻通常都是在短距离内以密集队形进行冲杀，一旦中途被遏止，便尽量保持无声无息，绝不轻举妄动。中国军队对日军的这一战术特点也很认可，称它符合《孙子兵法》中所说的：“善守者，藏于九天之下，善攻者，动于九天之上。”

可是现在不是需要中规中矩的时候。日军打破了常规，大队长森胁常市亲自指挥一个小队加入冲锋队伍，冒着五十八师的迫击炮和手榴弹汇成的弹雨，拼死往高地上猛冲。在日军不顾死活的冲击下，一四七高地终告失守。其后五十八师虽多次

中国军队跳出阵地，准备与敌人格斗。

发起反击，但均未能够奏效。

此后，土屋大队在山炮的支援下，又向五十八师据守的另一处高地——一五六高地北侧台地发起冲锋，并当即予以占领。五十八师则还以颜色，掷出的手榴弹雨点一样落向北侧台地，作为土屋大队基干的第七中队伤亡了六十余人，中队长西谷诚太郎以下军官一次性全部被毙。

当晚的激战基本是平分秋色，谁也没能够完全压倒谁，第三师团损失惨重却是一个无法回避的事实，仅第十八联队中就战死中队长八人，所属旅团伤亡达八百余人，其中大部分官兵都被毙于永安之战。

得知第三师团损失不小，阿南“深为同情”。在此情况下，第三师团还强打精神，申请击破七十四军后再向株洲追击，被阿南很体贴地驳回了。

另外，对七十四军自投罗网式地出现在自己的包围圈内，阿南又“欣快万分”，他在当天的日记中写道：“第七十四军终于进入永安市（即永安镇）附近，破敌良机业已到来。”

在研究第三师团的战报之后，阿南、木下及其作战参谋更深刻地认识到，湘北战场的中国军队虽多，有些部队的作战士气也很旺盛，但能在作战精神和战斗力方面起骨干作用的仍然是七十四军。现在既然已经掌握了这支部队的确切位置，当务之急是要一口吃掉，其他什么株洲、平江，甚至于长沙，都可以暂且放到一边。

根据参谋的意见，阿南决定集中战场上的主要兵力实施大规模围歼战。他让第三师团继续保持与七十四军的战斗接触，同时命令第六师团急速南下，与第三师团协力围攻七十四军，而其他师团则负责对中方第十军、第三十七军、第二十六军进行牵制，使之不能增援春华山。

一个很大的空隙

第六师团此前对七十四军是只闻其名，双方从未面对面地交过手。9 月 27 日黎明，前卫部队松村大队到达捞刀河畔，让他们深感诧异的是，中国士兵与其距离已经非常近，却不知什么原因，始终一枪不发。

松村大队派三个步兵中队向春华山逼近，一千米，三百米，两百米，一直保持沉默的五十七师突然发作，开始用机步枪集中猛射。子弹射来的方向非常刁钻，多为斜射、侧射，来自正面的射击很少，日军在阵地前遗尸累累，到这时，松村大队才感到自己确实是遇到了劲敌。

当天天气情况良好，日军可以投入大量的航空兵，协同第六师团、第三师团进攻七十四军，战局迅速恶化。

战至中午，在黄花镇指挥作战的王耀武发现日军防线出现破绽，遂命令五十七师步兵指挥官李翰卿率野补团迂回春华山以北，向东侧击，以支援五十七师。

李翰卿奉命向第六师团侧翼发动猛攻，一下子打乱了日军阵脚，不料一批日军援兵正好也于此时赶到战场，又从后面将野补团给包围起来。

李翰卿深知战斗已到了有进无退的关键时刻，如果不将这股日军援兵击退，不但野补团本身不保，五十七师阵地也会被敌军突破。

一般情况下，中国军队在防守时都会以火力将日军阻击于一定距离以外，为的就是限制日本兵在劈刺术上的优势，实在需要发起白刃战，也要争取在以多打少的情况下进行，但野补团既无足够火力，也无充足人数，他们别无选择，只能纵身一搏。

李翰卿跳出工事，大声疾呼："弟兄们，全局胜败在此一举，我们只能以生命报效国家了，不怕死的，跟我冲！"

李翰卿端起刺刀，率先冲向敌阵，士兵被他的精神感召，纷纷跃出工事和日军展开搏杀。在这场血腥的白刃格斗中，李翰卿以身殉国，随其作战的一千余名部属也一同血洒疆场，场面极其惨烈悲壮。

在李翰卿率部发起决死攻击之后，日军又投入第四师团一部攻击五十七师左翼，等于用两个师团同时夹击五十七师，但正是因为李翰卿部冲乱了第六师团的阵形，减轻了五十七师的防守压力。余程万重新调整防守部署，以当日即伤亡三千人的代价，顶住了日军的凶猛攻势。

这时候第五十八师却支持不住了，在日军第三师团及第六师团一部的夹攻下，参加第一线作战的两个团，仅连排长就伤亡了半数以上，力量遭到极大削弱。接着，该部便遭到分割包围，各级指挥官均对部队失去掌握，混战不到几个小时，即全师崩溃。

本来是两把宝剑，如今折了一把，王耀武只好把最后一张牌甩出来，命令作为预备队的第五十一师增援春华山，帮助军直属团收容五十八师残部。

当七十四军作战不利且五十八师业已崩溃的消息传至中国指挥中枢时，不仅薛岳感到不知所措，连蒋介石也震惊不已，因为蒋介石早已视七十四军为中国最有战斗力的部队，从未设想过这支王牌部队会面临如此困境。

为保全七十四军，薛岳不得不接受长沙可能沦陷的现实。下午 5 点，他向王耀武发出命令：全军后撤至浏阳河以北。

在三个师都已与日军纠缠在一处的情况下，不是说撤马上就能撤得下来，起码还得先挡住对方的攻势才行。五十一师前推之后，各团分别占据要点，以阻滞日军的进攻势头。当天傍晚，五十一师防守阵地再次遭到敌人猛攻，师长李天霞见日军的进攻主要集中在一个不宽的窄面上，便估计日军是想先突破一点，再延至全部。为了防止阵地被突破，他决定收拢防线，将部队由两侧向中间集中。

与五十一师相邻的五十七师因伤亡惨重，也在收缩防线。古语说得好：“祸常发于所忽之中，而乱常起于不足疑之事。”两个尚有战斗力的师不约而同地这么一收缩，在接合部上就形成了一个很大的空隙，而正是这一空隙，给七十四军引来了一场大祸。

通常情况下，日军没有夜战或夜袭的习惯，可是如果有机可乘，他们也绝不会予以放过。晚上 8 点，日军第六师团的两个联队以黑夜作为掩护，从五十一师、五十七师接合部渗入，很快就突破了五十一师阵地，并将其截击分割成数段。各个山头都吹响着日军的冲锋号，机步枪声不绝于耳，师、团、营都失去了联系，只能各自为战。

李天霞向南跑到一座小山后面的民房里，他一边派师部特务连占领山头抵抗，一边让通信连迅速寻找各团架线联系。通信连一通找，只找到两个团的团长，而这两个团长也分别只掌握一个营。

混战至半夜，特务连阵地被日军攻破，师指挥所被迫南撤。因为没有向导，走了没多远又和日军遭遇，师部被冲散，五十一师变得更加混乱。

日军发动的夜袭本来是浅尝辄止，没有想到纵兵深入，但在连续取胜的刺激下，不再有人考虑什么常规不常规，大部队乘夜直接奔袭黄花镇。

突围

湘北地形与赣北一样，以山地和湖沼为主，加上第九战区逢会战必彻底破坏公路，使得机械化和摩托化兵种基本失去用武之地，能够让日军提高运动速度的，只剩下骑兵。

此次湘北之战，日军骑兵充分发挥出其突袭作用。在与中方第九战区所属的第十军作战时，日军第十一军的骑兵联队曾取道崎岖小径，对中方第十军预备第十师最靠前的一个营发起夜袭。该营官兵正在营舍内鼾睡，日军骑兵就纵马突入，以乱刀砍杀，一夜之间就砍死砍伤了两三百人，使预备第十师乱作一团。

除了突袭前线部队，骑兵还专拣中方的指挥机构打。一军调度，全靠指挥，指挥机构一旦遭到突袭，通信被破坏，指挥意图就无法下达，部队在群龙无首的情况下，往往遇到敌情也无心应战，只能一味后退。

偷袭黄花镇的正是大队日军骑兵。当时王耀武正与战区长官部派去联络的中将

日军骑兵使用军马有严格规定，标准身高为 153 厘米，体重 460 公斤左右，无累赘之肉。

高参沈九成商量撤退事宜，对骑兵飞速杀到毫无提防。军直属部队当即被冲散，眼见日军逼近，王耀武急忙与沈九成一起钻进大路边的树林里。

王耀武的卫士排舍命进行掩护，卫士排排长被日军骑兵用军刀劈死，而王耀武自己也只差几步，因天黑才侥幸脱险，整个过程惊险之至。

当晚天阴无月，一片黑暗，对突围者来说有利有弊，其中最大的不利之处就是不辨方向，不知道应该寻哪条正确路径往后撤。五十一师师部被冲散后，李天霞及其幕僚被迫各自突围。李天霞身边有卫士，情况相对好些，一般的参谋就只能自己凭运气了。师参谋处参谋黄幼衡一个人握着手枪，背着公文包，爬上了一座长满灌木林的山头，山下村子里不断传来日军讲话、吃饭和问口令的声音，但他又不敢随便下山。

一直等到天亮日出，能够看清南面的方向，黄幼衡这才动身出发。走了十多里路，他在一户农家吃了点儿东西，将公文包连文件带包全烧掉了。因为他知道自己并没有完全摆脱危险，只有这样，才能防止重要文件落入日军之手。

果然，在接近浏阳河时，黄幼衡又遇到了日军，他想爬山避开，但是已经来不及了。两名日本兵紧随其后，用刺刀连刺两次都未刺中，黄幼衡跳下陡坡，接着跑到浏阳河边，不顾一切地跳入河中，向南游去。

日军在岸上连开数枪，黄幼衡急忙潜入水中，日军以为他中弹沉了下去，便没有再打。

黄幼衡爬上南岸后，经历千辛万苦才到达浏阳城北。副师长周志道已经在收容部队，师长李天霞也到了浏阳河南岸，正在布置防线，掩护全军收容。

在这次全军溃退中，五十一师的情况还算不错，大部分团、营、连长在混乱中都掌握着一支或几支部队，而且都把部队带了回来。其中保存最完整的是炮兵营，副营长刘炳均返回找寻各连，并以猛烈炮火向追击敌人射击。敌人在不明虚实的情况下，没有紧咬追赶，从而使得炮兵营安全返回，未受丝毫损失。战后王耀武到五十一师讲话，当众表扬刘炳均在强敌面前能够处变不惊，机智勇敢，特晋升他为五十八师炮兵营中校营长。

三个师里面，损失最大的是五十七师、五十八师。五十七师伤亡了百分之四十,五十八师受创更重，仅军官就阵亡八十五人，负伤和失踪一百四十八人，总的伤亡率接近参战官兵的一半。

折戟春华山是七十四军战史上为数很少的几次败仗之一。尽管兵败退却，但他们仍展示了铁军本色，不仅消灭了相当数量的日军，而且正因为他们的有效牵制，给阿南留下了身后的一个最大隐患——平江。

9 月 28 日，日军占领长沙，9 月 29 日又攻占了株洲，10 月 1 日，阿南认为已达到目的，下令沿当初的进攻道路北撤。这时杨森便指挥第二十军等部从平江杀出，实施侧击、尾击、阻击，使日军遭受不小伤亡，并缴获大量马匹、枪支和弹药，这也是此次湘北会战最后被宣传为“湘北第二次大捷”的主要原因。事后日军第十一军参谋长木下勇在日记中如此记述：“阿南军司令官认为不占领平江是本军的一大失策。”

在日军撤退的过程中，中方第九战区实施了全线追击，七十四军也在其列，但这样俟日军过尽，再随之“收复”失地的所谓追击，对一支从不用靠投机取巧来获取荣誉和战功的英雄部队来说，并没有多大实际意义，只是奉命行事而已。

当王耀武接到命令，部署追击时，他却不知道五十八师师长廖龄奇现在在哪里，五十八师也因此没有与五十一师、五十七师一起进行追击。

廖龄奇并不是在战斗中失踪的，也就是说阵亡和被俘的可能性不大，倒是很有可能逃到后方去。这种事情在抗战中并不鲜见，可是发生在七十四军身上，却简直不可想象，王耀武急忙电请长官部调查，调查结果令人啼笑皆非。

跛腿将军

廖龄奇原来乘火车回到了老家湖南祁阳，正准备组织民兵打游击，并请当地县长给予援助。县长致电湖南省政府，省府再转电当时兼湖南省政府主席的薛岳。薛岳一听，马上电令祁阳县政府将廖龄奇予以逮捕。

另外一个说法，是说廖龄奇在火车上与第九战区的一个高参不期而遇，是这位高参向薛岳告发了廖龄奇。

廖龄奇为什么要这么做，有人说他是在全师崩溃面前被吓破了胆，乃至张皇失措，临阵退缩，把部队都抛下不管了。不过也有人认为，廖龄奇在战将中向来以骁勇著称，不像一个贪生怕死的鼠辈，擅自离队回家应该是有另有原因——

当初俞济时煞费苦心地对五十八师人事进行调整，把原来老资格的正副师长予以调离，扶正黄埔资历较浅些的廖龄奇，是为了便于王耀武掌握五十八师。没想到的是，廖龄奇也并非一盏省油的灯，他早年在德械师第八十八师任职，曾随俞济时参加过“一·二八”淞沪会战，以后又在八十八师当过旅长，未加入七十四军之前就称得上战功赫赫。

俞济时在时，廖龄奇当然唯命是从，但对素无历史渊源的王耀武态度相当傲慢。他认为王耀武没什么真本事，能够飞黄腾达，不外乎会走关系以及机遇较好罢了。以廖龄奇为中心，五十八师军官层平时跟王耀武以及军部的关系就有些微妙，即便是善打人际交道的王耀武对之也深感头疼，将张灵甫调入五十八师任副师长，就有加强对五十八师控制的用意。

据此推断，廖龄奇很可能是因为对战区以及王耀武本人的失误感到不满，认为上面瞎指挥搞垮了自己的师，才负气走人。

不管何种原因，这在讲究纪律的军队体系里都是难以容忍的，王耀武当即将相关情况据实报告，薛岳则以临阵脱逃罪向蒋介石呈报，请求予以严惩。

会战结束后，蒋介石亲自在南岳主持召开高级军事会议，薛岳因为指挥失误的问题在会上受到了严厉批评。七十四军虽然吃了败仗，但是表现仍受到肯定，五十一师、五十八师分别被奖励法币一万五千元，王耀武及下属的两个师长余程万、李天霞被授予宝鼎勋章，当时国民党军队的勋章共分四种，宝鼎勋章仅次于青天白日勋章居第二位。

廖龄奇最倒霉，蒋介石当场宣布按革命军人连坐法予以就地处决。宣布一结束，廖龄奇即被押出，枪决于南岳庙山门外。

廖龄奇被处决一事大大激怒了五十八师的几个团长。他们认为这件事处理不公，五十八师在永安之战中同样英勇卓绝，若以功抵过，廖龄奇完全可以罪不至死。

团长们当然知道王耀武与廖龄奇之间的那种微妙关系，可也正因为如此，他们才觉得王耀武没有站出来为廖龄奇求情，显得无情无义，颇有落井下石的意味。

悲愤之下，四个团长中有三个集体辞职，不干了，五十八师的其他官兵也因师长人头落地而变得士气低落。

见此状况，向来对七十四军非常重视的蒋介石坐不住了。他破例安排让廖龄奇依阵亡官兵例优恤，以此安抚五十八师官兵之心，同时亲自批示，以副师长张灵甫出任代师长（后正式升为师长）。

张灵甫上任后，除了对原先的一些军官或慰留或提拔，还从五十一师调来一些骨干用于补充缺额，其中既包括刘炳均这样“王军长的人”，也有曾在五十一师带过的亲信旧部，比如刘光宇。

刘光宇为人有胆有识、重感情、讲义气，不过他有湖南人常说的那种骡子脾气，秉性非常倔犟，一般上司很难驾驭。可能出于这个原因，尽管他在淞沪会战中就已经官居营长，其间也屡建奇功，可是升迁并不是特别快，即便被张灵甫调到五十八师，也还只是一个团长。

调过去后，刘光宇表面上仍然跟张灵甫吵吵闹闹。部队训练时，有时看到情况

张灵甫（左一）与军官的合影。

不如意，张灵甫会对着刘光宇说气话：“明天是纪念周（国民党军队的一种制度化纪念活动），你团里有几个？”

他的意思是有哪几个官兵平时表现不好，可以拖出去枪毙。刘光宇马上给他顶了回去：“我团里没有！”

张灵甫下不了台，便说：“你们团里总是没有，明天一定要给我找几个出来。”

刘光宇干脆回答：“实在没有，要不你拿我去枪毙得了。”

两个人一个说有有有，一个说没有没有没有，每次都是同样的把戏。别人还以为他们上下级不睦，其实刘光宇平生最钦佩最服帖的就是张灵甫，只是军人直率，不会拐弯抹角，要交流也只会采用这样一种令旁人看起来目瞪口呆的方式。

张灵甫自那年在高安受重伤后，虽经医治，但未待伤口痊愈便提前归队，留下了跛足的终身残疾，此后他走路时常使用一根形似日本军刀的手杖，人送外号“跛腿将军”或“张瘸子”。“跛腿将军”不管是军功，还是威望，都在廖龄奇之上，加上又有这么一批肝脑涂地且能力出众的下级辅佐，因此掌印不久便稳住了军心。

七十四军先在江西宜春集结整顿，接着又开赴广西柳州进行补充整训。五十八师缺员最多，每连不足百人，于是由贵州拨补了部分新兵。经过一段时间的补充和训练，部队稍稍恢复了一些元气。

几个月后，七十四军再次奉令到长沙参加会战。当时各部都驻扎在柳州以南的铁路沿线，动员比较容易，登上车皮就往北走。

1942 年元旦沿着湘桂铁路出发，1 月 4 日晨即到达湖南的起点站霞流市附近。大家正准备下车徒步行军，长官部打来电话：“犯长沙之敌已败退。”

七十四军于是在衡山附近集结待命。不久传来了长沙会战获得空前胜利的捷报以及第十军坚守长沙战功卓著的嘉奖令。

长沙会战已历三次，为什么第三次长沙会战会打得这么好？第十军此番如何能做到克敌制胜，一战成功？

王耀武决定去取取经，他从军、师、军部直属部队中抽调部分指挥人员和幕僚，组成参谋旅行团（参谋团），报经长官部批准后，到会战的战场上去进行考察和旅行训练。

一切都不容假设

第九战区长官部对七十四军组织的这支参谋团非常重视。长官部参谋处处长赵子立亲自介绍了会战经过和取胜经验。

曾经有个美国记者向赵子立提出疑问：会战经过怎么和你们的作战计划一模一样，你们这个计划不是战后才印出来的吧？

赵子立当即反问：“要是打过仗才印的，是不是还可以叫作‘作战计划’呢？”

那个记者还是狐疑着不断摇头：“怎么这么巧呀？神话，神话！”赵子立说不是神话，是现实，我们确确实实就是这么打的。

赵子立并没有弄虚作假，第三次会战胜利的原因说复杂也不复杂，就是第二次长沙会战中没做到或没做好的，这次都做到位了，薛岳没有犯上次的错误，他是老老实实按照“后退决战”和“争取外线”的精神来进行指挥的。

作为这一次的绝对主角，第十军此前也参加过第二次长沙会战，但是败得比七十四军还早，而敌人还是原来的那些敌人，战区指挥思路和方法不一样，结果就完全不同。

相信参谋团的成员听到这里，肯定会别有一番滋味在心头：要是时空能够转换，把七十四军移到此次会战中的第十军位置，会怎么样呢？很可能，七十四军还会创造出像上高会战那样的辉煌，只是一切都不容假设。

比之于战区的指挥部署，参谋团更感兴趣的还是各部队的实战情况，这才是他们要考察的重点内容。考察的战场主要有两处，一处是影珠山和福临铺阵地。在这里作战的仍是第二次长沙会战中表现抢眼的第二十军，而且他们采取的战术依然还是对日军进行侧击、尾击、阻击。

据介绍，具体打法是这样：当日军沿着大路撤退时，第二十军就在山上进行射击。日军被射得恼火，于是派出一支部队向山上进攻，第二十军就向后撤退。说白了，就是捡便宜加不硬顶的一种半运动式战术。

显然，这种战术并不符合七十四军的胃口。福临铺建有“倭寇万人冢”，由薛岳的参谋长吴逸志亲自题写。大家看了都相视而笑：趁人不备时你打他，别人来打你时你又逃开，就这么打，也能歼敌万人？

说第二十军进行了自己能力范围内的适当抗击，这是事实，但要说他们歼敌万余，就吹得太过了。后来有人披露，所谓的“倭寇万人冢”是把分散各处已经掩埋的日军尸体挖出来，然后埋在一起建的坟，美其名曰“万人冢”，其实只有几百具日本兵的尸体。

从抗战时期敌我双方的军队素质和武器装备来看，要想歼敌万余，一般情况下，没有五六倍以上战斗力强的精锐部队扑上去，是绝对做不到的。按照这一标准，七十四军在上高会战中已经创造了奇迹，而奇迹是不可能屡屡复制的。

七十四军向来打的都是大仗、硬仗，不会打小仗，第二十军的打法用不上，也学不了。真正引起参谋团重视的是第二处阵地，即第十军在长沙市内的防守阵地。

第十军有太多的地方与七十四军相似，该军团长以上军官全为黄埔四期、五期的佼佼者，不仅具备一定的军事理论素质，而且实战经验丰富。团以下军官或为受过训练的军校生，或为身经百战的沙场老将。士兵的作战风格也十分剽悍，敢于和善于使用手榴弹战、白刃战，所属第一九〇师号称“忠勇师”，士兵衣袖上绣有“忠勇”二字，据说日本东京广播电台曾将之与宋哲元的大刀队相提并论。

其他诸如严格的训练、铁一般的军纪，第十军也都与七十四军有得一比。如果说在中国军队的超一流强力兵团中，有谁能跟七十四军争抢头把交椅，第十军一定名列其中。

在第十军军官的陪同介绍下，参谋团参观了市内阵地。会战已经结束，战场也早就经过打扫，然而各处遭到日军破坏的工事痕迹仍未被完全修复，有些墙壁上弹痕累累。参谋团的人全是行家，他们听出第十军的介绍中虽有夸大成分，但从弹痕和工事毁坏程度判断，防御战确实非常艰苦，第十军尽了自己最大的努力。

长沙会战中的外围机枪阵地。图中官兵所戴钢盔并不一致，军官是德式钢盔，而机枪手则是英式钢盔。

七十四军也以善于防御著称，不过以前参与的主要是野外防御战，城市防御战上的成功经验不多，而防御战能不能打得漂亮，很大程度上就是看防御阵地的构筑是否合理和周密。

第十军在街中心的十字路口建筑了坚固的机枪掩体，该机枪掩体通过交通壕和各处房屋进行联络。除此之外，其余都是凭房屋据守。各个房屋的墙脚处均开有射击孔，屋里则挖出掩体并用被子进行覆盖，这样用房屋改装出来的工事能对地空炮火进行掩蔽，里面的人可以减少被弹片伤到的危险，另外，即便房屋被炸塌，不仅于掩体无碍，反而还增加掩体厚度。

第十军的这种工事构筑法，并非其首创，早在台儿庄会战中中国军队就进行了实践，第十军只是在又一次成功运用的基础上，把它推向了极致。

充分利用周围的一切地形地物，无疑是防御战的至高境界。第十军固守长沙的经验给参谋团留下了深刻印象，他们知道，只要自己部队的实力能够完全恢复过来，有一天这些经验一定会找到用武之地。

王牌就是王牌

第三次长沙会战是在太平洋战争爆发后打响的。有人说蒋介石称不上是一个高明的战术家，但他起码是一个有远见的战略家，在抗战的头四年，一遇到局面快撑不住，蒋介石就给国人打气，说再撑一下吧，如果我们再撑一下，国际形势肯定能转变。

确如其言，进入 1942 年初，国际形势真的发生了根本性变化。日本在珍珠港对美国不宣而战，将盟国拖入了亚太战事，中国不用再独自抵抗了。

1942 年春，美国出动机群对东京实施了轰炸。轰炸结束后，飞机原拟飞往第三战区衢州机场进行降落，虽然出于气候恶劣等原因，飞行员没能如期在机场降落，但衢州机场由此成了日军的眼中钉、肉中刺，必欲除之而后快。

5 月中旬，总部驻上海的日军第十三军集中十余万兵力，开始沿浙赣路发动大规模进攻。5 月 26 日，日军第十三军总部获得情报，得知被中国称为“虎部队”的七十四军已进入第三战区。

春华山一役，七十四军尽管受挫，但其强悍的作战能力以及重创日军的战斗过程仍令日军指挥层感到后怕，惊叹七十四军是“一支相当活跃的军队”。七十四军曾经在战场上消失了一段时间，如今复出江湖，自然是善者不来，来者不善，因此这一情报立刻引起了日军第十三军的高度关注。

情报并没有透露七十四军的具体位置。日军第十三军总部推断，七十四军会被部署在预想中的衢州附近阵地，进攻该区域附近的可能性也极大。

情报是真的，推断也大致差不离。其实在日军发起进攻之前，中国统帅部也提前侦知了日军的此次作战计划，并对此做了准备。

第三战区处于长江下游的敌后区域，所辖部队不是杂牌就是游击队，无论是装备，还是战斗力，都无法和长江中游的主力战区相比。于是军委会临时决定调入七十四军等部，以增强第三战区的实力。

按照预定作战计划，第三战区将以衢州为核心与敌决战。这一作战计划也基本上是套用了内地战区“后退决战”的成熟经验。

七十四军被置于衢州外围，准备在一线兵团挫敌锋芒后，再以逸待劳进行反击。在七十四军进入第三战区后，蒋介石专门指示，对七十四军所在位置及行动须严格保密，任何人不准泄露，电报往来中更不得提及，所以日军第十三军尽管能够截获和破译中方密电，但却无法掌握七十四军的具体位置和行止。

5 月 27 日，西进日军集结于衢州东南方向，开始在七十四军的正面展开搜索。

此前七十四军已在衡山的石湾经过将近五个月的持续整训，损失兵员和战力得到了全面恢复，官兵的作战欲望都很强。五十一师首先与日军第二十二师团接战，双方激战两天，处于相持不下的状态。

三战区作为落后战区，兵站辎重非常不健全，当时江南又正值梅雨季节，赶上了六十年未遇的大暴雨，山洪暴发将桥梁都给冲垮了，导致原先就不足的输送能力更加薄弱。七十四军后勤补给的困难很大，本应补发的四百万发弹药只实得五十万发，军粮也运不上来，曾经有好几天全军不得不在山里靠喝粥度日。这些不利条件毫无疑问地影响和限制了七十四军的发挥，但王牌就是王牌，在五十一师的阻击下，日军第二十二师团死活冲不过去，气急败坏之下干脆选择绕过了五十一师阵地。

五十一师后面是五十八师，日军第二十二师团还是过不去，并遭到了异乎寻常的强力抵抗，而其他方向的日军几乎未遇任何阻力便到达了预定地点。日军第十三军总部感到很是吃惊，由此怀疑七十四军可能就潜藏于日军第二十二师团对面的山区之中。

为了找到七十四军，日军尝试了很多侦察方法。他们很早就认识到，包括第七十四军在内的中央军以黄埔系军官为骨干，而黄埔系提倡国家至上、民族至上，在抗战问题上毫不犹疑、异常坚决。这样的部队不易策动叛变和通过内线获得情报，最好的办法还是通过无线电侦听和破译密码，来了解其动态。

日军第十一军动用了多部测向器，以侦察七十四军电台的位置。因为按照当时中国军队的通行做法，无线电台总是靠近指挥机关，测出电台位置也就知道了该指挥机关的地点。

就在日军实施测向的同时，一个意外事件让他们原先的猜测得到完全证实。5 月 31 日，日军第二十二师团在公路上截获一辆中方军车，车上乘有一名七十四军的副官。该副官中弹牺牲后，日军从他身上搜到了一些文件和无线电情报，由此得知七十四军就在衢州以南的山区，军部及其三个师的具体位置也都被一一确定。

张灵甫印记

综合各方面情报，日军第十三军总部意识到，第三战区是想复制历次长沙会战的战术思想，一方面死守衢州，另一方面使用第七十四军等强力兵团从南北两侧向日军发动侧击。

每一次遭到失败，日方谋略层也会在研究之后，苦思对策。“后退决战”是以逸待劳，先削弱其力量再予以击败；而此次浙赣会战，日军第十三军几乎倾巢出动。为了进一步加厚兵力，5月31日，驻长江中游的日军第十一军也突然调出两个师团，从西线进行夹击。日军兵力出动之多、规模之大，武汉会战以来还从未有过，这使得“后退决战”很难达到原来的战术目的。

“争取外线”是要从最佳位置出发，由侧面实施猛击。日军第十三军已提前在二线设置了一个独立混成旅团，以做好迎接侧击的准备。

经过这样的安排，日军第十三军军司令官泽田茂认为暂时可以不必过于担心两翼，他的首要任务是突破衢州。

6月3日，日军向衢州发动全线进攻。除正面投入重兵外，另由其第二十二师

日军进攻衢州大南门。当时衢州有大南门和小南门，小南门指的是新城门，这两处区域的战斗都很激烈。

团攻击五十八师防守阵地，阵地上烟尘四起，枪炮声、炸弹声震天动地。

当天日军第二十二师团并没有能够取得任何实质性突破，但泽田此时的主要目的还是防止七十四军从侧面攻击，只要让七十四军“基本陷入被动地位”，他觉得已经很不错了。

见日军开始围攻衢州，中方三战区判断以衢州为核心吸引敌军的计划已基本落实，遂决定于第二天实施决战。七十四军的任务是由守转攻，将日军压迫于衢江南岸予以歼灭。

不料当晚蒋介石向三战区发来急电，下令放弃决战衢州的原定计划。理由是他已得到日军第十一军出动的消息，日军兵力过于雄厚，若仍然依照原方案执行，不仅很难取胜，七十四军等精锐部队也将遭到不必要的重大损失。

这时的实际情形确实不是你想攻就能攻，想歼就能歼的。过去像在上高会战中，侧击部队所面临的压力都很小，可是现在七十四军正面有一个日军师团，其他部队也被具有相当力量的日军压着，谁也帮不了谁。

6 月 4 日，日军第二十二师团起兵再攻五十八师阵地，战至中午时分，还曾进行迂回，试图从南面突破防线，但在五十八师师长张灵甫及时派上预备队后，只得铩羽而归。

从淞沪会战开始，张灵甫在战场上始终有一种高昂的求战欲望，以及与众不同的牺牲精神。他一手带出来的部队，从最早的三〇五团到五十八师，也都打上了特有的“张灵甫印记”，官兵打起仗来都有一股与张灵甫一样不怕死的狠劲和虎气，表现在实战中，就是攻击时快速凶猛，防守时也能够做到灵活顽强。次日，日军第二十二师团八十六联队向驻守山岭阵地的一七二团发起猛攻。战斗开始后，日军步兵跟着“膏药旗”冲锋，就跟疯了一样拼命往上扑，一七二团官兵浑然不惧，纷纷跃出阵地投掷手榴弹，当阵地面临被突破的危险时，更是多次与日军进行肉搏拼刺。

轮到要拼刺刀，阵地就有些麻烦了，张灵甫立即派上一七三团，终于在黄昏时击退了日军的进攻。这次战斗打死了很多日本兵，日军第三大队大队长岛田仁次郎当场毙命。

6 月 6 日，张灵甫接到了撤退的命令。这时敌我双方战斗激烈，寸土必争，如果马上撤退，日军一定会跟踪追击，所以必须依惯例采取以攻为退的战术。

按照事先约定，小号手一吹响冲锋号，阵地内即喊杀声四起，各种武器齐鸣。等阵地前尘土弥漫，足以遮住敌人的视线，冲锋号马上停止，官兵不待命令即跳出战壕，背负伤兵撤出阵地。

撤退途中，状况又发生意外，五十八师师部遭到一股日军的伏击。张灵甫亲自上前观察敌情，但情急之下他犯了一个低级错误，没有寻找凹面位置或使用炮队镜进行观察，而是直接趴在了堤坝边。

日军见有高级军官模样的人在张望，马上瞄准目标施射攻击。在这个距离上，狙击手射程不够，只有迫击炮或小钢炮才够得到。如果张灵甫站在山腰或土坑里，他十之八九会没事，因为迫击炮弹呈抛物线飞行，不太可能正好落在他所站的地方，可堤坝就不一样了，炮弹只要落在身后，弹片就会迸射到堤坝边上，趴在那里的人根本无处躲藏。

当迫击炮弹即将落下的时候，张灵甫的副官已经发觉，翻身就压在了张灵甫身上。炮弹落地，副官被炸断一条腿，背上嵌进十多颗弹片，张灵甫虽得幸免，双手也被炸得血肉模糊。

除了决战计划放弃前后的阻击战，七十四军此后参加的战斗皆为游击式作战，难以取得像样的战绩。王耀武组织参谋团参观长沙战场时，众人还都对第二十军的打法看不上眼，然而他们如今也只好这么干。

应该说，中国统帅部放弃衢州决战，以避免主力损耗的决策，并没有错到哪里，要说错，主要错在对日军何时主动后撤的时机把握不好。8月中旬，日军第十一军、第十三军分别后撤，但此时七十四军被转调到了福建北部，远离浙赣前线。没了七十四军，第三战区留下的各部队大多缺乏猛追歼敌的实力和意志，加上日军防备警戒较严，所以浙赣会战后期也没能像以往那样扩大成果。

在七十四军参加过的历次大会战中，这大概是最乏善可陈的一次了，好在来日方长，只要愿意，“虎部队”还有的是斩将搴旗、建功立业的机会。

凛凛虎威

陈诚有一次视察七十四军，曾对营以上军官训话时说："三、六、九三个战区发生战争，委员长（指蒋介石）在地图上先找七十四军的驻地位置。为什么？必要时，要使用你们这支部队！"

1943 年 5 月中旬，在湖南衡山整训的七十四军接到蒋介石亲自发来的电令，要求星夜兼程，前往鄂西的第六战区救急。

早在一年前，驻武汉的日军第十一军就准备进攻第六战区，只是因为浙赣会战的爆发才耽搁下来。一年后，新任日军第十一军司令官横山勇终于采取了军事行动。

第六战区各部队的战斗力和战斗意志都比较薄弱，在日军第十一军重兵攻击下，很快陷入全面溃乱。本来鄂西地理在军事上利于守而不利攻，尤其是在宜昌以西和以北地区，多为崇山峻岭，道路崎岖，有些地方只有深谷能够通行，两边皆为绝壁，人走在谷底，犹如置身井中一般。若防守部队能够利用险要固守，可以说是"一夫当关，万夫莫敌"，但第六战区也未能利用这些有利的地理条件打击敌人，致使日军在长江两岸长驱直入，直逼陪都重庆。

眼见战况吃紧，蒋介石一面让正在云南筹划滇西远征计划的陈诚赶回鄂西进行指挥，一面急调七十四军赴援，以阻止日军深入川东门户。

5 月 24 日，七十四军推进至湖南桃源。按照陈诚的命令，除五十七师留下守卫常德外，其余部队均北开到湘鄂边境待命出击。

多年的磨合，让王耀武完全掌握了部下的性格及其作战特长，对下属三师的使用也基本形成了一套固定模式。五十七师师长余程万沉稳老练，该师又有善于防守的特点，王耀武就多用来固守要点，比如这次就安排该师守常德。

五十一师是第七十四军的老底子，以擅长进攻著称，但在正面抗战中，大多数时候都是敌攻我守，因此王耀武常把该师作为预备队，与军直属部队一起行动。五十一师原师长李天霞已升任副军长，师长一职由副师长周志道接替，周志道的性格特点和邱维达相仿，不管王耀武训他有多难听，总是只卖一只耳朵，有时实在被训狠了，回去倒头便睡，醒来之后又一切如常。

参加追歼战的中国军队，正越过铁丝网等障碍物对敌人进行攻击。

在三个主力师中，五十八师攻守兼备，既攻得上去，也退得下来，师长张灵甫更有“猛张飞”之称，五十八师便往往充当为全军开山辟路的尖刀。

此前日军已攻至有重庆第一门户之称的石牌。第六战区的原计划是以石牌作为底板，待七十四军等重量级援兵到达后，对日军展开南北夹击，但日军在攻石牌不克后很快就开始了撤退。机不可失，陈诚当即下达了追击令。

6 月 2 日，七十四军开始加入追击大军。五十八师作为先锋，首先在湘西北击灭了小股日军警戒部队，接着杀出湖南，与紧随其后的五十一师一道继续向湖北松滋、公安一带突进。

浙赣会战后，鉴于日军已熟识中国军队的番号，并能成功破解中方情报，七十四军对各部番号都重新定名，其中军直属部队代号是“辉煌”，五十一师是“文昌”，五十八师是“榆林”，五十七师则依其获得过的“虎贲师”荣誉而被命名为“虎贲”。

因为做了这一番工夫，尽管日军第十一军对被其视为“支那第一恐怖军”的七十四军非常注意，且通过电报破译和空中侦察，已获知七十四军进入了鄂西战场，但并不确知其具体位置，更不知道该军正隐秘地向松滋以南的磨盘洲地区开进。

为反击第六战区的尾追部队，本来已准备撤往原驻地的日军独立混成第十七旅团奉命回援，在途经磨盘洲西南约十公里处，突然与五十一师遭遇，双方展开激烈厮杀。

在步兵接上火之后，五十一师所配属的军炮兵团一营开始向日军阵地施射。一营属于山炮营，配有十二门苏式七十六点二毫米山炮，均为改装攻击军时所装备。为了防止日军反击，他们每发炮超过四个小时，即转换新阵地重新开始射击。

趁日军被打得晕头转向之际，王耀武下令五十八师予以增援。五十八师从日军侧翼猛插过去，与五十一师协同夹击，经过几轮猛砍，基本将日军第十七旅团击溃。

日军第十七旅团是整个鄂西会战中损失最大的一支部队，一共五个步兵大队居然有三个大队长被击毙。“虎部队”如此快就出现在松滋并展现出其凛凛虎威，使日军第十一军总部不得不下令各部队尽快撤离战场，以免招致损失。

七十四军仍在后面穷追不舍，6 月 13 日，五十八师追至公安以西的虎渡河，并迅速占领河西沿岸各要点。

猛虎要过河，但日军已将渡船焚烧一空，师长张灵甫下令师工兵营搭起浮桥，于第二天凌晨全师抢渡过河，至中午收复了公安的大部分地区。两周后，五十八师又收占杨林市，为七十四军的此番征程画上了一个较为圆满的句号。

第六章

人是靠希望活着的

（常德会战）

鄂西会战结束，七十四军全军南开湘西，按照突击作战纲要进行为期四个月的整训。七十四军是无固定防守任务的攻击军，又是自第九战区调入，整训结束当然就要返回，但第六战区鉴于所辖各部的战斗力大多不强，便顺势请求军委会将七十四军留下来，以加强本战区实力。

第六战区倒是很有些预见性，不久日本第十一军就再次实施了大规模进攻，而进攻方向不偏不倚，正好直指常德。

湖南自古便有“九州粮仓”之称,所谓“湖南丰收，四川饥馑”。常德作为湘西重镇，与长沙相对，成为中国军队进行粮食补给的命脉所在。日军第十一军此次进攻，除了有牵制中国远征缅甸的行动，以及进一步削弱正面战场的抵抗能力等用意，主要还是想趁秋收后抢劫常德等地的物资，特别是粮食，以达到以战养战的目的，所以当时有国外记者直接称之为“谷仓之战”。

日军在常德战役中使用的战术，依旧未放弃其“利用地障进行包围”的惯用战法，系以洞庭湖作为地障，从常德以西进行包围。如果说区别，主要是兵力上的加厚，除了第十一军兵马大部压上，第十三军还调来第一一六师团助力，使攻击部队超过了十万。

同样,中方的御敌之策也没有脱离“后退决战”与“争取外线”这一兵学思想，军委会在研判日军即将发动攻势后，便决定以七十四军主力扼守常德，其余各部利用沿途山地和河沼展开侧击和伏击，同时集结攻击兵团，相机从外线对日军实施反击。

11 月 4 日，敌情已很明显，第六战区司令长官孙连仲于当晚电令七十四军五十七师在常德设防，七十四军其余部队开往桃源，以策应常德保卫战。

没有一个能上来搭把手

所谓用法之妙，存乎一心，兵学原则毕竟不能代替具体实战。11 月 14 日，在日军主力的凶猛攻击下，石门失守，友军残部朝慈利突围。溃兵为了抢渡过河，争相拥挤，淹死了许多人，火炮、弹药也全部丢光。

第六战区沿途侧击和伏击的包袱还没抖出来，前线部队就已经被人家打得落花流水。从战场态势来看，石门和慈利互为掎角，构成了常德西北方面的屏障，乃常德会战的外围战场，外围出现险情，常德保卫战也就提前亮起了红灯。当天五十一师和五十八师即奉命从桃源出发，与日军争夺外翼。

11 月 15 日晚，两师一前一后，分别到达各自的集结位置，五十八师一个营在慈利以北的赤松山占领了前进阵地。第二天，从石门出发的日军第十三师团第六十五联队沿石慈大道向慈利疾进，黄昏时分，其先头部队与五十八师派出的搜索小队遭遇并发生枪战。

11 月 17 日晨，日军第六十五联队主力向赤松山发起攻击。在此前的作战中，第六十五联队基本没花多大力气，沿途守军被稍击即溃。就在前天，他们发现山中潜伏着中国士兵，还特地耍了个诡计，让伪军吹集结号，结果真的出现了许多中国兵陆陆续续下山集合，然后被其俘虏的奇观。

可那说的是之前，赤松山的守军虽然只有一个营，战斗却十分顽强，日军第六十五联队攻了一整天，直至日落都没能把山头攻下来。

在强攻未果的情况下，日军转而改变了原来横冲直撞的姿态，偷偷摸摸地对赤松山发动夜袭。山上守军坚守不退，因寡不敌众而全部阵亡。

激战赤松山，让日军第六十五联队意识到慈利这里的仗绝不会像石门那么好打，联队长伊藤义彦决定以夜色为掩护，一鼓作气地对慈利以东高地实施占领。孰不料，此处高地早已被五十八师主力抢先控制。当日军企图从羊角山一侧的山道摸上来时，遭到五十八师的猛烈阻击，不得不溃退而去。

11 月 18 日拂晓，日军第三师团一部也向五十八师右翼的亮垭进犯，结果遭到五十一师、五十八师各一部的协同夹击，日军死伤过半。

虽然暂时守住了主阵地，但这个时候局面已经有些不对劲了。可以明显看出，慈利正面不止一个日军单位，而其他部分的日军还在不断往慈利方面涌来。再往附近一看，友军全在溃散，没有一个能上来搭把手，七十四军实际上是在孤军奋战，多面受敌。

军委会也不是不知道七十四军在常德战场上的困境。为加强七十四军的力量，石门失守的次日，就任命王耀武为第二十九集团军副总司令（仍兼七十四军军长），并临时把第一百军调拨给王耀武指挥，组成王耀武兵团。

第一百军原来就是中央军番号，但在战绩上一直乏善可陈，直到浙赣会战，该军所属部队被打得溃不成军，军长也被撤职查办。战后军委会拟对其进行整顿，蒋介石第一个就想到了王耀武。

所谓千军易得，一将难求，部队好不好，全看将领会不会练兵。王耀武会不会练兵，看看他一手带出来的七十四军就知道了。如果说五十一师、五十八师本来就基础不错，能成大器，五十七师中途才加入，原先也无籍籍名，然而经过王耀武的调教，居然就成了尽人皆知的“虎贲师”，你还能不相信练兵之人有多么重要吗？

蒋介石把一百军交给王耀武练，并允许他通过自行举荐来安排该军的军官人事：军长、师长、团长、营长、连长，你觉得谁当合适，报上名来我就批。

王耀武举荐的一百军军长是原任七十四军副军长的施中诚，施中诚履任时还带去了一批七十四军的骨干，这样就等于在一百军身上注入了七十四军的血液。经过王耀武、施中诚一年的整训，一百军的战斗力果然大为加强，并升级为军委会新的直属部队。不过也正因为经营不易，军委会一再告诫王耀武，一百军根基还不强，实战中绝不能像七十四军那样拆开使用，以免让日本人把好不容易搞起来的架子冲散了。

11 月 19 日，一百军第十九师先期到达位于慈利以南的漆家河，但是军长施中诚和一百军主力仍在桃源，尚未能够赶来会合。王耀武明知前线兵力薄弱，但又不能把十九师单独派上来，而只能先让五十一师、五十八师在慈利坚持着。

当天慈利一线战况激烈。日军全力向两师主阵地发动攻击，飞机大炮乃至毒气弹都用上了。五十八师的羊角山等阵地一度动摇，张灵甫指挥两个营从两翼出击，

常德会战，中国军队冒着敌人的炮火往前冲锋。

通过白刃拼杀才使阵地得以稳定。五十一师方面更险，阵地五易其手，都是周志道率部拼死再夺回来的。

为避免五十八师的突出阵地被日军分割包围，王耀武命令张灵甫放弃突出部，收缩阵地与五十一师相接，以便能够守得更长久一些。

慈利一带群山叠嶂，七十四军占据的新阵地乃是标高三百余米的高地，斜面险峻，且处处是断崖峭壁，相对利于防守。日军第六十五联队白天很难取得进展，只好又趁晚上发动突袭。联队各部通宵不眠不休，几度夜袭，一线部队才往前面挪动了一些，之后就死活攻不上去了。

惊险的一幕

日军第六十五联队在慈利屡攻不下，让师团长赤鹿理中将很是不爽。11 月 20 日晚，在参谋长的陪同下，他来到第六十五联队本部，阴沉着脸对伊藤联队长下达严令："今晚一定要迅速突破当面之敌，进入指定地点！"

无功受赏，固然会令人头轻脚重，而明明看得战功就在前面，却无论怎么伸手都捞不到，也够让指挥官苦恼和焦虑的。上司不顾实际情况的死逼，则更增加了伊藤的这种情绪，然而为全局着想，他也只能把那些眼睛已经熬得通红的部下组织起来继续作战。

下午 6 点，第六十五联队经过强行突破，仅仅占领了防守阵地的一角。一个小时后，仍未取得任何进展。伊藤急了，便亲自指挥联队本部随步兵大队突进。

这时天色黑得像墨团。联队本部跟着跟着跟丢了，伊藤只能一边前进，一边通过无线报话机来了解各大队状况。

为阻遏日军的夜袭，五十一师、五十八师各派一个营向日军两翼出击。就是这次出击打了日军第六十五联队一个措手不及，日军立刻陷入混乱之中，伊藤拼命向周围呼叫，但各部都忙于混战，联系很快就中断了。

在这场防守反击战中，七十四军采取以攻对攻、以袭对袭的战术，不仅成功击退日军第六十五联队的攻势，还缴获机步枪三百余支、骡马四十余匹以及诸多军用品。

伊藤在失去与部队的联系后，只得孤军前进，行至夜半时分，在余儿垭北侧高地遭到包围。当时联队本部除了指挥机关，仅有一个军旗小队可用以作战，众人全都傻了眼。

11 月 21 日拂晓，七十四军的攻击逐渐加强，而伊藤依然未能与他的部队取得联系。下午 1 点 30 分，一枚手榴弹在军旗下爆炸，伊藤右腿被弹片击伤，三名卫兵或死或伤，联队本部几乎就要支持不住了。熬到下午 4 点，大场大队的一部赶到，这才把惊魂未定的伊藤从危机中给捞出来。

除与日军第六十五联队进行较量，七十四军还击退了其他单位日军发起的攻击，防守主阵地屡失屡得，反复争夺达四次之多。将士在战斗中都极其奋勇。五十一师营长张集光冲锋陷阵，不幸以身殉职。另一名营长周德民不仅负重伤不退，还率部生俘日军第三十四师团的六名士兵。

战场硝烟仍没有丝毫散去的迹象。五十八师某部在山顶挖战壕时，侦察兵通过望远镜观察到日军摸过来，双方立即展开激战，士兵孙影萍直到晚年仍清楚地记得："大概是下午 6 点钟的时候，日本兵冲了上来，我们拼命把日本兵打下去，一直打到凌晨两点过后，日本兵越来越多……"

有一天晚上，又发生了惊险的一幕。五十一师营长张集光在冲杀中阵亡，另一名营长周德民负重伤不退，率部生俘日军第三十四师团六名士兵。

当天晚上又发生了惊险的一幕。五十八师炮兵营营长刘炳均率领全营在村中待命，为了解补给情况，他给军部兵站打了个长途电话。兵站站长告诉刘炳均，日军绕道袭击了后方，现在已到达龙潭河，他们兵站正准备搬家呢。

过了不久，军部经过炮兵营所在村庄，刘炳均看到王耀武的随从副官也在其中，便问他军部要到哪里去。

不问犹可，一问刘炳均被惊了一跳，因为军部要去的地方正是龙潭河。

刘炳均说："那里现在有敌人，非常危险，难道你们不知道？"副官茫然不知，显见得兵站所获知的敌情，应是军部在出发路上发生的事。

刘炳均急忙拉着副官去找王耀武。见到王耀武，刘炳均把前后经过一说，王耀武也大惊失色，问电话还通不通。刘炳均点头说通，王耀武马上说："走，到你们营部去。"

到了炮兵营营部，王耀武接通兵站站长的电话，问明情况后，又在军用地图上察看了一会儿，当即决定变更部署，同时将军部移向新的地点。

如果不是刘炳均及时报告敌情，军部很可能在毫无准备的情况下遭到日军的夜袭。这是王耀武出任七十四军军长以来第二次遇险，事后他连称侥幸，也对部下的

正在组织进攻的日军。

救护之恩铭记在心:“到底他（指刘炳均）是跟随我多年的人，才会这样关心啊！”

迂回龙潭河的是日军佐佐木支队。王耀武用半个小时，亲自给各部打电话，部署应对措施。接到命令后，五十一师、五十八师各从正面抽出一部，会同军直属部队对佐佐木支队进行夹击，粉碎了其突袭七十四军指挥机构的计划，但五十八师侧翼已遭割裂，若硬顶下去，正面阵地势必遭到包围。

11 月 22 日，为避免被敌抄袭，同时为了与十九师合兵一处，使自己处于更好的外线攻击位置，王耀武命令五十一师、五十八师撤出慈利，将阵地转移至漆家河以南。

孙影萍所在的部队是在深夜撤退的，老百姓在前面带路，他们在后面跟着走。夜晚看不到亮光，士兵只能一个扶着一个，前面说靠左就靠左，说靠右就靠右。孙影萍年纪小，走在队伍的最末尾，和几个伙夫走在一起。道路崎岖坎坷，途中有五个挑着行军锅的伙夫，一不小心掉进了河里，当时天黑，大家都急于撤退，没有谁能照顾得了谁，孙影萍只听见他们的喊声:“哎哟，痛死我了！”至于他们最后有没有获救，根本就不知道。

天快亮时，部队走到了日军军营的侧面，日军发现动静后立即开枪，子弹从远处打来，咻咻作响，一颗子弹正落在孙影萍左脚前一点儿的地方，噗的一声，眼见泥土溅起老高。当时孙影萍先出的是右脚，如果先出的是左脚，大腿就要中弹了。

日军使用的三八大盖穿透力强，子弹很难停留在中弹者的体内，所以一般都是贯通性，问题是日军违反国际公约，经常使用一种开花弹，中了开花弹之后，伤者即便不死，骨头也会碎裂。孙影萍的战友潘一新就是因为被开花弹打中大腿而终身残疾。

虽然侥幸未死，也未受伤，但孙影萍在走了三天三夜，也饿了三天三夜后，还是与部队走散了。就在他精疲力竭，几乎要坐以待毙时，一位老乡救了他，给他吃了一碗饭，靠着这碗饭，孙影萍得以恢复体力，重新与部队取得了联系。

七十四军官兵并没有白白地付出。就在撤退的路上，孙影萍亲眼看到许多被打死的日本兵，在他印象里，这些日本兵都是矮壮矮壮的，脸上留着络缌胡……

表率作用

1943 年 11 月中旬，王耀武兵团（含七十四军与已集结完毕的一百军）奉战区命令转守为攻，试图打通与五十七师的联系。日军第十三师团与佐佐木支队则向黄石、九溪收缩，以阻止七十四军主力向常德东进，掩护其正在进攻常德的主力之侧背。

五十七师自鄂西会战起便驻扎于常德，虽然只驻守了半年，但这支部队还是给常德人留下了极好的印象。

抗战初期，一些中央军体系的军队在军纪方面都非常严格，很多部队甚至动不动用死刑来处罚那些抢夺或骚扰百姓的士兵，有人仅仅是从居民手里夺了一桶井水就被长官给亲手击毙——在西方人眼中，这也说明中国军队其实并不尊重和珍惜士兵的生命，毕竟只是一桶水而已，完全可以用关禁闭之类的办法进行处罚。

武汉会战时，英国记者阿特丽曾在汤恩伯的部队待过一段时间，她看到住在农民家里的士兵会帮着做家务杂事，并且和孩子们一道玩耍。如果谁家壮丁被征去打仗了，士兵还会帮助这家人收割稻谷。至于强买强卖的情况，她从来没有见到过，倒是有几户人家杀了口猪摆在村口，预备卖给士兵。

不过这反映的仅仅是抗战早期的情况，随着战争越来越漫长和艰苦，能够始终如一保持严明军纪的部队已变得凤毛麟角。时任常德县政府建设科长的岳其霖接待过很多驻常德的国民党军队，他直言，五十七师在国民党军队中是罕见的，因为这支部队从不强买强卖，不拿老百姓的一针一线，也没有一个官兵会在娱乐场所骚扰生事。

不但如此，一到秋收季节，五十七师还会分派士兵帮助农民收割稻谷。所有去帮忙的士兵都自带农具和食物，饭也自己煮，拒绝地方上给予招待和报酬。

身为少将师长，余程万本身就起到了表率作用。他不像有些国民党军官只会坐在司令部里打麻将或陪姨太太，而是经常深入民间、了解民情。

常德是湘西重镇、川桂门户，历来为兵家必争之地。武汉失守后，其战略地位更为突出，因此驻军不断，历任驻防部队也无一例外地都要构筑防御工事，这对当地政府和民众来说是一个非常大的负担。每当驻军需要当地协助时，都只派下级军官与县政府打交道，这些军官尽管官衔不大，却动不动就打官腔、摆架子、吆五喝六。

余程万不是这样，他都是亲自登门拜访，而且态度和蔼、平易近人。如果需要地方上供给构筑工事的材料，他一定会问有没有什么困难，需不需要派部队帮忙运输。

岳其霖有一次身患疟疾，在常德又买不到治疗疟疾的奎宁，余程万竟然亲自为其找到草药单方，又在探视时送来，从而救了岳其霖一命。对一个普通的县政府工作人员都是如此，遑论对待其他人。

大战来临之前，余程万自然而然地把保护常德老百姓的生命财产安全放到了首位，当局势日趋紧张之时，他便在县政府的配合下，动员城内居民进行疏散。

从抗战初期常德遭日机轰炸起，城里的商贾富户就已携家迁居乡间，留在城里的只是一些机关职员、贫民与小商小贩。余程万的要求是这次全部疏散，城内不准留一人，不肯走就强制疏散。

为了迅速疏散，五十七师还派士兵帮助老弱居民搬运物资，其间不向民众收取分文报酬。常德城南为沅江，出城需要渡河。渡河船上也有五十七师的士兵在维持秩序，每船一兵，不许船户贪财超载，也不许向乘客趁机勒索多收船费，因此渡河时秩序井然。

县政府与五十七师相处融洽，县长戴九峰和余程万私人之间的关系也很好。戴九峰不仅尽力协助五十七师部署防务，做好战备，还对余程万说："你守常德，我与你共同抗敌，我们一起与城池共存亡。"

戴九峰说到做到。在县主任秘书带领县政府人员出城疏散后，他和警察局长、岳其霖三人以及百名警察留了下来，分别协助五十七师防守城内和城外的飞机场。

截至11月10日，城内老百姓已疏散一空。五十七师官兵各就各位地驻守于第一、第二道防线，只在陡码头和小西门两处设置岗哨，严禁闲杂人等出入，以免影响布防。

在日军合围的头天晚上，负责机场一块的岳其霖为了向戴九峰请示，凭借特别通行证进入城内。此时全城一片漆黑，且静得可怕，他用手电筒照去，发现街道上由于无人行走，有些地方已经长出绿苔。在这种情况下，没有一个士兵敢于擅自闯入民房或盗窃财物。

以火攻毒

第三次长沙会战时，王耀武曾组织参谋团学习第十军守卫长沙的经验，时隔两年，以防御见长的五十七师也担当了城市守卫者的角色。

历来驻防常德的部队都是各搞一套，推翻原来的，再重新构筑新的工事，而且他们喜欢把防御地域拉得很远。这在防守专家看来都是愚蠢的做法：另起炉灶，在劳民伤财的同时，阵地也不一定就比原来更坚固耐用；防守阵地过广，只会摊薄防守兵力，增加被敌攻击的空隙。

余程万化繁为简，他将所属三个团的主力集中起来，分别拨至三面——常德防御为背水作战，城南有沅江为天险，一定程度上减少了防守压力，只需在东、西、北重点设防即可。

防御阵地主要分为三个层次：第一层为外围城郊据点，第二层为城垣核心阵地，第三层为城内从东到西的街道。按照第十军守长沙的经验，还在各据点构筑出许多

常德前线临时指挥所，将领们在商讨作战方案。

钢筋水泥碉堡。

自 11 月 18 日拂晓起，日军开始向常德城郊迫近。五十七师工兵营事先在城郊道路上埋设了大量地雷，使日军在行军过程中就接连出现伤亡，也相应减缓了其前进速度。

战斗打响之前，余程万亲自到外围阵地视察。当来到位于西北郊沼泥湖阵地时，他对一七〇团连长上官英说：“沼泥湖阵地的坚守，对常德保卫战至关重要，希望你连务必死守，要有勇猛杀敌的精神和与阵地共存亡的决心。”

上官英听后慷慨作答：“请师长放心，以后战况不论如何残酷，只要我一息尚存，全连官兵一定与敌人血战到底。”

在常德外围，三个团基本都是以这样一连乃至一排的方式守卫阵地，而他们所面对的往往是一个大队或加强大队的敌人。战斗中守军唯一的办法，就是千方百计地节省兵力和提高作战效率。

当日军试图破坏铁丝网、鹿寨等障碍物时，官兵一般并不急于进行射击，要等大部分日本兵穿过缺口以后，才以侧射和斜射火力予以交叉急袭，同时射击时坚守“三不打”准则，即看不见不打、瞄不准不打、打不死不打。除此之外，防御战中的各种战术和战斗要诀也都被一一搬出来，反复加以运用，包括逆袭战、夜袭战、肉搏战、手榴弹战等，应有尽有。事后传闻，当战事紧急时，到一线送饭的炊事兵甚至用绳索将手榴弹系在扁担上，用扁担甩手榴弹，居然也能甩出数十米炸伤敌人。

仅在泥沼湖一线，日军就集结一个加强大队，连续发动了九次攻击，但均被密集的火力网压制，无法前进一步。在外围的其余方向，进攻也同样很难取得进展，日军不由得一个劲儿地惊叹：“守军抵抗十分顽强。”

三部曲搞不定，又想到了放毒气。从拂晓到黄昏，日机轮流轰炸并投下催泪型毒气弹。以七十四军如今的规模，不可能将防毒面具配备齐全，有的部队连军官都没有，士兵更不用说了。虽然可以用湿毛巾遮住口鼻，但许多人仍出现了流眼泪、咳嗽乃至呼吸不畅的现象。余程万于是下令收集全城木炭，以山草点燃，用火将毒气冲入空中。这叫以火攻毒法，早在第一次长沙会战后即有友军发现并采用，以后逐步在全军得到了推广。

随着时间的延续，集结在常德外围的日军越来越多，攻势越来越猛。守军的防御工事经常被炸毁，战前官兵准备了一些用于加厚覆盖的木头，此时就趁天黑拿出来全力进行抢修，修好后再战。

日军飞机大炮的轰炸使后勤方面出现严重困难，茶饭渐渐变得有上顿没下顿。士兵只能以身上所带的炒米充饥，饿了就先胡乱抓一把塞嘴里。

喝水也成了大问题。附近本有澄清的水塘，但因炮弹、炸弹不停地往水塘里落，加上漂浮的死尸，清水已经成了臭水。这种情况下，必须舀出臭水沉淀一会儿，把下面的杂物倒掉之后，才能再将上面的水喝掉。

各作战单位与上级联系，依赖的主要是电话线。战斗中，好多电话线都被炸断了，起初部队还组织轻伤员抢修，到后来伤员都上去打仗了，没人修，于是班、排、连阵地都由此转变成了各自为战的一座座“孤岛”。

死伤者还在不断增加。坚守泥沼湖的上官连共有百余名官兵，如今包括连长上官英在内，只剩下了七个人，有的营已不足百人，编一个连都不够。

五十七师不得不对外围部队重新进行编组。余程万冒着炮火，再次到外围阵地进行视察，他告诉众人：“现在军长率领五十一师、五十八师及一百军已进抵常德近郊，与敌军鏖战。我们胜利会师有望，要再坚持几天。”

军中之胆

余程万企盼与王耀武兵团会师，是 11 月 22 日以前的事，当时从常德西北隅还可以隐约听到激烈的枪声，但在 11 月 22 日以后，他就无法做如是想了——随着五十一师、五十八师主力撤出慈利，不但七十四军短期内会师无望，常德西面也门户大开。

当天，日军第一一六师团一二〇联队进攻河洑，守卫河洑的一七一团二营一天之内打退日军八次冲锋，全营仅剩三十余人，只得从阵地撤出。日军第一一六师团占领河洑，完成对常德的左翼包围圈。

同一时间，日军第六十八师团二三四联队进攻德山。德山乃沅江南岸的唯一制高点，若守军能凭险据守，必能予敌重创。守德山的部队是临时划归五十七师指挥的一个步兵团，尽管余程万一再严令该部死守，但这个团还是在稍作抵抗后即撤离阵地。

随着河洑、德山先后失守，五十七师的外围据点大多丧失，后方补给线也被截断。余程万决定将主力收缩至第二层城垣核心阵地。

当主力部队奉命后缩时，偌大一座常德城已经十室九空，到处是日机轰炸后留下的断垣残壁以及狼藉凌乱的各种遗弃物。种种迹象表明，五十七师所面临的情况非常严重。

人是靠希望活着的，但希望不是空气，它得有源头和条件的。抗战时期，日军在制订对中国军队作战计划时，通常按照一比十的兵员比例，以一个大队（相当于加强营）来对抗中国的一个师，对于七十四军，则采用一比三甚至一比二的比例，以一个联队（相当于加强团）对抗七十四军的一个师。到了常德会战，这一比例反过来了，而且日军数量还是守军的数倍之多：五十七师只有一师之众，围城的日军却有第三师团、第四十师团、第六十八师团、第一一六师团，共计四个师团！

纵使五十七师有三头六臂，要想长久守城，也非常困难。眼见与七十四军主力的联系已被切断，余程万只能寄望于来自长沙方面的增援，薛岳在电报中告诉他，第九战区已派出两个军星夜驰援常德。

日军在常德会战中投入兵力之雄厚，大大超出第六战区或王耀武兵团所能承受的负荷，只有相邻的第九战区参与，两大战区协手，才有击退和击败日军进攻的可能。

常德至长沙有一百多公里，而且公路遭到破坏，坑洼难行——破坏交通是把双刃剑，会给敌我双方的运动同时造成困难。显然，如果要跨战区作战，就需要提前调兵，否则无法及时参战。然而战前薛岳出现了判断错误，他根据第一次长沙会战的经验，认定日军又是和上次在赣西北时一样，使用了声东击西的战术，即先向湘西佯动，然后再出动主力由湘北正面进攻长沙。基于这一考虑，他没有在第一时间将湘北兵力调往湘西。直到湘西数县沦陷，常德城形势紧张万分时，他才手忙脚乱地调兵增援。

薛岳电报中所说的那两个军，应该是指第十军和第五十八军。在常德被包围时，这两个军或是还未出发，或是尚在途中。

只要有援兵便有希望，五十七师选择了继续咬牙苦撑。余程万向各部发出通令：“发扬我虎贲之光荣传统，以最大牺牲的决心，和敌寇战至最后一个人，最后一颗子弹！”

七十四军军歌中唱道：“我们在战斗中成长，我们在炮火里相从。”随着日军从城郊逐渐逼近城垣，用于支援步兵的炮兵团开始发挥作用。

七十四军炮兵团一共三个营，除了二营因系野炮营，不便山地作战仍留驻衡阳，其余两个山炮营均参加了常德保卫战。在郊外日军进入火炮的有效射程后，炮兵团在观测所内测定了日军阵地的射击诸元，并制作了相关图表。

一切准备就绪，随着炮兵团长金定洲一声“预备——放”的口令，二十四门苏式山炮一齐轰响，将日军阵地炸到“失声”。紧接着，其中的八门山炮按预定计划转移射向，朝日军冲锋部队发射装有定时引信的榴霰弹，暴露于地平面的日军步兵纷纷中弹倒地。

自鄂西会战后，中美联合空军便开始实施反击。空军第四大队在大队长高又新的率领下，集结于恩施，并将恩施北门外的江河畔机场作为前进基地。常德会战期间，飞行员都坐在驾驶舱里，随时处于一级战备状态，只要信号弹一响，他们就立

中美联合空军的美国飞行员在 P-40 战斗机前留影，机身“虎”图像下是中国空军的机徽。

刻驾机飞往常德。

当炮兵团施射时，双方航空兵也在空中展开了角斗，其中一架日机中弹负伤，只得降低飞行高度，紧贴地面飞行。就在这架日机低飞掠过炮兵阵地的一瞬间，炮兵排长田少猷端起轻机枪，一梭子弹就把飞机打了下来。周围欢呼声四起，余程万听闻，当即将田少猷提升一级，并报请军委会记功嘉奖。

火炮乃军中之胆，特别是在防御战中更居重要地位。通过集中配备和机动使用，炮兵团以逸待劳，对日军进行了有效的压制和摧毁。然而距离的拉近也是相互的，大家用火炮都能轰击到对方，相比较而言，开始建立起来的日军炮兵阵地在力量上更为强大。

苏式山炮的特点和好处是比较轻便，每门山炮都可分解成为八大件，由骡马或人力进行抬送，但它本质上是一种轻型榴弹炮，其口径和射程都不及重型榴弹炮或加农炮。后者被称为野炮，主要由马匹或车辆牵引，日军到联队一级就进行了装备。11 月 23 日，日军用野炮对城垣阵地进行轰击，破坏了多次工事，布上部队（第一一六师团一〇九联队）趁势对北门阵地发起进攻。

联队长之死

李超当时服役于一七一团，他所在的七连奉命进入北门阵地加强防守。日军继野炮的长距离炮击后，又出动飞机空袭，炸弹雨点般落下来，北门阵地被炸得烟火弥漫。

如果部队缺乏训练或准备，空袭是很可怕的，但如果训练有素兼预防得当，便可以将损伤降到最低。按照防空袭原则，此时除观察员留在阵地上观察敌情，其余人员都进入了碉堡或掩蔽所。

空袭结束，部队又迅速返回射击位置，这时布上部队扑了上来。官兵赶紧把子弹推上膛，同时拧开手榴弹的保险盖。

当与日军相距只有两百多米时，李超发现对方数量非常多，仅他们这一连的当面就密密麻麻地分布着两百多人。以少打多，大家的心情都非常紧张，每个人都屏住呼吸，手指紧紧扣住扳机，不过谁也没有在无命令的情况下抢先开枪。

当日军接近至一百多米，连长下达了“打”的命令，全连集中火力，一排排地扫过去，前面的日军死伤过半，后面的日军则边打边退。除了李超班留守碉堡，其余班排全部参加了追击，并且一直追到五百多米开外才收兵回营。

布上部队当天组织多次冲锋，可是无一例外都被守军这种严密的火力网挡住，部队无法前进。至黄昏时，联队长布上照一决定召集步兵大队长到后方隐蔽处开会，准备发动夜袭。

布上骑着马往开会的地方跑，不料他所在位置恰在守军迫击炮射程之内。一发迫击炮弹飞过来，乘马被直接命中，布上以及附近的师团作战参谋田原弘夫被当场炸死。

联队长之死令横山勇大吃一惊。按照原计划，进攻常德之战由日军第一一六师团长岩永汪负责指挥，但常德城如此顽强的阻击能力，迫使横山勇改变了主意。他将指挥权收归第十一军总部，并决定隔一天再发动总攻。

11 月 24 日，日军各师团开始实施总攻前的准备。与之前的进攻不同，总攻行动把对南门的进攻也添加了进去。

为防止日军从南面水路来袭，五十七师工兵营已提前采取了河道沉船的措施，即以河道为封锁点，将木船系上铁锚沉入水中。另外还有一个办法是向江中注放石油点火燃烧，同样可以阻碍日军船只。

尽管如此，日军第三师团仍设法用汽艇、木船组成突击队，计划强渡沅江。第六联队长中畑护一在一一安排渡河点和渡船之后，亲自赶到江边对五十七师的河防设施进行侦察。隔江望去，北岸的鹿寨和铁丝网赫然在目。一座由砖石垒砌而成、高达七至十米的灰色城墙巍然矗立，城墙上修筑着一连串阵地，上面都配备着机关枪。在南门和望楼附近，还设置着一门山炮，显见得这是一个非常坚固的防御体系。

中畑等人正在感叹强渡会有多么不易，对岸已将他们的行踪尽收眼底。五十七师立即进行射击，陪同中畑侦察的第三大队长簗场市郎左卫门第一个倒霉，其手腕被子弹打了个对穿过。

中畑见势不妙，急忙撒开脚丫子，率众人往联队本部逃跑。这时五十七师已通过无线电话将情况通报给了中美联合空军。正在空中盘旋的战斗机群跟踪追击，其中的两架 P-40 战斧式战斗机对着目标较为明显的中畑猛烈扫射，将他收进了死亡名单。

中畑的指挥风格以果断犀利著称，还曾参与过入侵东南亚的战争，在部队中享有一定声望和威信。他被击毙后，为免动摇军心，相关消息都未敢立即对外公布。

短短两天，接连两名联队长毙命，这在日军侵华战争中极为罕见。作为一种报复兼火力侦察措施，中午时分，日军以强大炮火对常德外围据点乃至城内阵地进行轰击，多处阵地因此遭到破坏，炮团三营营长何宗珮被炮弹击中身亡。

11 月 25 日，凌晨零时，日军开始总攻。第三师团先放空船顺沅江漂流而下，船沿上扎有草人，舱内则透有微弱的灯光，为的就是引诱守军射击，以窥测防守阵地的虚实。

通过这一“草船借箭”式的花招，日军得以进一步掌握南门内的基本火力配备情况，随后便用野炮对暴露出来的火力点进行覆盖。在炮火掩护下，日军第六联队的士兵登上自编竹筏以及抢来的民船，快速向对岸划去。

野炮支援持续了一分钟，守军似乎真的被日军炮火完全压制住了，起初一弹未发。就在日军船只到达沅江中流时，城内位于侦察阵地的迫击炮营突然开火，迫击炮弹在日军船队中逐一开花。日军被炸得人仰船翻，士兵的尸体、军旗和随身装备在沅江上浮浮沉沉，随波漂流，返回南岸的船只也带回不少死伤者。

半小时后，日军先头部队方才登岸并向上空发射蓝色信号弹。应该说，为了这次强渡作战，第六联队上下做足了工夫，部队一律轻装，从士官到军官全部穿胶鞋，为了能够在夜间进行识别，还规定了特殊信号：分队长佩白色袖章，小队长斜挂白色布带，中队长斜挂两条白色布带。

可是预想和现实往往不是一码事。白天隔岸侦察时，好像全都看得很清楚，然而到了夜晚，连行动方向都难以辨别，更不用说集结进攻了。一个晚上过去，日军在南门的进攻不仅毫无进展，而且伤亡不小，包括第十中队中队长武藤正宏在内的一批官兵均被击毙于城下。

“凄绝”的战斗

战场上又出现了暂时的沉寂。天亮时，炮兵排长田少猷走出掩蔽所，来到位于城墙上的观测所观察敌情。他刚调好炮对镜的焦距，开始转动镜头进行观察，日军狙击手就瞄准了他，啪的一声，一颗子弹径直穿过田少猷的头部。

田少猷中弹牺牲，是日军再次进攻的前奏。继南门之后，东西北三座城郊据点也都经受了不同程度的考验。双方激战终日，均死伤惨重。布上部队继联队长被毙后，第三大队长岛村长平大尉跟着毙命，与此同时，中方一六九团郭嘉章营长、一七〇团邓鸿钧营长先后在战斗中牺牲。

余程万在常德采用的是一种类似于斯大林格勒保卫战那样的战术，即在废墟中层层抵抗，步步设防。见城郊据点难以守住，五十七师主力进行主动撤退，并在撤退前烧毁了部分城郊民房，以烟火来阻止敌人的追击。

随着夜幕降临，五十七师已退至城垣核心阵地，日军第三师团、第四十师团、第六十八师团、第一一六师团也紧跟着推进到了城门附近，并积极寻找机会入城。

在外围阵地逐步失陷的过程中，岳其霖等县政府工作人员和一些逃避不及的群众相继被俘或被杀。看到这些情况，余程万再三对常德县长戴九峰进行劝说：“你那几条破枪和警察对守城不起什么作用，何苦留在城里做无谓的牺牲？不如乘半夜渡沅江突围出去。”

在余程万的苦劝下，戴九峰率领警察渡沅江而撤。不料中途还是遇到了日军，几十名警察皆力战而死，戴九峰仅以身免，事后深为王耀武所赞许，被调至七十四军任职。

留在城内的士兵继续投入战斗。他们的心中仍充满希望，因为大家都知道南岸的七十四军兄弟师正在拼命向北攻击，以策应城池保卫战，西路、北路、南路的第六、第九战区部队也正向常德靠拢。除此之外，中美联合空军的飞机开始向城内空投弹药、粮食和药品等物资，尽管所投物资有限，很多还错误地投到了江中，但多

常德会战后，参战官兵实地演示当时的作战经过。

少减除了守军的一些燃眉之急。

五十七师即将投入的，是被日军称为“凄绝”的作战。由于必须抽出相当大一部分力量阻击常德周围的中方援军，日军除第一一六师团可以全力以赴，其余师团都只能以大队形式参加攻城，所以在进入攻城阶段后，横山勇仍任命第一一六师团长岩永汪为攻城指挥官，对攻城行动进行统一指挥和调度。

日军第一一六师团的三支主力联队以原联队长的名字命名，分别为布上部队（第一〇九联队）、和尔部队（第一二〇联队）和黑濑部队（第一三三联队）。11 月 26 日，岩永汪将攻击北门的布上部队主力抽调至东门，与第六十八师团的一个步兵大队协同对东门进行攻击。

守军在通往东门的道路上埋设了许多地雷，同时依托民房进行顽强阻击。日军越接近城墙，守军的抵抗越激烈，导致他们根本都不敢走道，只能靠破坏民房的方式逐屋前进。就这样，当布上部队到达距离东门城墙约一百米的地方时，便再也动弹不得了。

当天，岩永汪将和尔部队派到西门，黑濑部队派到北门，分别攻城。北门原属布上部队攻击范围，在主力被调到东门后，仍留有一个大队原地展开攻击，但直到黑濑部队增援而来，“北门正面之敌仍无动摇迹象，依然时时用迫击炮轰击城外民房”。

三讨不如一偷，第一三三联队长黑濑平一决定以联队炮为掩护，对北门展开夜袭。当时传闻和尔部队已经突入西门，黑濑估计，北门守军的抵抗也会因此减弱，夜袭没有理由不成功。

晚上 8 点，黑濑部队进入突击准备位置，已推近至外壕近处的联队炮兵透过民房，提前对外壕内的守军阵地进行炮击。令黑濑意料不及的是，守军在防守上依旧坚挺，迫击炮的火力甚至不比他的联队炮差多少，企图冲上城门桥梁的日军死伤惨重，夜袭最后也以失败而告终。

北门守军这种不依不饶的劲头，说明他们并没有受到其他方向日军的牵制或影响。黑濑不得不怀疑和尔部队突入西门的真实性，他本想给岩永汪来个惊喜，到这时候也顾不得了。

给师团指挥所打去一个电话，那边回答得很爽快：所谓占领西门，纯属误报！

阿喀琉斯之踵

11 月 27 日，晚上 8 点，五十七师一七一团的王剑强连长对南门阵地进行巡视。巡视结束，当他返回指挥所的时候，突然感觉到强烈震动，随后就听到了密集的枪炮声。原来是日军正使用九二式步兵炮，对防守阵地上的轻机枪碉堡进行破坏性射击。

九二式步兵炮被日军称为“大队炮”。它的体积小，移动起来灵活便捷，可以直接用于摧毁阻碍步兵前进的碉堡和火力点。同时响起的还有轻重机枪子弹的呼啸声，其中夹杂使用了大量的红绿蓝色曳光弹。在黑暗中，曳光弹一闪一闪的，人的眼睛在受到刺激后，看什么都模糊不清，也很难发现敌人。对训练不足的补充新兵而言，能够构成不小的心理威胁。

王剑强意识到，敌人是在“明修栈道，暗度陈仓”，火力攻击是假，对南门发起偷袭是真。果不其然，有人前来报告，说已有日军在用长梯攀登城墙。

王剑强立即率领四名老兵登上城头。此时日军也刚好渗透进来，爬上来的两名日本兵与王剑强狭路相逢，双方都不约而同地开枪射击。虽然王剑强先用手枪将对方撂倒，但自己的左腿也中弹并当即摔倒在地。

紧接着，又有四五名日本兵向他扑来。手枪打空了，再要换子弹已经来不及，情急之下，王剑强不顾一切地从城头上滚了下去。

这是一个迫不得已的选择，幸亏没有摔伤。中弹的腿部还在流血，但在当时情况下无法下火线包扎，王剑强就自己把绑腿解下来，扎紧大腿用以止血，然后再指挥全连继续堵击。

一七一团团长杜鼎闻讯赶到，他和连长们一起，组织部队从三面对城头敌人进行包围，最后将偷袭进城的日军全部予以歼灭。这一战，一七一团的损失很大，仅王剑强连的伤亡率就高达百分之八十。

当天晚上，和尔部队也在西门实施了偷袭，可惜同样是损兵折将，除第三大队长葛野旷大尉阵亡外，该大队所属中队军官全部非死即伤。

就在日军对常德城的围攻几乎陷入僵局的时候，黑濑经过多方侦察，终于发现了城防上存在的一个最大薄弱环节。

战前为了扫清射界，五十七师拆除了城外数万间民房，然而因为本身也要依托民房进行层层防守的缘故，民房并没有拆除干净。到弃守城郊据点时，这些民房就要烧毁，但城西北尤其是一部分民房的围墙未遭到彻底破坏，这使得日军能够以围墙为掩护，比较轻易地接近外壕。

另外，因为过分依赖和相信外壕的阻碍作用，防守城西北的部队偏重于城门附近的防守，对离城门较远的外壕防御则有所忽视。

毫无疑问，这是常德城防的“阿喀琉斯之踵”。黑濑如获至宝，赶紧向师团长岩永汪进行报告，同时建议把一一六师团的攻击重点放在常德城的西北角。岩永汪采纳了他的这一建议，随后便将联队炮（山炮）、速射炮（步兵炮）一齐配属给了黑濑部队。

黑濑部队突然集结于城西北，也没有跟航空兵打声招呼，结果日机误把他们当成了中国军队，劈头盖脸地扔了一堆炸弹下来。黑濑部队尚未出击，便出现了大量伤亡，一时混乱不堪，好不容易才得以恢复平静。

晦气归晦气，但黑濑找到的这个攻击点显然是恰当的。11月28日拂晓，联队炮、速射炮在最近距离内对守军火力点进行射击，将碉堡逐个击毁，堡内将士多被掩埋。

根据信号弹的指引，炮火的破坏射击随即转换成支援射击，日军开始强渡外壕，也就是护城河。

护城河宽十五米至二十米，无法徒涉。黑濑部队先使用橡皮艇和附近抢夺来的民船实施强渡，渡过外壕后，立即以密集队形向守军阵地攻击前进。

此时守军已遭到极大伤亡。一七一团李超所在的班，包括班长在内共有七人战死，工事也受到极大破坏。李超被任命为代理班长，他的左眼被弹壳炸伤，鲜血直流，但仍与其他弟兄浴血奋战，击退了敌人一次又一次冲锋。

一七一团团副亲临前线督战，见日军攻势越来越猛，而城垣防御阵地又大部被毁，难以坚守，便命令部队撤入城，准备巷战。

11 月 28 日，上午 11 点，黑濑部队在付出较大伤亡代价后，终于从北门突入了城内。黑濑部队因此受到表彰，被日军第十一军司令部授予了奖状。

弃鱼捞虾

大凡攻城战，守军在前期都会拼命防守，一旦城破，其防守意志十之八九会立即崩溃。然而五十七师并没有因西北角城防被突破而受到根本性冲击，北门守军似乎只是换了个战斗位置，退到城内来防守而已。

在通往城内的道路上，到处都是守军的碉堡，五十七师凭借碉堡顽强抵抗，同时中美联合空军也从空中进行扫射，黑濑部队一进难以取得进展，只能尽量避开道路，通过民房向前突进。

常德城内的民房当然不是为了给日军做防弹衣用的。第十军在第三次长沙会战中行之有效的工事构筑法，在常德再次得到了成功运用，黑濑部队连续出现较大伤

五十七师与日军展开近战、巷战，常德城几成废墟。

亡，进展极不顺利。

在东、西门，守军仍然是一步不退。正如余程万在通令中所说，“无论敌寇对我们施以如何大的压力，我们的答复就是血，就是死，就是光荣”。负责东门守卫的一七〇团的一个营只剩下不到一个班，西门的连排长伤亡殆尽，各部队便把所有能填补的人员全都填补上去，师部、团部、营部的副官、军需、军医、文书和勤杂兵均持枪上阵作战。

早在 27 日，五十七师已消耗了百分之八十五的弹药。在补给线被切断、子弹不足的情况下，官兵们就用手榴弹、刺刀、枪托乃至石头、城砖作武器，把长梯上的日军打下城头。迫击炮兵则奉命用炮火封锁突破口，同时截断日军后续部队的涌入。

在日军步兵炮的轰击下，东门城垣曾一度出现缺口，日军顺势朝缺口处涌入。千钧一发之际，迫击炮兵连座盘阵地都来不及构筑，就用直接瞄准的办法向敌人开火。

炮弹带着呛人的销烟，呼啸着飞向城垣缺口，一发接一发，速度和密度不断加强，令日军无隙可入。

唯一没有爆发激烈战斗的是南门，因为横山勇做出了一个新的决定。

日军战史在叙述各部进攻常德的状况时，连连慨叹他们遭到了“出乎意料之外的顽强抵抗”，以及“城内巷战敌人抵抗极其顽强”。当时的日军第十一军司令部也对此感到分外吃惊，横山勇判断，五十七师如此坚韧，恐怕还是因为被逼得太急了。

想想看，人家被你围得密不透风，连条退路都没有，能不跟你玩儿命吗？

作为军司令官，横山勇不能光用战术的眼光来审视常德战役，他还必须跳出常德，看到常德以外——无论是常德以西的王耀武兵团，还是常德以南由第九战区派来的第十军，都在向常德中心区域极力推进。

就战略角度而言，增援常德并不是中国统帅部的唯一目的，它更可能达到一箭双雕的效果，即用五十七师来牵制和消耗攻城部队，同时调动在城西和城南的主力，以野战的方式来围歼和消耗迂回常德的日军。

与幕僚人员研究后，横山勇认定，要想消灭眼前这支国家观念极强，并且在中国国内负有盛名的五十七师，不仅要付出数倍的伤亡代价，还将延长作战时间，影响全盘战略，是个很划不来的买卖。

简单点说，就是鱼很好吃，可是不能因为想吃鱼就让自己的喉咙被刺给卡住。横山勇决定弃鱼捞虾，也就是不再以完整歼灭五十七师为目标，只要占领常德城，就赶紧撤兵。

当天横山勇向指挥攻城的岩永汪发出命令，让他开放常德城的一侧，使第五十七师得以撤出。按照命令，岩永汪将进攻南门的日军第三师团第六联队撤至东门，让出了南门这一带地区。

在28日的战斗中，为应付险情，五十七师把仅有的炮弹都用完了，无论是火炮还是迫击炮，炮弹都全部告罄。没有炮弹的火炮等于一堆废铁，毫无用处，炮兵们只能取下炮闩，卸下瞄准镜，然后拆卸炮筒、炮架，将其全部埋入地下。

余程万下令将城内炮兵、工兵和师部人员全部编队，由一七一团团附率领，改换成步兵装备参加巷战。

没有火炮，接下来的巷战还能坚持多久，余程万心知肚明。11月29日，他向第六战区发去最后一份电报："弹尽，援绝，城已破。职率副师长、指挥官、师附、政治部主任、参谋部主任等，固守中央银行，各团长划分区域，扼守一屋，做最后抵抗，誓死为止，并祝胜利。第七十四军万岁……"

这份电报给第六战区长官部造成极大震撼，司令长官孙连仲看完，当场泪如雨下。

每一天都很艰难

余程万发出电报后，即和出任代副师长的原参谋长陈嘘云等人巡视几个巷战据点，并对附近正在抢修工事的一百多名官兵进行训话。余程万已经几天几夜没有睡好觉，两眼发红，而且全身上下都布满了泥灰，但这位戴着白手套的师长仍显得精神抖擞。他慷慨激昂地对官兵们说："虽然现在我们伤亡很大，但日本鬼子的伤亡更大，希望全体官兵继续奋战，为保卫常德与日本鬼子血战到底。不成功便成仁，不当亡国奴！"

简短的训话，激发了大家的斗志。余程万下令在每条街道口各设一掩体，同时打通市区房屋。

紧急情况下，附近商店的各种袋子都被拿出来，装上土后堆成掩体，就连附近糕点厂的一块大案板也被抬过来，筑成了机枪掩体。

利用一上午的时间，官兵们打通了各条街道的房屋，包括五十七师设在兴街口中央银行内的师指挥所也被打通——木头房拆掉板壁，砖瓦房沿墙打洞，窗口和大小门一律垒上沙包，房屋内的东西都被用作巷战掩体。

黑濑部队接到命令："烧毁常德市街，迅速取得成果。"日军开始点火焚烧房屋，但是城内几乎所有民房都是坚固的砖墙或土墙结构，大火无法蔓延，双方还是只能进行逐屋争夺。

五十七师喊出了"有一墙守一墙，有一壕守一壕，有一坑守一坑"的决死口号，把每一座房屋、每一条街道、每一堆废墟，都变成了杀敌的战场。日军每前进一步，都要付出血的代价。

29日下午，黑濑部队进至百街口。一七一团李超班与五六个敌人展开白刃战，他们先是在街上对刺，接着又一直打到附近的染织厂。白刃拼刺对身眼步法等要求很高，李超因为左眼负伤，观察不便，结果大腿被从左边冲过来的日本兵刺了一刀。幸亏他的战友眼疾手快，迅速开枪射击，把这名日本兵给打死了。

李超班全歼了敌人。这时传令兵送来余程万的命令："师长命令全体官兵，不准临阵脱逃，誓死不当亡国奴，不成功便成仁。"

李超因为腿部流血过多，被抬至百街口的一处民房包扎。天黑后和其他三十多个伤员一起，被担架员转送至城外安全地点。这说明在横山勇“围三阙一”的情况下，五十七师是可以撤退的，所以余程万才会特地再发一道“不准临阵脱逃”的命令。

当天白天，布上部队沿着东门被炸开的城垣缺口突入了城内，并以密集的扇形队形向前推进。在日军进入机枪的有效射程后，守军以一阵急风骤雨般的猛射，将冲在前面的敌人撂倒了一大片，其余敌人赶紧卧倒散开。

日军用来对付机枪掩体最有效的办法无疑是步兵平射炮。在平射炮的猛烈轰击下，守军的机枪掩体遭到严重破坏，机枪火力也受到压制。原本已散开卧倒的日本兵趁势一跃而起，向守军冲来。

除了向守军的主阵地实施正面攻击外，敌人还分出部分兵力从侧翼进行迂回，随着双方距离的不断拉近，子弹像雨点一般地落进了交通壕和散兵坑内。

在近战中，中国军队真正赖以消灭敌人的是迫击炮弹和手榴弹，尤其是在巷战中，若能把握好手榴弹的投掷时机，就可以把它的威力发挥到极致。眼看日军越来越近，指挥官一声令下“投弹”，手榴弹一个接一个地甩向敌群，炸得敌人血肉横飞。

在抗战中，中国军队因为步兵火力不足，往往会更多地依赖手榴弹来压制进攻的日军。当时使用最多的是巩县兵工厂生产的木柄手榴弹，巩县手榴弹也由此和捷克式轻机枪、迫击炮一起，被并称中国抗战的三大法宝。

利用手榴弹爆炸时掀起的硝烟尘雾和敌人瞬间的慌乱，士兵们迅速跃出工事，转入二线预备阵地。二线阵地是离主阵地不远的几幢尚未被完全破坏的二层楼民房，守军占领二楼后，居高临下向敌人射击，死死卡住了通往市中心的交通要道。

除东门被日军突入外，和尔部队也在晚间突入小西门（西门防守阵地分为小西门和大西门），但五十七师依然沉着防守，使日军死伤惨重。

在常德外围，五十一师、五十八师向敌人发动猛攻，激战至 30 日拂晓，完全占领了黄石市、漆家河两要点。第十军的第三师在同一天攻进日军第六十八师团司令部所在地及其后方医院，并于傍晚拿下德山。

德山与常德城一水相隔，仅十数里之遥，而城内的五十七师又不肯弃守常德突围，这让日军第十一军司令部甚为不安。横山勇一面严令第十三师团、第三师团、第六十八师团等部死守要地，阻挡外围援军形成合围或直接增援，一面敦促一一六师团加紧围攻，务必尽快占领常德。

11 月 30 日晚上，日军一一六师团长岩永汪将战斗司令所迁入常德城内，他亲自视察了第一线，并竭力给各部队打气——行下的秋风，望下的雨，你们给我可着劲再往前拱一拱，没准守军就会撤了。

由于有战斗力的兵员越来越少，五十七师也开始紧缩阵地以节省兵力。官兵们利用颓壁残墙和瓦砾堆构成的复杂地形，东一枪西一枪，还不时投上一颗手榴弹，用这种声东击西的方式弄得敌人晕头转向。

对所有选择坚守的人们来说，在城内度过的每一天都很艰难，但同时孕育着突围和获救的希望。他们饿了就吃炒米，渴了喝冷水，偶尔有人从糕饼坊找来一包糕饼，也会高兴得相视大笑。

最后一点努力

12 月 1 日，巷战进入决战阶段。敌我双方以东西直街为界，五十七师占领南半城，一一六师团占据北半城。

在距离相当逼近的情况下，日军用平射炮向守军据守的民房内发射了燃烧弹。

由于天气久旱，民房内部的木料非常干燥，被燃烧弹一点即着，霎时烈火熊熊，一些来不及从房内转移的官兵皆葬身火海。

火舌随风飘动，其他相距十几米的房屋也都不点自燃，很快，城内民房十之八九皆成废墟，守军失去了屏障和依托。四处弥漫、能见度极低的烟雾，也为日军的行动提供了掩护，他们三五成群，开始逐屋搜索和捕捉五十七师官兵。

守军的防御区域急剧缩小，剩余部队只能依靠少数残破碉堡奋力支撑。更严重的是，日军不断炮击和施放毒气，使得城内水源遭到破坏，渐渐地，大家连冷水都喝不到了。

战士们挖掘地面，试图找到新的水源，可是掘地三尺不见一滴水。人暂时不吃东西可以支撑，缺了水却不行。尤其是在激烈的战斗中，人们会忘记饥饿和睡眠，不想吃饭，只想喝水。

断水的恐惧在过去只是想象，现在则成为现实的考验。先是口干舌燥，唇皮开裂，接着便是眼睛发花，胸口发闷，浑身有气无力，就好像得了一场大病，濒临死亡边缘一样。防守阵地上，一时间呻吟声不绝，有人在不得已的情况下只能靠喝自己的尿来解渴。

当天王耀武兵团虽排除万难向前挺进，然而其侧背却遭到日军第十三师团钳制，不得不又退回去。第十军第三师的境遇更令人唏嘘，他的第七团在晚间已突进至常德的汽车南站，城里的人可以听到城外打信号弹和吹号，但就是只闻楼梯响，不见人下来。

有人认为援军是不肯渡河到城区赴险，所以才会假模假式地只发发信号，表示援军到了，在壮壮城内守军的胆的同时，也顺便敷衍一下他们的责任。事实上这是错怪了援军。第七团能够看到城内一片火海，也听到了炮声隆隆，可是因为没有船，他们无法渡过沅江与守城部队会合。

正在第七团想办法找船的时候，日军第六十八师团从四面合围过来。第七团增援不成，反陷入包围，经过英勇抵抗，最后仅有少数人突围退回德山。

留守德山的第九团不久也遭到日军围攻。第十军另外还有两个师，但这两个师在并列前推的过程中都遭到了日军的分割堵击，以致自顾不暇，无法增援德山。其中预备第十师尤其伤亡惨重，该师因遭到日军第三师团的伏击，师长孙明瑾将军阵亡，整个师指挥层几乎都被打掉了。

12 月 2 日，城内守军遭到分割包围，部队已无法维持建制，只能各自为战。双方短兵相接，使中方轰炸机群飞临常德城上空时，都因敌我距离太近且难以区分而无法投弹。

当天下午，日军突破大西门防线。至此，五十七师仅剩下兴街口中央银行至笔架城这一小块阵地。日军也遭受了极大伤亡，布上部队的代理联队长铃木兼雄被子弹贯穿右下腹，因重伤而被送下火线。

从 11 月 20 日常德遭受日机轰炸开始算，这座有“湘西重镇”之誉的历史名城经历了 12 个昼夜的摧残，早已成为一片废墟。废墟之中，戴有“虎贲”袖标的五十七师官兵尸体和日军尸体混杂一处，横七竖八地倒在地上，又造成了血流成河、尸堆如山的惨烈景象。

下午 3 点，德山方向由远而近传来了沉闷的密集炮声，有人说是友军的增援部队正在逼近常德城。大家精神为之一振，准备里应外合，配合援军出击，可是将近黄昏的时候，炮声却逐渐稀远了。

炮声是第三师第九团做出的最后一点努力。第二天，在日军第六十八师团的猛攻下，该团自团长以下大部分阵亡，五十七师从南面获援的希望也由此终结。

反而是西面五十一师组成的钻隙支队派人进入常德城，与五十七师取得了联络——可惜只有数十个便衣敢死队员，根本不能对局势起到任何缓解作用。

12 月 3 日，凌晨 2 点，炮兵团长金定洲突然接到师部指挥所的电话，说余程万正在笔架山的一间民房里召开紧急会议，要他速往参加。

天色漆黑，天上下着毛毛细雨，周围什么也看不清楚。金定洲带上副官，沿着笔架山的小路悄悄地前往会议地点。途中要经过孔庙，一七〇团余部还在那里与敌军激战。

五十七师的几名团长都被召集了过来。当金定洲进里屋开会的时候，副官便和几名卫士一起在堂屋坐等。

在焦急地等待了半个多小时后，忽然听到外面传来一阵猛烈的枪炮声，哨兵告诉大家，孔庙失守了。这时会议也结束了，余程万先从里屋走出来，后面跟着出来的是团长们。

会议的结果是：突围！

救命船

常德保卫战进行期间，正值开罗会议召开。会议期间，蒋介石向美国总统罗斯福表示，中国一定能够守住常德，罗斯福在听取蒋介石的战况报告后，将余程万的名字记在了自己的备忘录上。12 月 1 日，蒋介石从开罗飞抵重庆，获悉常德战况后，他特地致电余程万，表示五十七师在常德奋勇歼敌的事迹，已“引起全世界各友邦最大之敬意”。

能够得到全世界的关注乃至尊敬，当然是件再好不过的事，但问题是五十七师已撑不下去了。余程万召开紧急会议，会议的焦点也不在于要不要突围，而在于大家不能全部突围，必须有人拖后掩护。同时因为五十七师撤出常德这件事，并没有向战区报告并得到许可，所以也要分出少部分力量留守以做交代。

据说会议一开始，是余程万命令一六九团团长柴意新率部突围，他自己率收容整补的一个加强连继续与敌军进行巷战。不过在军队里，这样一种方式也可以被理解为，在所有团长中，柴意新是余程万最欣赏和最亲近的一个，在此危难之际，余程万有让柴意新留守的意思。

柴意新毫不含糊，立即说：“师长为全师希望所寄，希望师长早日突围，我在此死守，等师长率援军来解围。”

会议最终决定以一六九团余部和一七一团一部合计五十一人，由柴意新指挥，负责牵制敌军。

谁都知道留守意味着什么。柴意新当时新婚才七个月，他这么做需要极大的勇气和真正无私无畏的精神。吴荣凯时任一六九团上尉书记，柴意新对他说：“你也去（指突围），和孙团长（一七〇团团长孙进贤）、杜团长（一七一团团长杜鼎）他们一起。”

常德城内的水星楼，这里是巷战最激烈的地点，敌我双方在此处展开过极为残酷的白刃战。

把自己的团长单独留在城里，吴荣凯心里极不乐意，于是摇摇头："我不去。"

柴意新急了："我是在这里拼命，我命令你马上出城！"

吴荣凯只好说："团长，那我服从命令，我走了。"

他给柴意新敬了一个礼，才回头走了两步，柴意新又叫住了他："告诉你啊，沿途小心。"说着，他把手往前面一指。

那一刻，吴荣凯的眼泪唰地就从脸上流了下来。

由于孔庙失守，不在会议地点附近的已无法直接通知，只能用发射信号弹的办法告知。还有的零散部队是在用话机呼唤团指挥所无果的情况下，自行向后联络，才知晓了突围的决定。

撤退人员登梯越过南门城墙，即撑船离岸。五十七师战前在沅江沿河吊楼下藏了几条木船，数量不多，当炮兵团团长金定洲赶到岸边时，余程万所乘的船已经离岸，他正好赶上一条带着卫兵的军官所乘的木船。在这条小船即将离岸的瞬间，金定洲跳上了船，岸上的几十个人见状，也纷纷跳下水，朝小船游去。

众人很快就抓住了船沿。由于船少人多，船只逐渐失去重心，往一边倾斜，眼看就要翻掉了，船上的人顿时乱成一团。卫兵发现不对劲，挥起一柄缴获的日军指挥刀便朝船沿砍去。当即有一个人被砍断手沉入水中。其他人还没有爬上船的人赶紧哀求，说我是师部副官，又或者是师部军需，但此时说这些都没用，除非你是余程万。

卫兵继续挥刀，人们哭骂着一个个沉入水中，情形惨不忍睹。金定洲发现自己的副官也在水中，眼看卫士的刀就要砍到副官头上，他急忙制止：“他是我带来的副官，请让他上来！”

卫兵听后方才收起指挥刀。金定洲抓住副官的手，拼命往上拉。副官已经有气无力，若不是金定洲救他一命，即便不挨刀也差不多要完了。

船上没有桨，只能用木板代替，他们借助强劲的东北风划到对岸，与德山方面的友军会合。

这是最后一条救命船。后来者以及部分负伤官兵，只能仰卧或徘徊河边，其中一些人沿着沅江北岸摸索，在天亮前脱离了险境，但是更多的人所面临的命运，不是牺牲，就是被俘。

12 月 3 日晨，柴意新率部固守华晶玻璃厂。他们多次击退敌人的进攻，在打光所有子弹后，又端起刺刀做自杀式冲锋。冲锋过程中，柴意新身中四弹而亡，所部五十一人也全部遇难。

上午 8 点，常德沦陷。中方轰炸机群共三批九架对城内展开空袭，黄昏时，岩永汪不得不将大部分军队撤至城外，只留下一部兵力在城内担任守备。

既然已经占领常德，横山勇便准备撤退，但是他的上司，“中国派遣军”司令官畑俊六劝他从长计议，对撤退计划做出变更。

心有余而力不足

原先畑俊六并不是这么想的。原先他认为由于发生常德会战，正向云南方面集结的中国军队已有不少被牵制在常德战场，中国远征缅甸应该不会顺利进行了，也就是说，只要横山勇能够攻占常德，就基本达到了作战目的。

畑俊六突然改变主意，缘于在 11 月 25 日，台湾新竹遭到了驻华美国飞机的空袭。尽管在此之前，中美都曾派飞机空袭过日本，但主要还是起宣传、震慑作用，此番空袭则已不仅仅限于宣传，而是进入了战略轰炸的实际层面。

有证据表明，美国未来还可能将有“超级空中堡垒”之称的 B–29 重型轰炸机大批派到成都，从中国西部出发，直接空袭日本本土。

这件事让日军大本营受到了强烈刺激。于是大本营让位于南京的“中国派遣军”总部考虑发起“打通大陆作战”，其目的是摧毁美国驻华空军基地，以及打通纵贯中国大陆的南北铁路交通线。

南京总部内的参谋长期以来都想打大仗，但是一直没有条件，现在听说大本营有此想法，众人全都兴奋不已。倒是畑俊六表现得比较冷静克制，他叮嘱总参谋长：“这是一件大事，不能轻易接受，要进行充分的研究。”

在太平洋战争爆发后，“中国派遣军”一直充当日本陆军补给源的角色，其兵力被不断抽调至太平洋战场。早在“打通大陆作战”之前，“中国派遣军”总部就曾秘密策划过“四川作战”（也称“五号作战”），也因太平洋战局不利而不得不予以中止。

俗话说得好，小来穿线，大来穿绢，有多少财力物力，才能办成多少事。畑俊六非常清楚，在现有情况下，要发动任何超大规模战役，都必须从东北及日本内地抽调必要兵力，否则绝无取胜的可能。

畑俊六左右盘算的时候，正好接到第十一军发来的“完全占领常德”电报。在给横山勇拍发贺电的同时，畑俊六突然意识到，将来要实施“打通大陆作战”，首要的任务是击破薛岳的第九战区。在这一过程中，第六战区的去留动向显得非常重要，如果第六战区从侧背进行支援，毫无疑问会对进攻日军造成不利影响。

这样就涉及了一个绝对不容忽视的细节，即“打通大陆作战”的出发点设在哪里为好。畑俊六的判断是，从常德附近发起作战最为理想。

按照畑俊六的指示，总参谋长急忙向第十一军拍发电报：“关于从常德返还的时机，要暂时待命。”

对横山勇而言，上级的这份电报几乎就是在打主意揉搓活人。常德会战开始以来，日军第十一军已减员一万，而其前后补给线不过一条。此外，常德外围的中国军队仍在不断围攻，第十一军随时都有遭到包围的危险。

横山勇给畑俊六的答复既消极又冷淡：兵力所限及其他原因，缺乏确保常德的信心。这次暂且让我们返回原驻地，以后想来常德再说。

简单答复之后，不等畑俊六和大本营进行商议，横山勇便自顾自地撂了挑子，命令各部按原定计划北撤。

常德沦陷后，中国统帅部一再向孙连仲和薛岳发出训令："无论常德状况有无变化，决依既定计划围攻敌人。"各部队奉令行动，但是第十军为增援常德而遭到重创这件事，显然让大家或多或少都产生出心理阴影，没有几支部队敢于大胆实施包围、迂回、分割和穿插。即便行动最为积极的王耀武兵团，也因当面之敌较为顽强而推进困难。

直到 12 月 7 日，一支部队侦悉，日军在常德车运频繁，来是空车，去是覆盖得很好的重车。他们得出结论，日军正在运送伤亡人员和抢劫的物资，是准备逃跑的征兆。

第六战区长官部收到情报后，急电各军，准备实施追击战。第二天，日军果然开始退却。

在常德城郊，有一座东西向的小山，叫太阳山，在山上驻守的是五十七师

参加常德会战的中国士兵，手里拿着缴获的战利品，应该是芥子气罐。

一六九团三营。在师主力撤出城郊撤点后，三营仍然一直固守着太阳山，从 11 月 22 日起算，共守了十六个昼夜。

能够坚守这么长时间，首先是缘于地形有利。太阳山虽然不高，但毕竟也是高地，易于守军发挥火力，相反，当日军从无屏障的平地向上仰射或冲锋时，就要困难得多。其次是到了后期，日军大部队已将重点转向常德城，围攻太阳山的只是小部队，且附近有可以饮用的小水塘，不致受断水之虞。尽管如此，到战事结束时，曾经五百余人的一个营，也已锐降至不足五十人。

12 月 8 日午夜，全线突然陷入沉寂。营长对大家说："看来敌人是退却了，我们本应出击，但是我们现在都趴着，连站都站不稳了，真是心有余而力不足啊！"说完，他喟然长叹。

由于察觉到中国解围部队已经非常接近，后路有被包抄截断的危险，日军一反常态，完全不做清扫战场与巩固占领区的动作，甚至连阵亡官兵的尸体都来不及处置，就匆匆忙忙地撤出常德，冲出了中方还未形成的包围圈。12 月 9 日上午，已与七十四军军部及五十一师取得联系的余程万率部进入常德城，并亲手将一面崭新的国旗插上了小西门的城楼。随后他派人通知三营，让该营撤出太阳山，到常德城内的天主堂集合。

三营幸存官兵还是第一次与经历浩劫后的常德面对面，这使他们感到触目惊心：城内面目全非，一片断垣残壁，有几处还冒着余烟。

参加集合的五十七师余部不足千人。余程万和步兵指挥官周义重先后讲话。当周义重说到全师会战初有一万七千人（一说为八千多，似不确），现在还不到百分之五时，大家都哭了。

不名誉的污点

常德会战结束两个月后，蒋介石在南岳会议上进行讲评。会上，蒋介石对七十四军尤其是五十一师、五十八师在外围的优异表现做出了特别褒扬，称他们以六个团对抗近六个日军联队，还能够立于主动地位，不断向敌人发起攻击，称得上是抗战史上最辉煌的战绩。

会后，被蒋介石夸赞为“模范军人”的五十八师师长张灵甫获颁云麾勋章一枚，他也是常德会战中有幸受勋的少数将领之一。除此之外，七十四军还有八十九人作为特殊立功人员受到表彰，其中就包括炮兵团团长金定洲、五十七师一七一团团长杜鼎。

七十四军中，唯一遭到处罚的是五十七师师长余程万。蒋介石在讲评中，直接称他是“不名誉的污点”，罪名就是未能坚守待援，致丢失常德。

参加开罗会议期间，蒋介石曾对罗斯福有过常德必守的承诺。可以想见，其间他不免做出守军将与常德城共存亡之类的表示。尽管西方元首对宁死不降、誓死不退等理念并没有东方人这么执着，可是蒋介石还是觉得余程万让他丢了面子。另外，如果求全责备一点的话，在未能妥善处置伤员等问题上，余程万也确实难辞其咎。

余程万被押解至重庆受审，据说蒋介石已下达处决手令。当时军内外都有许多人为之鸣不平。常德百姓首先为余程万叫屈，六万多名民众签名，要求免其一死。大家认为，余程万虽驻守常德仅半年，但恪尽职守，爱民惜民，是国民党将领中比较好的一个，况且，他在常德苦战了十多天，迟迟不见援军到来，是在弹尽粮绝、走投无路的情况下，才选择了突围。

王耀武对下级要求严格，但也觉得余程万守常德，基本尽到了自己应尽的责任，因此专门写信给陈诚，历数余程万的种种战绩为其求情。

军令部、第六战区长官部都为此专门做了调查。军令部还组织了一个有中外记者参加的战地考察团，到常德视察战场情况。根据实地弹痕、战斗遗迹以及五十七师的伤亡状况，考察团认定，五十七师尽了最大努力，确实是到了弹尽粮绝、无兵可守、无地可退的境地后，才不得已退出了常德。

根据各方投寄的请愿材料，军法总监部签请蒋介石减刑。看过材料后，蒋介石也渐渐消了气，最后以“不给名义，交第二十四集团军戴罪立功，以观后效”了结此案。

中国军队的特点是，长官权威主要依赖于其临阵的表率作用，一个战将一旦有过类似“污点”，指挥打仗时便很难有说服力，他自己也会因此留有心理阴影，而不敢轻易决断和对部下进行处分。换句话说，他在军界的荣耀基本上就算是完结了。余程万是一个典型例子，他后来虽得以重回王耀武所执掌的第二十四集团军，但已难有建树。张灵甫一贯认为军人为国战死，是很光荣的一件事，他私下评论说，如果当年余程万能够在常德坚持到底，哪怕最后战死，也是一个“死而重于泰山的好机会”，“失去了，太可惜”。

实际上，大多数人置身于同一境遇下，也并不见得会比余程万做得更好。在不久之后的常衡会战中，第十军军长方先觉又引起了人们更大的争议。

第七章

把"死"字顶在头上

（豫湘桂会战、衡阳保卫战）

常德会战结束后，七十四军一直驻扎于常德附近进行整训。1944 年 2 月，军长王耀武升任第二十四集团军司令，蒋介石在南岳特地予以召见，备加奖励，称赞他善于带兵，有指挥才能。

第二十四集团军是个已撤销过两次的老番号。最后一次撤销前，集团军司令为在台儿庄会战中声名鹊起的庞炳勋。庞炳勋指挥的集团军主要在冀察敌后活动，因在与日伪军作战中失利，全军崩溃，庞炳勋自己也在山穷水尽的情况下投降了日军。于是军委会就撤销了这一番号。

现在的这个番号是重新恢复出来的。整个集团军下辖三个军，除了第七十四军，还有第一百军、第七十三军。

第二十四集团军可以说就是为王耀武所建，标志着蒋介石对王耀武的信任也达到了前所未有的程度，王耀武甚至被特许可以自行决定集团军内团级以上军官的人事升迁。

人事的复杂程度，向来不低于指挥打仗。王耀武一升上去，七十四军军长的位置便空了出来。副军长李天霞在抗战前就担任补充旅团长，无论是资历还是战功，继任军长都是顺理成章的一件事。

可是当王耀武逐个征求师长们的意见时，五十八师师长张灵甫却在关键时候投了李天霞的反对票："欢迎施军长回来领导第七十四军。"

无论是个性还是作风，李天霞和张灵甫都差异很大，两人时常发生冲突，关系也不好。李天霞私生活方面以好赌贪色闻名，不打仗时经常在军中开舞会。张灵甫则比较耿直正派，私生活相当严谨检点，部队里有伤风化的事件，他一看到，惩罚起来极其严苛。他对李天霞这方面的做法自然很不满意，称为"乌烟瘴气"。李天霞在担任团长至师长时期，并不乏七十四军将领所惯有的勇猛果敢，但后来一意热衷打巧仗、便宜仗。张灵甫向来都看不起一打恶仗就要滑头，做缩头乌龟的家伙，认为这种人缺乏武德，不配称为军人，就他而言，越是艰险的战斗，反而越能激发他与强敌较量的求胜欲望，尤其是在抗战时期，在他看来，打日本根本没什么可挑精拣肥的。

第七十四军是王耀武起家的根本，也是第二十四集团军的头牌主力。王耀武后来在一篇《自述》中写道：“那时非常感激蒋先生（蒋介石）对我的赏识，我下决心把七十四军整训好，使其成为纪律好、能作战、不怕死、听指挥的部队。”对于七十四军军长的人选，他自然不敢掉以轻心，在征求意见后，他经过慎重考虑，最后还是决定采纳张灵甫的建议。3 月 4 日，原第一百军军长施中诚出任第七十四军军长，原七十四军副军长李天霞调任第一百军军长。

老蒋的编制没有白给，期望也未落空。在王耀武的调理下，时间不长，第二十四集团军即做到了人事畅通，第一百军、第七十三军在整训上也都逐步趋向规范。其中，第七十三军参加过常德会战，但实战表现不佳，除了一个师长战死，重武器丢了个一干二净，基本失去作战能力，原军长亦因指挥不力而被免职。这时候也开始逐渐恢复元气，整个集团军都呈现出一副生气勃勃的劲旅模样。

自然，第二十四集团军的核心和基本部队仍是“虎部队”七十四军。三年前，在军委会决定成立攻击军时，七十四军还有与其不相上下的竞争对手，最后需要由蒋介石亲自裁定是否具备攻击军的资格和条件。三年后，至少在国内的正面抗日战场上，已经没有任何一支部队可以与七十四军比论高低，其良好的战术意识、敏捷的机动速度以及突出的战绩，使它毫无争议地被中国统帅部指定为战略总预备队。

反天炉战法

1944 年春，中国已在云南组建出滇西远征军，但美国政府认为集结的部队数量还不够，必须继续增调部队，并立即向怒江以西的日军发动进攻。

为了组织滇西远征军，中国的防御部队事实上已经不足，而需要防御的面积很大，如果再调过多的部队去滇西，会有不小困难。

美国援华航空队的陈纳德也反对如此做法，他警告蒋介石："日本地面部队的部署是珍珠湾（即珍珠港）以来最有威胁性的战略。日本正准备发动两个攻势：一个是席卷京汉铁路连接河南的纽带；另一个是占领长沙。"

陈纳德的警告并非凭空捏造，而是有确切的情报支撑。日军的最新部署，实际上就是日军大本营曾要畑俊六加以研究的"打通大陆作战"，这时已正式定名为"一号作战"。"一号作战"预定总兵力达到五十一万，是整个侵华时期日军出动兵力最多的一次，过去的淞沪会战、徐州会战、武汉会战等均望尘莫及。在日本陆军史上，原先规模最大的战役是日俄战争时期的奉天会战，但若论兵员数量之多、作战区域之广、作战距离之远、预定的作战日期之长，还是无法与"一号作战"相提并论。

可是美国政府站在他们自己的战略立场和角度上，并不顾及共同抗日的东方盟国有多少实际难处。4 月 4 日，在原提议被蒋介石拒绝后，美国总统罗斯福仍坚持原来的主张，他要求蒋介石立即下决心："命令 Y 军（即滇西远征军）渡过怒江进击缅甸。"

到了 1944 年，美国政府对中国的态度，已不像太平洋战争初期那样包容。中国在抗战中不断战败的消息，以及有关重庆政府腐败无能且作战消极的传言，都使美国人认为，他们给予中国的军事援助有打水漂的可能，而且这个看上去力量甚微的东方盟国似乎也抱定了"一千年不赖，一万年不还"的态度，再不打算对军事援助给予回报了。4 月 10 日，马歇尔决定实施要挟性措施，计划削减援华物资的空运数量，同时还准备取消给中国航空公司的贷款。正与蒋介石争夺在华指挥权的史迪威更厉害，他打算将 4 月给滇西远征军的七百吨空运量，全部转给陈纳德的航空队使用。

早在太平洋战争爆发前，艰苦的生活和胜利的遥遥无期，已经使中国军队在士气上普遍处于低落状态。太平洋战争爆发后，美国的参战才让官兵士气有所振作，大家都寄希望于美国，对美国的援助也形成了一定程度的依赖。俗话说得好，吃人的嘴软，拿人的手短，处于这种情况下，中国政府不得不对美国的要求做出让步，蒋介石在与参谋总长何应钦等人经过十天的认真研究，于 4 月 14 日做出决定，同意调出两个集团军、十六个主力师去云南作战。

仅过四天，即 4 月 18 日，日军就在华北渡过黄河，揭开了"一号作战"（中方

这些士兵准备向战地记者和驻华武官代表报告作战情况，所挑运的物资是作战中缴获的战利品。仅从肩挑手扛的运送方式以及脚上所穿的草鞋，就可以看到参战部队作战条件的艰苦。

称为豫湘桂会战）的序幕。5 月 27 日，横山勇指挥日军第十一军所属的八个师团总计三十六万两千人，沿湘江两岸对长沙、衡阳发起进攻。

薛岳用以迎战横山勇的战术与第三次长沙会战中无异，仍然是“后退决战”与“争取外线”相结合，他还给这一战术冠了一个很好听的名字，叫作“天炉战法”。

但是日军经过研究，其实早就已经能够有效地破解“天炉战法”。其核心的一条经验，就是改变过去惯用的孤军深入手段，在加厚兵力的基础上，将战斗力较强的骨干兵团部署在两翼进行掩护，以粉碎中国军队赖以侧击的据点。与此同时，正面除了部署一线部队，另外控制二线部队，以保持对大纵深的突击能力。

往前面看，浙赣会战可以被看成是“反天炉战法”的第一次有效使用，而后到了常德会战，“天炉战法”已经明显力不从心，即便七十四军主力和第十军被保持在日军包围部队的侧面，亦难以通过侧击对日军形成反包围。

中国军方的智囊不是没有先见之明，赵子立等人在第三次长沙会战后就指出，“不能用一个死架子来打人”，否则难以取胜。

要想取胜，唯一的办法就是继续延长纵深度，同时集结足够的决战兵力。赵子立的设想是改在衡阳与日军决战，在此期间，除了使用第九战区的全力，第三、第四、第六、第七战区的大部或有力一部也要调到衡阳与敌决战。

然而薛岳为第三次长沙会战的胜利所陶醉，仍决定照搬照套“天炉战法”。当然，即便他能采纳赵子立的建议，以各战区的现实状况，恐怕也难以集结出赵子立想要的那么多兵力——能调的大多调到云南去了，大家自顾不暇，守自己战区都够呛。

机动兵力没有那么多，不过军委会还是做了努力，尽可能从其他战区抽调部队进行增援。

此前史迪威曾多次指定要将第七十四军调至云南和缅北的密支那，并答应予以空投补给，但都被中方坚决地予以拒绝。也幸亏没有同意将第七十四军调走，否则在这节骨眼儿上，到哪里去找这样一支可靠的机动部队呢？

会战开始后，七十四军的主要任务就是在湘江北岸掩护第九战区侧翼，同时对南犯的日军第四十师团展开侧击。

6月5日拂晓，七十四军五十一师出动部分兵力，猛攻日军第四十师团一部所驻扎的酉港镇。战至下午5点，日军溃败，五十一师占据酉港，毙敌一百三十多人。此后几天，五十一师、五十八师多次与敌接战，双方均伤亡惨重，日军第四十师团的南进行动也因此受到了很大干扰。

以湘江划界，日军第十一军主力在湘江南岸，第四十师团是在北岸配合主力的唯一一个战略兵团。在南进过程中，他们必须时刻提防来自右翼常德方向的七十四军的进攻，这令该师团很伤脑筋。

想当初，常德会战结束时，畑俊六曾指示横山勇不要撤出常德，他所顾虑的正是这一问题，但横山勇不听劝。

死守

6月9日，军委会电令王耀武，要他集中主力歼灭南犯之敌，同时争取以最少量的兵力防守宁乡等要地。宁乡是湘中、湘北通往长沙的要点，王耀武即派张灵甫五十八师前往宁乡，以拱卫长沙岳麓山的安全。

张灵甫率部以强行军的方式赶到宁乡，他将师主力控制于沩水河南岸，以一七三团团长何澜率部担任宁乡县城的防务。何澜所指挥的兵力除本团外，还有一七四团第一营以及师属的一个迫击炮连。

6 月 13 日，日军第四十师团的两个联队向宁乡发起进攻。第九战区的防卫阵地被横山勇划分为三层，从外向内，分别是“厚皮地带”“果肉地带”和“核心地带”。宁乡是“果肉地带”名单中的第一位。

“果肉地带”是守军的主阵地地带。中国军队的防守兵力较多，阵地构筑、指挥体系、后勤供应等方面也都较完备，因此日军第十一军规定要以大兵团进行战略急袭和分割围歼。

保卫宁乡成为保卫长沙的前哨战。何澜首先指挥部队与日军在宁乡外围激战了一天。傍晚时分，日军出动三架飞机进行低空轰炸，结果因飞得过低，被守军用枪打下了一架。

6 月 14 日，宁乡被团团包围，一七三团连续击退了敌人的三次猛攻，自身也伤亡过半。

两个主力联队用了足足两天，居然还不能攻破一座小小的县城，这让日军第四十师团吃惊不小。6 月 15 日，他们改变部署，增派两千余人南渡沩水河，对五十八师的后方展开突袭。

五十八师的特点是攻守兼备，到了张灵甫执掌时期，尤其擅长攻势防御。在正面顶住日军强攻的同时，张灵甫抽出一个营袭击日军侧翼，终将日军逼回了沩水岸边。

当天日军继续从四面向宁乡发起攻击。双方大打白刃战，阵地上响彻喊杀声和受伤者的呼叫声。守军再次遭遇较大伤亡，营长王炎城阵亡。

战至 6 月 16 日上午，日军突破南门城垣。经过逐屋争夺的激烈巷战，县城大部分已沦入敌手，守军被迫退守一七三团团部所在地福音堂，所部也仅剩两百多人。中午时分，何澜率数十名士兵从福音堂西南角开始突围，但由于三面被日军火力封

正在进行巷战的中国军队。

锁，一面为沩水所阻，突围遭遇失败，何澜本人也身负重伤。

一七三团团副蔡亚锷因双腿中弹，正在福音堂地下室进行包扎，见此情形，他大声疾呼："各位弟兄，我们突围逃生，等于白白去送死，不如坚守待援，才有希望存一条活路！"

本已乱成一团的官兵见团副站了出来，都表示愿意听从他的指挥。蔡亚锷清点了一下人数，除了八十名伤员，尚有可作战兵员一百四十人，他将这些战斗人员编成一个连，指定了连长，并再次进行动员："把'死'字顶在头上，成功把握在手里。与其生而辱，不如死而荣。"

蔡亚锷又把福音堂内所存有的粮食、弹药、医药、饮水所存量，也都一一公布，为的就是要告诉大家，只要死守，这里的东西绝对够撑到援兵到来。

宁乡坚守期间，张灵甫指挥五十八师主力，与集团军内的其他友军一起围攻日军第四十师团主力。第四十师团招架不过来，只能把攻击宁乡的兵力抽调一部分出来，而宁乡守军在已无退路的情况下，防守起来也更为顽强，因此，日军始终未能突进仅一百多人据守的福音堂。

蔡亚锷所部坚持至 6 月 19 日，第一百军的主力第十九师攻至宁乡城外，日军被迫从宁乡撤退。

就在五十八师与十九师会师宁乡的前一天，长沙失守。固守宁乡失去了意义，同时集团军还面临着日军骤然回攻的巨大压力。6 月 19 日晚上，王耀武下令放弃宁乡，集团军向湘乡方向转移。

在宁乡保卫战中，五十八师以四营兵力守城，与优势敌军激战六个昼夜，军官伤亡五十余人，士兵死伤两千余人，是长衡会战前期较为突出的一个战例。论功行赏，临危不惧、沉着指挥的蔡亚锷被授予云麾勋章一枚，并得到了张灵甫的保荐提升。

馊主意

长沙失陷后，日军分成数路纵队，夹湘江西岸大举南下。数日间，湘乡等诸县未经激战即先后失守。

在长衡会战中，蒋介石和薛岳从一开始就出现了很大的战略分歧。蒋介石要薛岳坐镇湘江以西，固守湘桂路与湘西，不让日军动摇西南大后方。薛岳则坚持不到湘江以西，认为必须固守湘东南，不能让日军打通粤汉路，进而与香港取得联系。

为了贯彻个人的主张，薛岳只留第四军守长沙，第十军守衡阳，而把司令长官部移驻于湘东南位于湘赣边境的桂东，各部队也被陆续转移到桂东。薛岳的这一指挥失误，事后被认为是长衡会战失败的关键所在。

继第四军兵败长沙，衡阳的第十军又马上成为被日军包围的孤旅。按照赵子立的意见，即便这样，此时若能把绝大多数部队集中在湘桂路方面，向衡阳西南面发起反攻，仍有可能为第十军解围。

奈何薛岳就是不肯动身到湘西去，许多部队被分散在湘东两三百公里的区域内，且重点不清，毫无力量。赵子立最为看重的衡阳以西，只有王耀武兵团在活动。由此还出现了一个奇特的现象，即湘江以西的部队由军委会直接指挥，薛岳只负责湘江以东的作战指挥，到后来他所负责的部队也被日军冲得七零八落。

衡阳是中国军队的核心防守阵地，也就是“核心地带”。横山勇知道中方会以重兵坚守，外围也会不时投入战略兵团，因此他要求抓紧时间，不惜一切代价去攻占。

方先觉指挥第十军死守衡阳，随着阵地的日益缩小以及援兵不至，官兵士气逐渐消沉。他们对薛岳移师桂东，未出全力增援，都感到极为愤恨，零星脱险的士兵痛骂薛岳指挥无能："几次长沙大捷（第三次长沙会战前的'大捷'）都是吹牛，第三次长沙会战要我们第十军死守长沙，这次又派第十军死守衡阳。我们已死守了这么多天，（他）把我们置之死地而不顾。"

有可能为衡阳解围的只剩下王耀武兵团。此时王耀武除了指挥第二十四集团军，还能调动第七十九军、第九十九军以及失守长沙的第四军残部，号称有十七个师的规模。不过这些部队自 6 月初就投入了战斗，多为建制残破的久战疲师，战斗力已大不如前，难以在日军的阻击线上形成突破。同时兵团内想保存实力，甚至对第十军心存妒忌的也不乏其人。第二十四集团军下面的一个军长私下就说："如果衡阳解了围，方先觉岂不成了个人英雄？"

就在各部或真的力不胜任，或犹豫观望的时候，王耀武决定再次动用"虎部队"。长衡会战初期，王耀武只从七十四军中抽调五十八师随其一同进入第九战区作战，五十一师和五十七师都被第六战区留在常德附近担任守备。直至 6 月底 7 月初，五十一师和五十七师才得以归建并全部投入会战。

7 月中旬，七十四军军长施中诚得到命令，限以急行军方式赶到衡阳以西的金兰寺、鸡窝山一线，以解衡阳之围。

七十四军的三个师也并非都处于最佳状态。五十七师在常德会战中几乎伤亡殆尽，战后开赴桃源整补训练，经过三个月的整训，才刚刚恢复战斗力。五十八师在宁乡保卫战后，又与日军第四十师团在永丰缠斗，部队损失也一直没有时间进行补充。算下来，只有五十一师的情形要稍好一些。在行军阵形上，施中诚以五十八师居前，五十一师在后，五十七师进行侧翼掩护。

第一个目标金兰寺在衡阳西南四十多公里处，原为第七十九军一个营驻守。日军包围衡阳后，为巩固衡阳外围，日军第四十师团派黑须大队攻占了此地。

最初收复金兰寺的任务，系由第一百军承担。7 月 20 日，第十九师以一部断敌退路，主力在攻占金兰寺前的店铺和村庄后，逐步将敌人压缩至金兰寺内。

金兰寺是一座砖石结构的小庙，但日军利用周围地形，把它打造成了一个易守难攻的据点：除了以庙内的砖石建筑物负隅顽抗，庙前的大树有轻机枪手进行俯射，庙后的小高地上还建有防守工事。

第十九师乃增派部队，先将寺后高地予以攻占，接着又集中迫击炮和重机枪，摧毁了树上的俯射火力点。只剩下寺庙无法攻入，对于这样的坚固据点，无论是迫击炮还是重机枪，都难以逞其技，必须得动用山炮，可是十九师连山炮都没有。盟军飞机几度对金兰寺进行轰炸扫射，也因为寺庙缩在山窝里面，难以命中。

围攻了一周，仍然一筹莫展。第一百军军长李天霞采取了一个投机取巧的办法，他指示十九师想办法将国旗插在寺前的树上，以便使盟军飞机看到后，可以向上报告，说第一百军已攻取了金兰寺。他的这个馊主意可害苦了十九师，为了插旗，十九师连续多次派敢死队员爬上树，但都遭到了日军的狙击，旗未插成，反倒白白死伤了九个人。

7 月 23 日，张灵甫挥师出击。五十八师在击退向金兰寺增援的敌军后，紧接着便会同十九师一道向金兰寺发起猛攻。五十八师有军配属的山炮连，在炮兵的支援下，他们摧毁了日军的铁丝网前沿工事，黑须大队余部见势不好，赶紧从东面突围逃跑了。

7 月 28 日，王耀武督令兵团各部向衡阳西南郊全面攻击前进，但是第二天日军援兵一到，各部便全线后退，只有五十八师和十九师在继续向衡阳挺进。两天后，他们迫近衡阳近郊，并与守备该地的日军第四十师团第二三四联队展开殊死搏斗。

欺软怕硬

针对解围部队，日军第二三四联队面向西南占领了一系列阵地，其中以鸡窝山阵地最为险要。

鸡窝山距衡阳仅有十公里，登山顶即可望见衡阳，它也是衡阳西郊连绵山地中海拔最高的一座山头。鸡窝山的山脚下就是通往衡阳的公路，公路朝中国军队的一方是一片开阔地，易守难攻。

在常德会战中，五十八师的王慕羡乘漆家河守敌不备，率一连兵力围歼了在房内休息的日军一个中队，因此七十四军军部曾授以该连“全军模范连”的称号。这次该连被作为尖兵连，担任攻击鸡窝山的尖刀部队，连长王慕羡当即立下军令状，并交代一旦他战死，便由第一排排长代理他的连长职务。

以炮火为掩护，五十八师从黄昏开始向鸡窝山主峰发起攻击。王慕羡手擎旗帜，准备发起冲锋，不幸中弹牺牲。代理连长继续指挥冲锋，经过前仆后继的攻击，日军被迫撤至反斜面。

战斗进行到第二天，五十八师投入的一个主攻营即伤亡近半，两名连长一死一伤。第三天拂晓，一架低空盘旋的日机向中方阵地进行对空射击，而后因为惧怕盟军飞机的反击，急于返回，结果慌慌张张投下的两颗炸弹都落到了日军自己的阵地上。五十八师乘机全力冲杀，向敌军阵地投去大量手榴弹。

抗战后期的中国军队出现了严重的兵员补充危机。部队补充与调拨的兵员，多半来自师、团管区的壮丁。当时名为征兵制加募兵制，但实际上就是抓兵制，也就是俗称的“抓壮丁”。抓来的壮丁大多并不符合入伍条件，他们的身体往往不够壮实，吃不了苦，也不愿意吃苦。同时因为前线频频告急，时间紧迫，他们稍作训练就得开往前线。这样造成的后果，就是多数新兵不会使用枪炮，甚至有的军官都不会射击、劈刺，当然也教不了自己的士兵。

开赴战场前，部队在城墙门洞内休息，墙上用大字写着“廉”。

七十四军在被定为攻击军后，在后方贵州就有专门配属的师管区、团管区，负责为七十四军招兵买马，编练新兵。横向比较，七十四军的新兵质量可能要比其他部队好些，但很多问题也不可避免地存在着。这时候让新兵发挥作用的一个有效办法，就是教他们投掷手榴弹。

一名军官在给新兵做精神讲话时，这样给毫无军事基础和战斗经验的新兵打气：“我们非常需要你们，你们虽然都没有打过仗，不会投手榴弹，但是没有关系，我们会马上把你们教会。”

相对于射击、劈刺，投手榴弹确实最简单。只需几名老兵，就可以在短时间内讲清楚手榴弹的投掷法。至于投掷时的实际水平如何，不讲究，你能投得远一些最好，稍近点儿也可以原谅，总之，短兵相接时，“只要投出去的手榴弹爆炸，敌人一定会死”。

暴风雨一般的手榴弹投过去，霎时间，炸得日军阵地一片火海，敌兵死伤累累，不得不向后溃逃。8 月 2 日，五十八师收复了鸡窝山主峰。

在其余高地，中日两军也展开了激烈争夺。8 月 4 日晨，五十一师随军部也到达前线。军属炮兵营的十二门山炮迅速放列阵地，对鸡窝山东面的一〇六六高地实施猛烈轰击，山头上的日军被轰得躲在掩体内不敢伸头。

五十一师、五十八师立即抓住战机，像猛虎一样向山头发起冲锋，日军丢下山头撤退。打扫战场时，发现被打死的很多日本兵也很年轻，应该都是从本土征集的新兵。因为来不及把尸体运走，每个尸体都被砍掉了一只手——日军将在这只手的旁边写上阵亡者的姓名，送回日本后交给他们的家属作为阵亡的证据。

在七十四军的激励下，第一百军也连续攻下了牙鹰岭等高地。鸡窝山一线的被动局面，让日军第二三四联队长户田义直如坐针毡。

战斗越深入，越能凸显王牌部队的价值。日军投入衡阳战场的兵员，大部分都是去年参加常德会战以及长衡会战开始以来连续作战剩下的老兵，具有相当的作战经验。

可是第七十四军也是战斗经验丰富的老部队，尤其五十一师、五十八师与跟在常德战后整补的五十七师不同，部队里老兵较多，基层军官多为从黄埔军校毕业的学生。通过战场上的反复较量，这些部队的官兵对日军的编制、装备、战术，指挥以及习惯打法，都有一定的了解。

七十四军也摸到了日军在作战上的一个基本特点，即“欺软怕硬”，说白了，就是日军非常害怕和第七十四军这样常打硬仗的部队作战。对他们而言，如果能常跟杂牌部队或战斗力不强的一般中央军打对手仗，才是最惬意、最放松的。

眼前的情况是没有那么好的事，七十四军就逼在门口，让你想高悬免战牌都不能。情急之下，联队长户田索性亲自举起联队军旗，率后方部队进入阵地据守。

日军第四十师团长青木成一深感本师团尤其是第二三四联队情况严重，因此向第十一军司令部提出了增援的请求，但未能获得横山勇的同意。与第四十师团邻近的第十三师团长赤鹿理看在眼里，知道第四十师团已处于危急状态，遂表示他愿意拔刀相助，派出部队前去援救，横山勇的答复只有一句话：“全力进攻衡阳！”

横山勇并不是不知道户田有多惨。据说在那些天里，这位军司令官每天都会登上司令部附近的高地，对鸡窝山方面的战况进行观察，其间还对专属副官说：“看来，户田部队仍在进行相当激烈的战斗啊！”

横山勇倒不光是关注户田的境遇，他还生怕户田顶不住，让七十四军突破进来。不过为了能够集中兵力，彻底攻克衡阳，他还是选择了弃卒保车，始终不肯分兵对户田进行增援。

降汉不降曹

奉王耀武之命，中方组织了一支携带电台的搜索队，任务是搜索敌情，同时与衡阳守军取得联系。搜索队进入衡阳城边缘不久就被日军发现，只能边打边退。

不过几天之后，便有第十军的守城官兵沿这一方向突围出来。他们告诉搜索队：“这几天都听到西郊外有枪声，知道增援友军已到，所以我们敢于冒死逃出虎口，奔向你们。”

至 8 月 5 日，在七十四军等部队的猛烈进攻下，日军第二三四联队已经伤亡大半，以所属第三大队为例，兵员最多的一个中队连伤员在内只剩下二十四人，最少的中队仅剩两人。

即使处于这种情况，师团长青木仍严令户田，绝对禁止后退。户田被迫将联队机关人员、通信兵、马夫集中起来当战斗兵使用，同时伪军“周部队”也被驱使至最前线。

第二三四联队的一线部队不仅兵员不足，弹药也极为缺乏，手雷已经全部用完了，士兵只得用石块进行反击，或者是把中国军队刚投过来的手榴弹反投回去——这一招在实际使用时非常危险，最典型的是在衡阳一线督战的日军旅团长志摩源吉，他给士兵做榜样，现场示范如何将守军投过来的手榴弹迅速拾起抛回，结果因姿态稍高被子弹击穿了头部。

日军第二三四联队最后退至大水塘以东高地，七十四军由此成为外围十余万军队中最接近衡阳的部队。站在鸡窝山的山头上，已经可以看到衡阳城的房屋，城内的枪炮声和炸弹声也清晰可闻。

似乎离解围只差一步之遥。然而在 8 月 7 日，由衡阳城内逃出的第十军官兵带来了一个坏消息：“衡阳城西第一〇九师阵地已插白旗向敌投降，你们来迟了。”入夜，衡阳城内一片静寂，再无激烈的枪炮声传出，验证了这一消息极可能属实。

8 月 8 日拂晓，又有从城内陆续逃出的官兵证实，第十军弹尽粮绝，方先觉已率部投降。

对方先觉而言，投降是一个万般无奈的决定。在此之前，他向蒋介石发出了最后一封绝命电：“此生已矣，来生再见！”据说他也曾举枪自杀，只是手枪已被副

从战地工事中走出来的中国士兵，这种工事具有很大的隐蔽性。

官提前取走，在部下“军长你带我们走一条活路”的劝说下，才选择了走投降的道路。

按照很多人理所当然的标准，方先觉投降之举无法得到原谅，连薛岳曾经的智囊赵子立都对之不屑，质疑：“抵抗了四十多天，就有资格投降吗？”

其实赵子立在长沙即将陷落时也急于逃出，所以在这种事上，批评指责的人实际占据的仅仅是他们所认为的道德高地而已。倒是七十四军历经百战，又有过常德保卫战那样的血泪经历，对方先觉及第十军赋予了更多的同情和理解。他们认为，能够孤军守城达四十七天，对于装备处于劣势的第十军来说，已经是非常不容易了。要追查衡阳陷落的责任，只能归咎将帅不和，友军配合行动不能一致，以致坐失解衡阳之危的良机。

后来经过很多波折，方先觉从敌营中脱逃出来。时任第四方面军司令的王耀武不避嫌疑，亲自派一名副师长率兵前去迎接，并帮助方先觉转赴重庆去见蒋介石。

蒋介石对待方先觉的态度也很可玩味。余程万当年从常德突围，差点被枪毙，但方先觉得到蒋介石的慰勉，并授以青天白日勋章。

原因很复杂，其中一条可能是蒋介石认为，违令逃跑和战败投降，二者有着性质上的根本不同，前面一个当斩，后面一个可以被解释成不得已情况下的降汉不降曹。二战结束后，蒋介石在重庆会见了曾投降日军的美军将领温赖特，他说：“军人，战斗到弹尽粮绝，是可以暂时屈服、放下武器的。中国有句老话，‘胜败乃兵家常事’，所以，应该善待放下武器的军人。”

蒋介石并不是当着老外的面才这么说，他在处理庞炳勋投敌事件上同样如此。在日本投降的第二天，庞炳勋就接到了蒋介石所发出的电令：“马上归队，参加受降行动！”

为了攻克衡阳，日军付出了极大代价。在见到第十军挑起白旗后，横山勇立即抽出一个大队前去鸡窝山救援已被打得不成人形的第二三四联队。

日俄战争中，日军将领梅泽道治指挥后备部队在本溪湖进行防守，其间他曾向总司令官大山岩请求增援，可是没有得到同意。梅泽不得已，只好拼命堵击。大山利用这一时机发动进攻，终于迫使俄军全面撤退，梅泽因此成名，被奉为“花一样的梅泽”。

第二三四联队长户田认为自己在衡阳之战所立的功劳，已经可以和梅泽相提并论，而对原先显得极其绝情的军司令官，他也奉送一顶高帽，称横山勇在考虑是否要对他进行增援时的心情，就和当年大山对待梅泽相仿。

自常德会战起，中方的空军力量就已超过了日军，但与此同时，相当数量的地面部队都缺乏整体观念和顽强的战斗意志。在奉命解围的过程中，他们有的保存实力，有的随意撤退，有的见死不救，有的做做样子，由此导致防守部队孤立无援、精疲力竭，运气好的尚可靠所剩力量组织突围，运气不好的就只能等着被歼灭或战败投降。

在应该受到指责的部队名单中，应该不包括“虎部队”。尽管没能为衡阳解围，但七十四军尤其五十八师的表现和努力仍然得到认可，五十八师师长张灵甫荣膺宝鼎勋章，先前七十四军获得这一荣誉的战将分别是余程万和李天霞。

胃口不小

衡阳失守后，为防止日军沿铁路西进，中国军队在衡阳以西的洪桥一带，构建了湘桂铁路正面防御线。在这一防御线上，施中诚的第七十四军被部署于邵阳（旧称宝庆），所属第五十七师在到达邵阳后，立即择要构筑工事并积极进行整补。

日军第十一军同样对兵员和武器进行了大量补充，但缺额仍然很大，比如第四十师团原有十二门山炮，如今只剩下六门可用。尽管如此，横山勇并没有暂停作战的打算。他主要是考虑到，中方增援衡阳的各部队仍然保持着战略进攻的态势，实际已对日军形成U形包围圈。如果不及时予以歼灭，这些军队不仅会趁机夺回衡阳，还将从湘江两岸切断日军的背后联络线。果真如此，势必对第十一军构成很大威胁。

横山勇决定继续发动洪桥会战，以便包围歼灭聚集在洪桥的中国军队。对他的想法，“中国派遣军”一开始就表示反对，理由是衡阳之战令第十一军元气大伤，各部队的战斗力尚未完全恢复，不宜连续作战，而且在后勤部队推进不理想的情况下，前线补给也难以跟上。

日军在长衡会战乃至整个“一号作战”中面临的最大困难之一，就是补给线漫长，必须时时加以巩固。中国军队也发现，日军前线部队每向前推进约一百公里，就必须停留几天，以等待后勤部队送来补给。

“中国派遣军”的顾虑不是没有道理，但是和常德会战时一样，横山勇及其幕僚对上司的指示做了选择性忽视。8 月 29 日，在完成对部队的调整、补充和休整之后，日军第十一军下达了进攻洪桥的命令。

当天，日军第十一军给“中国派遣军”总部发去一封电报，先斩后奏地报告了洪桥会战的部署情况，并声明他们还将突破洪桥这一作战区域，正式进入湘桂作战的第一期。

湘桂作战也就是“一号作战”中，除了豫中会战、长衡会战的最后一个阶段——桂柳会战，第一期计划是直接攻取零陵和邵阳。可是按照“中国派遣军”的原计划，该行动至少要在半个月之后才能展开。现在部属未经同意就将战役提前了这么长时间，令司令部感到很是震惊。

总参谋长后宫淳亲自向第十一军发来电报，认为即便要发动洪桥会战，也应视为桂柳会战的准备，而不是开始，因此要暂缓攻取零陵和邵阳。

南京的电报在日军第十一军司令部内引起了争论。这次就连横山勇本人都犹豫起来，因为电报上说得很清楚，若是他一意孤行，再遇到后勤方面的困难，总部就只能做撒手掌柜——“第十一军首先必须靠自身推进后方”。

司令部里与南京总部唱反调的人，只剩下高级参谋岛贯武治。岛贯是长衡会战中日方作战计划的主要制订者，他坚持任务第一，强调洪桥会战已经开始，今后究竟打到哪里，要看敌情如何，不能总部说什么就是什么。

战局的变化，最终让岛贯在论战中取得了胜利。8 月 31 日，在第十一军发起进攻后仅仅两天，洪桥正面的中国军队即发生全面动摇。在此情况下，虽然“中国派遣军”对洪桥会战仍抱有微词，也只得予以默认。

横山勇发动洪桥会战的胃口不小，他起初是要从洪桥的西北部实现突破，将中方各兵团一个不留，全部予以分割围歼。对日军第十一军能够集结如此多的兵力，不停顿地发动会战，中方确实没有料到，可是问题最后还是出在第十一军自己身上：因为仓促启动，缺乏必要的战略欺骗，各部队都摆着包围姿态朝洪桥进兵，这等于提前给中国军队报了警，通知他们要赶紧后撤。

预定的围歼战变成了追击战，急得岛贯直跺脚，他在日记中写道：“敌之退却，恐因我军企图暴露。”

日军急于扩大成果，前线战况也因此愈演愈烈。慌乱之下，很多中国军队已不是撤退，是溃退，其中第七十九军更是连军部都遭到日军第四十师团骑兵的突袭，军长王甲本不幸阵亡。

扼守邵阳的七十四军乃是横山勇要予以歼灭的重点目标。至 8 月 31 日，五十一师、五十八师与日军第四十师团先头部队已激战达两天之久，双方均伤亡惨重。9 月 1 日，第四十师团主力陆续到达，攻势更为猛烈。紧张关头，五十一师又被调到其他方向堵击西进日军，邵阳以东的防守阵地上只剩下五十八师。

从当时的态势来看，五十八师与敌人鏖战的时间拖得越久，危险性也就越大，但如果转身就撤，可能遭受的损失更大。七十四军为此制定的策略是，以五十八师逐次使用预设阵地进行阻击，在消耗日军兵力的同时，为五十七师完成邵阳城的守备赢得时间。

9 月 6 日，日军攻克零陵，但第四十师团一直未能突破邵阳外围，其后该师团被调往桂柳战场，替换进攻的是日军第三十七师团。

9 月 11 日，五十七师完成守备部署，伤亡过半的五十八师除了留下小部队迟滞敌人前进，主力撤往邵阳以西。

这时日军已将进攻重点集中于桂、柳地区，9 月 14 日，日军第十一军攻陷了广西全州。军司令官横山勇在自得之余，也感到必须清除自身后方存在的隐患——第七十四军扼守的邵阳处于衡阳西北，对衡阳以及湘桂铁路沿线始终是一个严重威胁。

横山勇对第一一六师团下达命令，要求对担任主攻的第三十七师团进行策应。该师团随即奉令占据邵阳西南附近河岸，然后向邵阳以西及西北迂回，企图切断守军向西北的退路。

假如邵阳四面被围，守军就会重蹈常德、衡阳保卫战的覆辙，守不住时想撤都撤不出来。王耀武因此调回了五十一师，该师奉令与五十八师、五十七师一六九团一起在邵阳以西构筑小据点守备，不让日军第一一六师团对邵阳形成合围。

处于这种严密警戒之下，日军只能先从东面对邵阳城进行突破。

寸土必争

9月15日，日军第三十七师团到达邵阳东北的资江岸边，一面在沿岸部署兵力，一面用汽艇以及木筏、竹筏强渡资江。

负责守备邵阳城的是五十七师一七一团，乃是常德保卫战的主力军。团长杜鼎劫后余生，他是公认的勇敢善战的虎将。此外，一个军属炮兵连也被留下协同守卫邵阳。

邵阳保卫战既是坚守防御，也是专守防御，其特点是可用以防守的兵力有限，无法随意调拨，面对一片汪洋的水泽地带，出击、牵制、佯动等战术手段都难以施展，而日军可以从水上实施多方位攻击。

这是不利的地方，五十七师的有利之处在于，自武汉会战起，中日两军的主战场便没有离开过江河湖塘。逢到水上登陆战，一般情况下，总是日方强渡，中方迎

轻机枪掩体。在抗战中，中方的机枪阵地往往是日军火炮的重点打击目标，所以必须建立相对坚固的掩体。

击，中国军队也因此积累了丰富的反登陆战经验。

只要日军一在水面上进行活动，第一线防御部队便派出一名观测员，对敌我距离进行目测，以便为指挥射击提供依据。

通常在日军进入一千五百米的距离范围以内，炮兵连就要进行射击，同时为避免日军炮击己方前沿阵地，减少不必要的损失，第一线步兵要以班为单位，暂时退到预先构筑的第二线阵地上去。待观测员观测到日军进至四百米附近时，再跃入前沿进行战斗。步兵射击的有利时机，则选择在日军跳水上岸，直接向阻击阵地发起冲击的瞬间，此时构成的交叉火力网会对日军造成最大杀伤，即便阻击阵地有一处被突破，也不至于慌乱，突破口两侧的守军若能指挥得当，马上就能以火力将后续敌人封住。

在登陆战和反登陆战的过程中，资江岸边一天到晚响彻着激烈的枪弹声和喊杀声。日军的攻势非常凶猛，他们用飞机大炮连续进行轰炸，连夜间也不停止，即便在与第一线战场保持一定距离的后方师部，也能不断听到震耳欲聋的炸弹爆炸声和密集的枪声，到了夜间，战士躲在掩体里，可以清清楚楚地看到附近枪炮子弹所发出的火光，那些火光就像春节时燃放的烟花爆竹一样刺眼，把天空都照得通亮。

一七一团顽强抵抗，屡次击退敌人的强渡，其间共击沉汽艇七艘，打死日军四百多人。经过一个多星期的激战，日军才得以在邵阳城东登陆，随后攻占了城东、城南的警戒阵地。

东门外的每一处高地都被一七一团充分利用起来，构筑出若干个星罗棋布的据点，各据点之间既独立支撑，又相互策应，以消耗迟滞为手段，对敌人的有生力量进行削弱。见进攻受阻，日军开始发射燃烧弹和毒气弹，城内外十多处地方被大火点燃，全城火光冲天，毒气弥漫。邵阳是一座有两千多年历史的古城，转瞬间也像常德、衡阳一样，从一个完整昌盛的市镇变成了满目疮痍、令人目不忍睹的瓦砾场。

战至 9 月 27 日，一七一团已死伤六百多人，其中第二营更是伤亡殆尽。

夜色渐浓，城外守军开始有秩序地撤入城内。日军第三十七师团第二二五联队发现城外防守阵地上一片静寂，他们搜索前进，结果一直走到城边也没有看到一个守军，便想当然地向师团报告，说中国军队已经弃城而去。

打了这么多天都没能攻下邵阳，师团长的心火都快被急出来了。一接到这份报告，没有再进行侦察核实，他便向横山勇发出报告："27日晚间已占领宝庆（邵阳）。"

当下，日军二二五联队、二二六联队便大模大样地由东门向城内开进，但他们没料到的是，一七一团根本就没有离开，而是在占据新的防御阵地后，就地在城内设置了伏击圈。

若单纯以歼敌手段而论，巷战比水面歼敌更为有利，因为日军的炮火优势势必受到一定限制。同时杜鼎这些中方指挥官的巷战经验，也绝不少于反登陆战。

巷战强调的是寸土必争。每一间房屋、每一个小巷、每一条街道，都要作为防区控制起来。火力配备也有讲究，不是均衡分配，而是要根据建筑物的高低、坚固程度以及前后左右关系，采取多层次配备，使火网立体化。

在这一配备中，最低处要安排重机枪，特等射手也就是狙击手可以配置在不惹敌人注意的位置，并在射手能够自行掌握的有效射程内，对日军军官、观测点、通信兵打冷枪，以扰乱其指挥系统。

进入伏击圈的日军猝不及防，在巷战中被予以大量杀伤，师团司令部给横山勇的那份电报也因此成了一个大笑话。

日军第三十七师团只能重回起点，继续围攻。9月28日夜，南门被日军攻破，一个晚上突入八百多人，守卫南门的中国官兵立刻与日军展开肉搏战，他们中的大部分人都在战斗中与敌人同归于尽。

随着城内日军越来越多，巷战也更趋激烈。战线上敌中有我，我中有敌，互相穿插，各自为战。此时电话线断了，指挥也不方便，两边士兵逐屋逐垒地进行拉锯和争夺，近距离的火力激战、白刃格斗、手榴弹战主导了整个战场。一七一团虽然伤亡惨重，但仍死死地扼守着城内的部分据点，一间房、一堵墙都不肯轻言放弃。

9月30日，战斗已呈白热化。第二天，一七一团副团长以下均持手榴弹与日军拼死战斗，就连炮弹罄尽的炮兵连也被编成突击队向敌人发起反击。

在战斗中受伤的中国士兵。

10 月 2 日凌晨，守军阵地只剩一隅，再也无法继续坚守。一七一团团长杜鼎遂率余部一百五十人分路突围，一路出西门，一路出东南城门，两路均得以顺利突出城外，与主力会合。由于部队伤亡太大，那段时间里指挥官的脸色都阴沉沉的，很少有笑脸。

邵阳保卫战结束后，横山勇将第三十七师团南调进攻桂林，邵阳地区改由日军第一一六师团守备。至 12 月 10 日，桂林、柳州先后失陷，大陆交通线被完全打通，“一号作战”也即豫湘桂会战方告结束。

进入 1944 年秋季以后，国际反法西斯战争形势趋于明显好转。可就在这样一个大背景下，中国军队遭遇了极其惨痛的失败，参战部队中有百分之五十到百分之六十的正规部队被完全击溃，剩余部队的战斗力也越来越弱，上上下下都为此失去了信心。

这是正面抗日战场上最令人绝望的一段时间。在一次整军会议上，蒋介石痛彻于心地说道：“我今年五十八岁了，自省平生所受的耻辱，以今年为最大！”

第八章

与命运相搏到底

（湘西会战）

因为在“一号作战”中取得胜利，“中国派遣军”司令官畑俊六被晋升为元帅。这位新晋元帅准备于1945年春季进攻西安，尚未完成准备，他便被调回国，出任陆军教育总监。继任者冈村宁次通过对“一号作战”特别是湘桂会战的观察，发现了一个新的值得注意的情况。

天气不好，交通不便，缺乏空中掩护，后勤补给线相当遥远和不完备，皆为兵家所忌，在“一号会战”中，日军曾经多次遭遇类似不利条件，可是他们照样能完成预定任务，无论任务看上去有多么困难。这说明什么？说明正面战场尤其是西南方面的中国军队，在装备、训练、素质与指挥等方面都出现了非常严重的问题，以至于几乎对日军完全失去了抗击能力。

西南的中国守军既然已如此之弱，为什么还要舍近求远，去发动北攻西安这样无关大局的战役呢？

冈村主张应该各个击破，乘美军未在中国东南沿海登陆之机，首先进兵四川。这样一方面可以趁势把中国军队的大后方给端掉，避免遭到中美两军在战略上的东西夹击，另一方面也能迫使美军提前在中国登陆，从而牵制其对日本本土的进攻。

冈村的计划很快被大本营打了回票。在兵力使用上，北攻西安属于小来小去，进兵四川则不同，要不不出手，出手就是大手笔，其规模不说超过“一号作战”，起码也得不相上下才行，这哪里是日暮途穷的东京能办到的呢？

超大规模肯定不行，不过往下一点儿，尚在冈村的职权范围以内。于是他退而求其次，决定于1945年春夏出兵攻占芷江。

强心剂

湘西芷江素有“滇黔门户，全楚咽喉”之称，乃通往西南诸省的要道。此地民国时期即被视为军事重镇，兵学家蒋百里曾建议，一旦中日战争爆发，中国应将战时大本营设于芷江。

蒋百里的建议大部分得到了应验。至1945年，驻芷的军队及军事机构已多达两百多个，大到军政部、陆军总部、方面军司令部，小到高炮连队、防空哨卡，一应俱全。原来不足三万人的小县城，也骤增至十余万人。

驻芷军队除了中国军队，还有美国空军，后者的地空勤人员最多时达到六千余人，因而还形成了一条车水马龙、人流如织的“美国街”。

中美空军所使用的芷江机场位于县城东郊一公里处。该机场在战争期间经过多次加固扩修，是除了成都新津机场，盟军在远东的第二大军用机场，也是中美空军的秘密前进机场。

“一号作战”结束后，中美空军进一步扩大了对日军的机动袭击范围。据史料的不完全统计，在从1944年12月初至1945年3月底的四个月时间里，仅驻芷江基地的中美空军混合团就出动战斗机八十八批共七百八十四架次，给南北交通线上的日军以沉重打击。

芷江机场四面环山，又远离京广铁路，位置十分隐蔽，是军事保密重点单位。当时凡涉及芷江机场的报道，均以“红岩机场”“湘西基地”“湘西某地”或以代号代替，日军大本营一直弄不清中美空军前进机场在哪里。通过浙赣会战，日军攻占了浙赣铁路沿线的所有机场，但占领区仍遭到轰炸，接着又相继通过“一号作战”占据湘桂，通过老河口战役占据鄂北老河口机场，可是情况并未得到改观，直到1945年初，他们才获悉前进机场就在芷江。

日军航空队对芷江机场发动过几次袭击，但中美空军所使用的野马式战斗机在性能上已大大优于日本的零式，日军航空队屡吃败仗，便不敢再轻易登门了。

在中美空军的不断破坏和袭击下，湘桂和粤汉两大铁路线一直未能顺利通车，武汉至南京、上海的长江航运亦不能畅通。日军的所谓打通大陆交通线，是要将中国东北、华北与东南亚联成一片，现在连重要的铁路和航运都瘫痪着，先前的努力也就大多只能沦为一场春梦。

冈村理所当然地视芷江机场为心腹大患。他出兵芷江的首要目的，就是要捣毁芷江机场，占领这一战略要地，他已得到风声，中国军队正在调换美械装备，待机进行反攻，他要乘对方使用美械尚不熟练之际，来个先下手为强。

中国军队换装的消息确有其事。因为史迪威与之争权，蒋介石图穷匕现，正式通知美国政府，若不撤换史迪威，中国将不惜退出盟国独自抗战。在此情况下，罗斯福才同意召回史迪威。新任中国战区参谋长魏德迈为人谨慎，没有再像史迪威那样给中方拖后腿。经过他的如实呈报，美国政府也终于认识到了中国所面临的严峻形势和困难。

1944 年冬，为充实中国军队的抗战力量，早日发起与美国远东作战相配合的反攻行动，美国决定给予中国国内二十五个师的美械装备。为主持这项工作，重庆政府专门成立了总部驻于云南，由参谋总长何应钦兼任总司令的中国陆军总司令部。该指挥机构下辖四个方面军，原第二十四集团军总司令王耀武升任第四方面军司令官，成为黄埔系中第一个出任方面军司令官的人。

第四方面军除了原有的第七十四军、第一百军、第七十三军，还包括第十八军。第十八军是早年曾和第七十四军竞争过“攻击军”头衔的部队，虽然后来势头被第七十四军超过，但仍为国内劲旅。四个军里面，第七十四军、第十八军、第七十三军一部分已经换成了美式装备，因为运输关系，另外一部分以及第一百军暂时还未能换装，仍为国械装备。

美械不是万能的，不过对于遭受挫折后士气极度沮丧的中国军队而言，无异于注入了一针强心剂，加上经过半年的补充整训，兵员也基本满额，因此各部队在士气和战斗力上都已今非昔比。

王耀武时年才四十岁，但在抗战中已是战功彪炳，连一般黄埔同学都望尘莫及。当时流传着一句话“三李不如一王”，“三李”是指李延年、李仙洲、李玉堂，他们都是王耀武的山东老乡，系黄埔一期学员、高级将领，“一王”即指王耀武。这句话的意思是说，“三李”加一块，练兵和指挥作战的能力都不如资历浅于他们的王

第七十四军的一名儿童兵在擦拭美式山炮。可见到抗战后期，即便是这样的顶尖王牌部队，也有儿童兵和少年兵，并且普遍都穿着草鞋。

耀武。在战场上，王耀武的对手对他也都畏惧不已，有“宁碰阎王，不碰老王”之谓，由王耀武来统领重兵，可谓实至名归，当之无愧。

第四方面军的总部设于芷江东南的洪江市。王耀武在洪江开办了将校班，调训连以上军官。他自兼班主任，每期从不同的师抽调师长任队长。办班过程中，他每晚还要偕同人事处长约见受训军官，对各部队的情况进行调查了解。

将校班每期耗时三周，一共办了三期。这种形式为王耀武在战时掌握和指挥整个方面军打下了很好的基础。

1945 年 3 月，通过空中和搜索部队的侦察，王耀武发现湘、桂、粤日军调动频繁。从日军后方往前线一路看过去：武汉至长沙，水陆运输开始繁忙；湘潭至株洲，装甲车辆和坦克部队正在集结；桂林至邵阳以西，步骑兵纵队向北移动；在从长沙到衡阳、邵阳的道路上，满载战斗人员和装备物资的车辆更是来往不绝。

兵马未动，粮草先行，日军不会无缘无故地大动干戈。王耀武立刻从中闻到了一股熟悉的味道。

这时，方面军突击队又在湘桂铁路祁阳县境内活捉了一名日军骑兵大尉，据供称，他的任务是侦察中国军队的兵力配备与交通情况。

王耀武经过综合分析，判断当面日军各兵种有联合向中方发动一次大规模进攻的企图，上报后，军委会不仅同意他的分析判断，而且认定日军的进攻目标就是芷江机场。保卫芷江机场事关重大，而且当时联合国正在筹组中，中国有望成为常任理事国，在这种情况下，也必须打一场漂亮仗来支撑门面，蒋介石因此特地向陆军总司令部下达命令，要求尽遣陆军精锐应战。何应钦立即调兵遣将，并授权王耀武积极准备迎敌。

王耀武据此宣布将校班暂停开课，所有教职学员一律返回原部，同时将方面军总部由洪江前移至安江，以便于全面指挥作战。

吹断了营前的旗杆

即将与王耀武交锋的是日军第二十军司令官坂西一良。日军的指挥机构可以临时配属，第二十军原先是为了对苏备战而在东北编成，只是一个空头机构，到达衡阳后，才配属了大量部队，曾列于日军第十一军系列的第一一六师团、第六十八师团如今都是其麾下主力。

接到作战任务后，坂西即开始进行战前准备。日军使用的是五万分之一地图，这样的地图在中国军队里只有营长以上才有，而日军班长以上就有一份。就比例尺而言，五万分之一已经非常精确和详细，但坂西仍觉得不够，为了校正、充实现有地图，他专门派出密探，混过两军的交界线进行实地侦察。

这些密探并不是一般日本特务就能充任，他们必须具备一定的商业地位，且在邵阳以北、以西地区原来就具有一定社会基础，这样才能在不引人怀疑的前提下，根据已定作战任务，对当地的兵要地志资料进行收集。

通过侦察，日军纠正了地图中的一些错误。纠正后的图上连一座小桥、一间小庙、一处小树丛都有标记，战时日军便可以比较方便地识别、通过以及组织战斗。

驻邵阳的日军第一一六师团情报队还通过收买汉奸等办法，广泛收集第四方面军的军政活动资料。3 月末，情报队发现邵阳以西靠近守军主阵地一带的村庄已经“空室清野”，老百姓纷纷进山，于是他们判断第四方面军已经发现了日军的进攻企图。

战前准备并没有因此而被打断。3 月 30 日，冈村乘飞机到达衡阳，对第二十军进攻芷江的准备情况进行视察。不看还好，一看让他的心凉了半截。

与中国军队呈上升势头不同，此时日军在走下坡路。第二十军新编的几个独立混成旅团均武器不足，士兵全部使用湘桂会战中缴获的汉阳造或中正式步枪，而且相当数量的士兵都是刚刚从国内征来的十七岁少年兵，缺乏战斗经验。

即便第一一六师团这样的主力，也在“一号作战”中因伤亡和疾病出现较大减员，有的步兵中队仅有约一百人。虽然补充了大量新兵，但因为运输中断，部队常常需要自己到乡村筹集生活必需品。抢掠食粮、油盐、生猪、菜蔬成了他们的主业，有些人居然还在经商，在这种情况下，新兵训练也只能处于半停顿状态。

日军主力向来以火力强盛著称。可是第一一六师团所属的野炮兵联队吃老本已经吃到了要吐，队内火炮型号各式各样，五花八门，连日俄战争中使用过的陈旧山炮都舍不得扔掉，就是看不到一门野炮兵联队应有的野炮。

视察完毕，冈村大有今不胜昔之感，也更加深刻地意识到中日战局已到了危急时刻。陪同视察的坂西倒没有这么悲观，这位日军将领和已经被调回国的横山勇在性格上有颇多相似之处，就是都很爱挑剔上级和上级机关的毛病，有时甚至还会毫无顾忌地破口大骂——那一刻，两人所表现出来的那一份得意和孤芳自赏，别说出将入相，就是让他们登基坐殿，升佛成仙，大约也不肯换。

挑剔和孤傲都得有资本才行。横山勇桀骜不驯，可人家就是能打胜仗，坂西的肚子里也同样装着几句春秋，论指挥经验更不输于横山勇，早在侵华战争初期，他便在土肥原手下担任大佐联队长，是依靠战功一步步晋升上来的。

另外，那些冈村看着掉价的独立混成旅团此次并不参与芷江作战，跟着一道去的都是向第一一六师团看齐的一线野战部队，坂西自然有理由相信自己可以比横山勇做得更好、更出色。

4 月 5 日，日军第二十军在衡阳召开会议，坂西向各部下达了进攻芷江的作战命令。会议结束后，第一一六师团长菱田元四郎在一个小队的警卫下，于晚间从衡阳返回邵阳。半途中突然遭到游击队的袭击，警卫小队死的死，伤的伤，仅少数人护卫着菱田逃回邵阳。

仿佛是《三国演义》中，一阵劲风吹断了营前的旗杆，对坂西和第二十军来说，这绝对不是什么吉兆。只是事已至此，当事者也只能佯做不知，继续把唬人模样装到足。

在战术安排上，坂西与横山勇相比也没有太大差别，都是遵循“反天炉战法”的模式，即两翼加厚，中间突出，具体表现为南北中三面进兵，其中的中路为进攻重点，由第一一六师团承担。

4 月 11 日，日军第一一六师团所组织的饭岛挺进队开始第一个秘密西进。他们的任务是在会战正式开始之前，抢先占据雪峰山隘口，同时造成守军混乱，从而为日军后续部队顺利进入山区创造条件。

运动中的日军。正中远处日本兵所持军旗即为联队旗，联队旗的旗面很少展示，旗手拿的其实只是挂着旗穗的旗杆。

挺进队成员都是选拔出来的精兵，共四百人，所有人都不带任何行李、马匹，随队的步兵炮、重机枪、弹药、粮秣均靠自己挑抬。

因战术需要，日军各部队在会战中投入作战的先后时间不一，但无一例外都携带了充足的弹药，除了挺进队，其余部队沿途均须强拉民夫进行运送。与此同时，日军所带的军粮却不多，粮食方面完全依赖就地征掠。这说明坂西和横山勇一样，都不太顾及后方联络线的安全，一心只想着赶紧攻占芷江。

万法不离其宗

既然要急取芷江，日军一开始便极力避免攻坚，让他们喜出望外的是，沿途也确实不太需要攻坚，守军数量很少，而且往往只做轻微抵抗就开始往后撤退。

此时坂西已从衡阳赶到邵阳，亲自在第一一六师团原指挥所内进行指挥。他根据前方报告做出的结论是，整个战局如同先前的预期那样，正在朝着有利于日军的方向发展。

抗战中最后一个大规模会战——湘西会战（也称雪峰山战役）已经全面展开。在坂西看来，前任曾在长衡会战中取得的那些战绩全都唾手可得，但是他忽略了一点：前方的轻微抵抗只是表象，在雪峰山这一核心区域，中国军队已开始大范围调动兵力。

前线枪声一响，王耀武便召开高级幕僚会议，并确定设总部于安江，设前线指挥所于辰溪，后者由方面军参谋长邱维达率领大部分幕僚人员进驻，直接负责战役的指挥。

作为第七十四军自己培养出来的智囊人物，邱维达这两年在陆军大学的光阴没有虚度。

陆军大学以擅长培养高级幕僚为特色，凡陆军大学毕业的优秀生，在战术谋划上均具备突出之处，这一点在赵子立、余程万等人身上表现很明显。随着正面抗战的深入进行，大家都看到了提高军事素养的重要性，王耀武对部下报考陆军大学一直抱着乐观其成以及积极支持的态度。

陆军大学分为三年制的正则班和两年制的特别班。前者面向社会和军内年轻的下级军官进行招生，后者主要接受资深军官的报考。邱维达就读的就是两年制的特别班。

特别班与正则班不同，由于学员都是有军事指挥经验的资深军官，所以课程的针对性非常强，授课教官也都是陆军大学扛鼎级的战术专家。在教官的指导下，学员要在课堂上重温战场上体验过的战术原则，还要根据教官规定的情境，做计划，写命令，进行各种沙盘作业，有时他们还要到野外去上现地战术课，对假想的战斗进行模拟。

经过陆军大学两年的熏陶，邱维达在战术思维和指挥能力上都有了进一步突破的可能，王耀武将指挥大任交给他，也是要给予他突破自身的机会。

会战之前，无论是邱维达还是王耀武，都已预计日军会继续采用“反天炉战法”，即以重兵迂回两翼，然后从中央进行突破。虽然“天炉战法”在长衡会战中遭遇了失败，但这不表明“后退决战”与“争取外线”的战术思想已经落伍。万法不离其宗，正如赵子立曾指出的那样，以薛岳为首的指挥层所出现的最大失误，还在于没有延长纵深度以及适时集中兵力，假如这两点能得到改进，且不犯错误，稳扎稳打，会战是有希望取胜的。

在过去的会战中，中方选择的后退决战地点一般都是城池，但这一次他们要选择雪峰山区，并且大家都认为，后者比前者在地形上更为有利。

孙子兵法有言：“兵者，国之大事，死生之地，存亡之道，不可不察也。”邱维达据此打了个比方，说人生于大地之上，就像蚂蚁生于丘阜之间，地形稍有不便，就难以运动。军队也一样，遇到地形险阻，同样会限制其行动，变得束手束脚，因此善于用兵之人，一定会事先搞清楚地形的利害，“地形宜于战则战，不宜战则守”。如果不掌握地形的奥妙，就强行作战，是很难打胜仗的。

雪峰山的地理特点是山峦重叠，道路崎岖险恶，且山脉均呈南北走向，越往西进，山势越险越高。正是中国古代兵学家孙武所称的“死地”。就此而言，日军在战略战术上都犯了错误：战略上是犯了冒进的错误，而战术上是犯了攻坚的错误。

在召集有关作战人员，包括美军顾问共同研究之后，邱维达决定采取攻势防御的战术，即先守后攻，守是为了消耗日军有生力量，攻是为了进一步歼灭日军全部或大部分有生力量。中国军队的作战也相应分为两期，第一期为守，第二期为攻。

英雄山

按照日军习惯的“反天炉战法”，邱维达判断日军的主要进攻方向将集中在雪峰山中段，即七十四军固守的圭洞、江口一线。

4 月 17 日，饭岛挺进队果然到达了雪峰山隘口的圭洞。在湖南一些地方，人们习惯把山上的平地称为洞。作为湘西一座较大的山脉，雪峰山有很多这样的“洞”，圭洞即为其中之一。

第七十四军第五十一师原来的前进方向不在圭洞一线，途中获悉日军已进占圭洞，才连夜移师，开往与圭洞仅隔三公里的龙潭镇。

以足当车，日夜兼程的急行军方式在中国军队里是家常便饭。行军过程中，经常有人边走边打瞌睡，直到自己的脑袋撞到前面士兵的枪口上才会惊醒。

4 月 17 日下午，五十一师一五二团率先赶到龙潭，并利用原有的山地工事和新增强的阵地，对饭岛挺进队进行阻击。

饭岛挺进队所配备的武器也称得上精良，但是他们发现对手更了不得——有许多可以连发的轻武器，还有一种在爆炸时声音异常尖利的特殊炮弹。

很快就弄清楚了，连发的是汤姆森冲锋枪，可以发射特殊炮弹的，那是美式火箭筒。

七十四军虽被确定为美械装备，但武器装备还没有来得及完全更换。五十一师即是如此状况，这也是日军急于发动会战的原因之一。不过和过去相比，无论是重武器、轻武器，还是弹药方面，都能够配到充足，起码打仗时已经没什么特别缺的了。

五十一师当时的“半美械配置”是，每个连有勃朗宁轻机枪六挺、汤姆森冲锋枪三支、掷弹筒四支，剩下来的士兵全部使用春田步枪。火箭筒是到营才有，团部另外还会配备四门迫击炮。

汤姆森冲锋枪有“堑壕扫帚”之称，扫起端刺刀的日本兵眼睛都不用眨。火箭筒的破坏力很强，一颗炮弹落下来，就可以炸出直径约两米、深约一米半的深坑。

可以想象，这样的火力配置日军连做梦都想象不到，更令他们难以企及的是对方良好的补给状况。

第四方面军在芷江设有兵站补给司令部，可以大量接收美军空运的补给物资，并用汽车将物资送往第一线和第二线的补给分站。物资到达补给分站后，再由辎重营送达前沿。

各前线部队可经常保持供五天使用的粮秣以及三个基数的弹药，重点作战部队若是缺少弹药的话，还可以随时进行空中补给。一句话，只愁你用不完，不怕你没得用。

就算是双手端着金山，也要找得到安放的地方才行。在美械武器的训练方面，七十四军已经相当熟练，并形成了以重视火力为主的新战术，各部队特别擅长集中火力以及发动急袭。当饭岛挺进队向守军阵地进攻时，一五二团不仅从正面射击，而且同时集中侧射、斜射火力，以消灭阵地前的死角，阵地间的火力协同非常巧妙。

打仗时最怕的对手就是这种：不笑不说话，一笑两酒窝。在七十四军面前，饭岛挺进队哪里能占得分毫便宜，于是只得在圭洞以南就地部署防御，以等待随后赶来的师团主力。

4 月 18 日，日军第一一六师团第一〇九联队到达圭洞，与饭岛挺进队合兵一处。师团长菱田元四郎在敌情判断方面和坂西差不多，都认为中国军队防守意志不强，只要加大进攻压力就会掉头撤退。他的如意算盘是迅速扩大饭岛挺进队的“成果”，和南路日军相配合，将守军迂回包围进而歼灭于雪峰山区。

日军第一〇九联队尚未启动，五十一师的另外两个团便于当天拂晓到达龙潭镇附近。第一五三团二营奉令夺回鹰形山阵地，该营的第七连将担任主攻。

七连一名士兵的鞋子在行军中被磨穿了底，他只好悄悄地走到老百姓家门口，恳求送他一双鞋子。对方让他进屋去挑选一双合脚的，但七十四军军纪严格，官兵

湘西会战中向前线开拔的军队。从全都戴着钢盔这一点上看，应该是美械军。

一律不准擅自进入民居。于是主人便将自己穿的一双半新布鞋脱下来送给了他。

士兵很感激，他说他马上就要上火线了，也不知道能不能活着回来。

七连即将面对的，确实是极其严酷的一战。圭洞附近有两座高地，分别是路东的鹰形山和路西的牛形山，两山如同螃蟹的钳子一样，牢牢地扼住中间通往龙潭的通道，也因此双双成为富有战略价值的据点。所不同的是，牛形山被回师后的五十一师抢先占领，而鹰形山还落在日军之手。

连长文成海下令备足手榴弹，做好进攻鹰形山的准备。随后全连一百二十名官兵沿着山梁向山顶发起数次冲锋，每次冲锋，都会有许多官兵在日军的机枪扫射和手榴弹爆炸声中倒地。

七连终于在山顶获得了一块前沿阵地，但日军气焰嚣张，他们屡退屡进，为重新把对手驱出甚至不惜肉搏。战斗非常激烈，枪声、爆炸声、喊杀声此起彼伏，帮助部队扛弹药箱的民工，先是帮着士兵揭手榴弹盖子，后来便直接将手榴弹投向日军。七连的电话线此时已拖上鹰形山，文成海抓起话筒大声向山下告急："弹药将尽！弹药将尽！"

营长姜期永答复："弹药立即送到，一定要坚守前沿阵地！"

弹药充足，只是要送到阵地并不是件容易的事。十多匹骡马驮着弹药箱，沿着石板路行进，石板被铁马掌踏出了星星点点的火花。

接着姜营长又听到文成海在电话中再次告急："伤亡严重，请求增援，请求增援！"

姜期永告诉对方："坚忍至最后五分钟！"中午时分，当姜期永率援兵赶到时，七连只剩下七名官兵，文成海本人也负了伤，仍带伤指挥作战。

七连的浴血冲锋以及而后的坚守，为五十一师在龙潭战役中占据主动打下了基础。曾目睹整个战斗过程的支前民工回忆起当年的情景时，仍然激动不已。他们称赞七连连长文成海果断沉着，是个不怕死的硬骨头军人。后来，龙潭一带民间便不约而同地把鹰形山称为英雄山。

鬼子来了

日军残部从前峰退到后峰后，也得到了第一〇九联队后续部队的增援。至此，双方阵地相距不过一百多米，连对方吃饭时碗筷的碰击声都清晰可闻。

湘西会战前，中美空军已经完全掌握了制空权。会战开始后，中美空军混合团立即出动大量飞机，对日军后援地衡阳、邵阳、湘潭三角地带的大小桥梁进行彻底破坏，同时分出相当一部分空军力量，以芷江为基地，直接掩护雪峰山区的地面部队作战。

雪峰山战区紧靠芷江机场，战机到达第一线的飞行半径很小。在战区的天空中，往往只能看到助战的中美飞机，日机大部分时间都不敢现身，只在拂晓时，会有低空飞行的单机在中方阵地上空一掠而过，对地面部队产生不了丝毫威胁。还有的时候，一两架日机会偷偷地飞到日军阵地上空，丢下几包东西后马上逃走，但就这样，跑得慢些的仍不免被中美战机的机关炮击落。

在相持阶段，中美战机不停地在空中盘旋，找到日军阵地后便予以猛烈扫射。日军白天无法自如地进行活动，他们更多的是在夜间展开袭击，每次袭击都只摸上来一小股士兵，三五个的样子，常常是被打死了一股，又冒出来一股。

五十一师弹药充足，一到天黑就进行火力拦阻，以阻遏日军偷袭。不足之处是部队素质参差不齐，老兵或者刚从军校毕业的军官比较沉着，见日军叫嚷着冲上来，端起机枪就射，但有一些新兵缺乏经验和胆量，遇到日军偷袭，或者慌慌张张地朝天乱开枪，或者缩在战壕里不敢抬头。

日军弹药供应不上，子弹有少无多，然而他们体力好且射击技术优良，射出的子弹就好像长了眼睛一样，即便在黑夜中，也能给中方士兵特别是那些新兵以很大杀伤。

一天夜里，一名临时担当勤务兵的本地少年与另一名士兵背靠背睡觉，等到第二天醒来，少年却发现那个士兵已经死了——是被偷袭的日本兵狙击了。

日军第一〇九联队无法面对面地夺回鹰形山，只得另选抄袭的途径，这个地方是位于圭洞西北的高札坡。

站在高札坡的山顶，几公里之外的龙潭镇可以一览无余。它附近还有一条小河，河西的村庄里驻扎着中国军队。村民韩直承当时年仅十三岁，出于那个年龄段男孩儿对战争特有的好奇和兴趣，他成天跟当兵的泡在一起，与部队打得火热。

4 月 20 日，韩直承钻进了一名哨兵所在的战壕。那时正值初夏，天气逐渐热了起来，但五十一师的士兵都还穿着冬装，很多人身上都长了虱子。哨兵忙着捉身上的虱子，韩直承没事做，一个人到处东张西望。

突然间，他看到对面山坡上有几棵小树在不停地摇晃，更奇怪的是，这些小树居然还会移动，并且动一会儿停一会儿。韩直承急忙指给哨兵看，哨兵一听，想都没想，便一把将他按倒在战壕里："那不是树，那是鬼子！鬼子来了！"

哨兵举枪向"小树"射击，"小树"也开枪还击。原来这是用树枝伪装后的日军，在渡过小河后，企图占领河西的一处高地。如果日军的这一行动得逞，便可以居高临下，将河西五十一师的阵地一窥无余，只是他们的运气不好，竟然被一个小男孩儿偶然发现了。

有智不在年高，韩直承为挫败敌人的偷袭立了一功，部队连长夸奖他机警灵活，为此还特地奖励了一个大月饼。

4 月 21 日，日军再次组织小部队，尝试偷渡过河。这次还没有过河，就被高札坡上的守军打死了一部分，其他人冒着弹雨蹚水过河，并且一直冲到了山坡之上。

守军火力可不是吃素的，随着一排排子弹陆续飞来，日军纷纷倒下。最后只剩下三个日本兵还活着，他们以郁郁葱葱的柳树做掩护，沿着河边落荒而逃。

偷袭者并不因为被笼子夹过手就偃旗息鼓。4 月 24 日晨，天刚蒙蒙亮，就有一群日军在渡过河后，迅速钻进油茶林，从侧面攻击高札坡。

虽然日军仍是小部队，只有四五十人，但个个都是挑选出来的敢死队。当他们以晨雾为掩护摸上山顶时，被山头守军的一个班长发现，他立即问道："什么人？"

早在日军第一一六师团进攻常德期间，由汉奸组成的"宣抚班"就经常帮着日本人杀害同胞。他们或者穿着日军军服，或者只戴一顶日军军帽，在自己的同胞面前却表现得"比日本人还凶"。第一〇九联队中也有一大帮来自沦陷区的汉奸，这支日军小部队里就有一个汉奸，听到班长发问，他赶紧答道："问什么？自己人！"

话音未落，枪声响起，班长应声倒地。日军迅速冲上前，守军连拉枪栓、压子弹的简单操作都来不及完成，只能端着刺刀直接与敌人进行拼刺，山顶上顿时充斥"杀——杀——"的叫声。

雪峰山前的中方机枪阵地，最前沿的官兵都佩戴着美式钢盔。抗战后期，中国还仿照美式 M1 钢盔，在美国定制了一批"中正"式钢盔并配备到部队。

守军增援部队闻讯赶来。当他们冲到山腰时，山顶上的喊杀声已经戛然而止，只见生还的官兵从阵地上撤下来，个个满身是血。

日军敢死队大半被刺死在山顶。和上次一样，还是漏网了三人，其中就包括那名汉奸。三个家伙在逃跑时迷了路，于是便由汉奸出面问路，结果被中国军队发现并全部击毙。

这场惨烈的阻击战，守军伤亡也很惨重。前去高札坡运送伤员的担架队跑上跑下，应接不暇。

龙潭只在咫尺之间，可是日军第一〇九联队想尽办法都挤不过去。菱田只得改变原先的作战计划，将该联队的首要任务缩小为占领龙潭。

要占领龙潭，就得先完全控制住鹰形山、牛形山。这两座高地都处于两军相持状态，其中牛形山因古松参天，林涛呼啸，在战史上又被称为“松山高地”，4 月 25 日夜，日军第一〇九联队第三大队偷袭并占领了这座高地。

次日，五十一师在炮兵的支援下，击退了日军的进攻，之后便对松山高地发起逆袭。在补充训练阶段，五十一师增加了许多未满二十岁的青年士兵。因为训练时间较短，这些士兵的作战经验和技巧尚有欠缺，围绕他们所设计的战术，便集中在行之有效的手榴弹战上。

这种手榴弹战可巧妙地运用于阵地逆袭上。在冲锋号中，三人一组的手榴弹投掷班不顾一切地进行冲锋，一边冲，一边从山腰向山顶投掷手榴弹。

为了夺回阵地，各冲锋部队常常要组织和发起两次乃至三次以上的波状逆袭，还有人在山腰放火，对山顶进行火攻，总之是不把来犯之敌驱走绝不罢休。

在实施防御的过程中，牛形山的工事不断得到加强，附近村庄里的木头、门板、家具、棉絮、蚊帐都成了构筑工事的材料，但双方都视为战斗屏障的是山梁上的巨石堆。

巨石堆周围地势开阔，双方都不敢轻易离开巨石或贸然露头，唯恐一不小心成为枪靶子。于是两军便围绕着这一天然工事展开短兵相接的血战，先是互掷手榴弹，接着白刃互搏。

盲人摸象

在牛形山山下的村庄里，村民除了少数担任支前民工，大多数都已经“跑反”，也就是疏散了，只有一些老弱或妇女留守在家，可以帮着守军置办伙食。

有一天，五十一师的三个士兵从鱼塘里捉到几条草鱼，让乡亲给他们煮鱼汤喝，可是还没有等到草鱼下锅，这三个士兵就接到了开赴前线作战的紧急命令。

乡亲煮了一大锅香喷喷的鱼汤，然而直到天黑，也没见到有人撤下前线。第二天，终于有几个浑身是血的士兵从牛形山上撤了下来，不过并不是原先捉鱼的那三个人。

见乡亲询问，士兵号啕大哭，他们说，全连能够完好地走下战场的就他们几个……

五十一师重新控制了松山高地，在近战过程中，该师将日军一个中队斩杀殆尽，自身也伤亡惨重。山梁之上，巨石与巨石间的缝隙都被手榴弹木柄填满了，士兵血肉模糊的尸体横陈交错，惨不忍睹。

截至 4 月 25 日，第七十四军五十一师和第一百军相继出击，将日军第一〇九联队主力包围于圭洞以东的崇山峻岭之中。

日军是无后方作战，所带粮食也十分有限。最初，他们以为能像以往那样速战速胜，所以一路上对民间的粮食牲畜都肆意进行糟蹋，或者烧毁，或者倒进沟壑。对抢掠到的耕牛，他们都只食用大腿部的肉，宰杀的猪，也仅取少量精肉。

到了这个时候，日军第一〇九联队的运输供应线被切断，不少部队很快陷入了饥饿状态。吃饭时，士兵集合站成一列，军官拿出一小袋炒米，给每个士兵发一把。士兵接过炒米，和着山泉水吞咽下去。

弹药倒是带了许多，但消耗更大，最后被迫实行配额供应，弹壳必须上缴，送交临时兵工厂进行再加工。

冈村获悉后，并不甘心自己的“芷江攻略作战”失败。倒是在前方指挥的坂西、菱田都有所动摇，暗地里已产生了撤退的想法，只是上层的态度让他们进退两难，只能硬着头皮继续往前推进。

在第一〇九联队陷入包围的情况下，菱田一边命令他们确保现有阵地以及准备攻势，一边决定从第一三三联队调一个步兵大队加炮兵中队赴援。

按照菱田的设想，如此调整之后，既可以迅速解第一〇九联队之围，又可牵制中国军队的主力，更重要的是本师团仍能够按照原计划进攻芷江，乃化被动为主动的一举数得之策。

接到命令时，第一三三联队对山门镇的进攻刚刚结束。山门位于圭洞以南，这里的守军只有第七十四军五十七师一六九团的一个营，他们以区区一营的兵力，承受了三倍于己的敌人的猛烈攻击。双方激战三昼夜，日军被杀伤五百多人，该营也伤亡惨重，但是直到日军冲入镇内，残余的一百多人仍与日军进行了三天的巷战。

攻占山门后，第一三三联队根据师团的命令，派步炮重组的救援大队攻向龙潭镇。

在湘西会战中，日军不仅丧失了制空权，而且陆军的侦察、联络手段也失灵了。一个非常明显的特征是，日军在会战过程中表现笨拙，与以往灵活敏捷的身手相比，简直判若两军。

过去中国军队在战场上遭遇日军时，都要极力隐蔽身体，即便窥视日军动态也必须倍加小心，若是谁不慎暴露目标，就会招致日军大炮飞机的攻击。如今是反过来，中方指挥官可以从容镇定地在第一线观察地形和敌情，倒是日本人隔着七八百米还是只敢探头探脑，东张西望，一旦发现前方有中国军队出现，他们立刻就得钻进林子隐蔽起来。

正是因为第四方面军总部对前线情况洞若观火，而日军如同盲人摸象，菱田的计划才步步被动：救援大队沿途遭到五十七师等部一轮又一轮的有力阻击，前进非常缓慢。

日军在中国战场上所依赖的三大法宝——飞机、重炮、坦克（或骑兵），现在都逐一失去了效用。

这倒也罢了，为了准备这次山地战，日军带来了许多驮马以及用于打马掌的化铁炉，这些炉子装上马达即可使用，每匹驮马还额外配备了四副马掌，以便中途进行替换。可正是这些驮马出了问题。它们都是改良马种，高大健壮，适于平原作战，在山区却行动艰难，尤其在遭到中方小股部队的袭击后，马队首尾不能相顾，一片大乱，把步兵前进的道路都堵塞了。

让救援大队大吃苦头的，还有雪峰山崎岖险恶的地形，基本上是越往前进，山越高，谷越深。所要经过之处，能供人马行军的道路宽不足一米，险要处又大多已遭到破坏，要想继续通过，只能锯倒树木，削下岩石，铺垫而行。

急风骤雨

4 月 26 日，日军救援大队进至距离圭洞约十公里的老隘塘。发现前有堵截，大队决定当晚实施夜袭，如果夜袭成功，28 日即可到达龙潭镇附近。

夜袭算是成功了，但当他们路过老隘塘西侧时，又遭到了数量更多的中方守军的拦截。救援大队拼着老命往前攻，然而直到 30 日仍无进展，更让他们感到恐怖的是，对面的守军居然还在不断增加。

在这段时间里，五十一师和第一百军不断向日军第一〇九联队发动攻击。中美空军也连续助战，反复对日军实施扫射轰炸。

会战之初，由于雪峰山区地形复杂，加上日军非常狡猾，在中美战机到达其阵地上空时就早已做好隐蔽，飞机常常找不到目标，出现误炸现象，甚至有中国军队一个步兵连的阵地被自己飞机摧毁的事发生。

为了解决这个问题，魏德迈向前线各军师派驻了对空信号联络组。第一线部队用红、白布做成箭头状，铺展在地面，然后让联络官用无线电话机通知机场的作战指挥室或飞行员，告知他们距信号箭头前面多少米就是日军阵地，这样便大大提高了飞机投弹的命中率。

如果日军躲起来，一线部队还必须采取其他更多的办法，比如派便衣联络员潜伏于森林或山顶上，用反射镜进行指示；又比如组织侦察小分队，配置在日军集结地周围，施放狼烟。

五十一师师部联络组有美军军官一人，下士官两人，士兵若干，他们时刻随中

由于缺乏现代化泵油设施，机场的中国地勤人员必须先将汽油从油罐倒入五加仑的油箱中，然后再靠人工灌进飞机油箱。图中地勤人员正在使用这种最原始的方法，给一架 B-29 轰炸机加油。

方指挥官行动，根据一线部队的需要，向飞机驾驶员指示射击和轰炸目标。

飞机投下的凝固汽油弹点燃了日军防守阵地上的树木和鹿寨，日军在白天的行动因此受到极大限制，他们诅咒“美机的猖狂”，形容中美空军的空袭行动“震撼山间，其势恰似南洋海上的急风骤雨”。

第一〇九联队面临的形势已是危机四伏，但师团长菱田过分低估了局势的严重性，他仍要求该联队冲破第五十一师、第一百军的联合堵截，继续做好攻击龙潭的准备。

就算是对方站着，你也未必有坐的地方，更何况人家已经把板凳全抽掉了。第一〇九联队白天只能立足于防守和对空隐蔽，从黄昏开始，才能在山炮的支援下进行小规模反击。这种反击有时也能奏效，然而损失很大，而且一到白天往往就守不住了。

联队长泷寺保三郎自行改变策略，决定不再进行反击，而只求保住现有的第一线阵地即可，同时缩短战线，撤出了一些明显守不住的高地。

通过研究圭洞战场的战报和所缴获的日军资料，以及询问俘虏，进行空中侦察，邱维达认定第一〇九联队经过连续恶战，已逐渐呈现出疲竭状态。空中侦察还表明，从山门方向开来了约一个大队的日军援兵，但被打援部队阻止在老隘塘动弹不得，第一〇九联队成了孤军。

机不可失，邱维达遂下令对第一〇九联队实施围歼。4 月 30 日晨，各部队开始总攻，其中第一百军第十九师担任正面主攻，包括五十一师在内的其余部队从不同方向进行攻击。

第一〇九联队第三大队虽然是预备队，负责为联队守备后方，但也多次参与过激烈战斗，本身已经人员不足且弹药缺乏。遭到攻击后，部队惊恐万状，大队长命令机要人员准备烧毁电报密码，同时发给伤病员每人一支步枪，让人把他们搀扶到指定的射击位置担任防守。

日军缺人已经缺到了见人就抓的程度，危急时刻，连配属联队的炮兵大队都被当成步兵使用，进入第一线阵地参与防守。

经过一天的猛烈进攻，第一〇九联队受到了更为沉重的打击，成为一支名副其实的残部。到 4 月 30 日夜间，第三大队的可战斗兵员仅剩八十六人。

另一边，日军救援大队自顾不暇，他们出发时有近千人，沿途不断损失，当天在老隘塘西侧与守军交战后只剩下四百一十七人，且仍未能与第一〇九联队会合。

第一一六师团长菱田与军司令官坂西是陆军士官学校的同期同学。坂西深知第一一六师团作为主攻部队，其成败对整个会战关系甚大，因此出兵前夜，曾专程在邵阳为菱田送行。

两人战前都承认，有着美式装备的中国军队，其作战能力将与往日完全不同，但是谁都没想到会变得如此强悍，而雪峰山的战局发展也完全出乎他们的预料之外。

据险搏杀

让菱田稍感省心的，是另外两个联队的战况还不算太糟糕。

日军第一二〇联队的攻击目标是洞口。洞口控制着通往江口乃至芷江军用公路的要道，其战略地位之重要不言而喻，早在湘桂会战期间，中国军队就在这里构筑了纵深、立体的防御工事，目前由第七十四军五十七师一七〇团二营担任防守。

洞口山势突兀险峻，且与周围山系紧紧相连。主阵地被从山麓修到山顶，犹如货架子一样地一层层搭上去，中间均设有枪架和鹿寨。在主阵地前面，则是开阔的水田，处于浓密的火力网覆盖之下，日军往往陷于水田中央而不得伸展。

凭借坚固的主阵地，二营击退日军的十几次攻击。阵地前的水田里摆满了日军尸体，血肉模糊，田水尽赤。

第一二〇联队从正面攻不上去，就想迂回，但是洞口主阵地南北连贯，根本找不到有利的迂回路线。

最后还是夜间的山间迷雾帮助了日军。他们以雾为障，组织敢死队攀上险峻的山岩，对守军阵地实施偷袭，洞口要隘遂告失陷。

越过洞口之后，日军由第一二〇联队、第一三三联队组成的第一一六师团主力已突进至雪峰山中段的主峰之下，对芷江造成威胁，师团长菱田这才松了口气。

日军在中路的主力是第一一六师团，在南路的主力则是第五十八旅团。第五十八旅团并不是那种新编的独立混成旅团，它隶属第六十八师团，也有较强的战斗力。

中方第七十四军第五十八师负责在南路御敌。按照邱维达的部署，他们可采用灵活机动的打法，多准备几道阵地，每一阵地达到预定目的后即相机转移，而不用一味去拼消耗。

第五十八师因此组织了数道防守阵地，其主要任务就是搜索敌情，严密监视日军动向，并利用工事进行适当阻击，以迟滞日军行动。

当日军第五十八旅团进攻新宁时，守城的两个连战至下午便不再与敌人继续胶着，而是立刻撤至师主力所在的武冈。

日军在战前的实地侦察工作虽然做得很细致，但能够在地图上进行校正的，主要还是局限于邵阳至雪峰山中间这一段。雪峰山区被中国军队视为防守重地，密探

负伤的中国士兵。这是美军罗伯特中尉在湘西会战中抢拍到的一张照片。

很难进入，日军也一直没能弄准雪峰山区的地形，以至于有的到达地点，地图上明明标注只相距约四公里，实际距离出现了数倍的误差。

攻占新宁后，日军第五十八旅团在当地停留了两天，以便侦察这一带山区的情况，并据此调整部署。他们计划继续占领武阳和武冈，以打开迂回芷江东南的通路，同时对中路的第一一六师团进行策应。

包围武阳的日军有三千多人，而当时城内仅有五十八师的一个连。面对二十倍于己的强敌，来不及撤离的守军据险搏杀，击退敌人八次进攻，杀伤日军数百人，在苦战三个昼夜后，终因寡不敌众，全部壮烈殉国。

第五十八旅团随即将进攻矛头指向武冈。武冈是中方五十八师师主力所在地，在日军发起进攻后，他们贯彻邱维达攻势防御的战术，仅留下一部分兵力固守城池，牵制敌军，主力及部队机关全部西撤至雪峰山区。

自判断当面之敌有西犯的企图起，第七十四军军部即命令五十八师参谋处在雪峰山南麓进行兵要地志的调查，以备战时参考。七十四军参谋指挥机构的完备程度，在国内军队里面首屈一指，当时其他军级部里都已撤销了参谋主任这一头衔，只保留上校参谋，唯有第七十四军各师仍设有参谋主任，并有第一、第二、第三、第四总计四个参谋科的科长。师参谋处本身编制也很大，仅上校主任以下军官就有二十余人，所有这些幕僚除了享有参谋加薪，还都享有军事主官的加级待遇。

在师参谋主任的率领下，五十八师参谋处集结各团团附、副营长以及部分有战术修养的军官，以一个步兵排为警卫，在雪峰山南麓勘察了约一个星期。通过勘察，他们对五万分之一军用地图进行了修正，对要隘、通路、制高点以及特殊地物，也一一做了详细记录。其间，泡洞引起了大家的特别关注。

极度敏感的时刻

所谓泡洞，是指雪峰山两座主峰之间的一条山谷。这条山谷长约十公里，两侧灌木杂草丛生且无法攀登，只有进出口有路可通，因此只需两头把守，谷内的人就可保无虞。相传武冈一带过去每遇兵灾，军民大多避入泡洞，百余年来从无失误。在五十八师进行勘察时，泡洞小溪旁已有少数住户。

正是依据这一情况，西撤时，五十八师兵站、野战医院的少数伤病员、部分随军眷属，以及武冈县机关、黄埔军校二分校，都避入了泡洞。日军零式飞机发现后，竭力避开中美优势空军的拦截，在靠近地面不到两百米的山谷上空进行飞行侦察，同时向目标暴露处投掷炸弹，但对泡洞内的军民已不能产生根本性的威慑。

其后日军大部队曾迫近泡洞山口，因地理情况不明，根本不敢贸然进犯，高山险地在军事上的利用价值被充分凸显出来。

同样让日军感到无可奈何的还有撤入山区的五十八师主力。这些野战部队所据守的山地，尽管不是泡洞，却也只需在隘路口派兵警戒，而大部队在深山里养精蓄锐，待命出击。

留守武冈的是五十八师一七二团一营。这是一个加强营，营长为杨文彬，新宁城的阻击战和部队的成功突围就是由他指挥的。不过与新宁不同，在湘西会战的格局体系中，武冈是中国军队在南线的战略支撑点，守军无命令不得擅自撤退。另外，作为有两千多年历史的旧制县城，武冈城区面积较大且地形复杂，即便让一个加强营守卫，人还是显得太少，无法在防守中形成重点。

前线的具体作战永远比纸上谈兵要困难得多。为了能够做到持久固守，五十八师参谋处预先进行了周密部署。武冈城西北有一座大皇城，是南明桂王建都之处，它北临山坡，四面筑有城墙，里面房屋稀少，适于构筑工事。于是防守时便以大皇城的北面山坡为核心，再沿着大皇城内墙构筑坚固工事。

大皇城墙外的居民全部被动员临时疏散，由此构筑出内外三道防御工事。武冈城东门外还有两座石塔，当地人称为姊妹塔。姊妹塔是全城最高的建筑物，如果被日军占领用作瞭望，守军阵地就会暴露，可如果予以炸毁，又破坏了文物——姊妹塔有数百年历史，而且建筑极有特色，其中一座塔倾斜约十度，世所罕见。最后，参谋处决定选派十余名勇士据塔进行防守。

自 4 月 27 日起，日军第五十八旅团便从东、西、南三面向武冈进行围攻。杨文彬营事先在城外放置了柴火，一俟日军迫近，即放火焚烧，阻敌前进。当日军步兵攻抵城垣，并用绳梯爬城时，守军并不急于射击，而是一直等对方爬到中途，才以冲锋枪进行扫射。日军伤亡惨重，护城河内敌尸累累。

东门外，据守姊妹塔的勇士沿塔挖外壕做铁丝网，在塔顶配置了轻机关枪和瞭望哨口，一样让日军无法靠近。两座塔内储备着够用一个星期的粮弹和饮用水，初期守军尚用电话向营部进行联络，报告敌情，在电话被切断后，便单独死守待援。

从会战一开始，中方即在战场上布置出了一个袋形阵地。在这个袋形阵地中，南路的武冈、北路的新化都是两翼阵地必不可少的支撑点。

日军处心积虑地要占领的，也正是这两个支撑点。在围攻武冈的同时，由日军第四十七师团第一三一联队组成的重广支队向邵阳西北的新化县城发起攻击。驻守新化的第七十三军第七十七师与敌血战，从举枪对射到白刃拼刺，一时刀光剑影，血肉横飞，围绕一个阵地常常反复争夺达五六次之多。第七十七师为此蒙受了重大伤亡，有一个团的连排长已经损失了三分之二，刚提升上去的军官马上也阵亡了。

战局到了极度敏感的时刻。中方是否仍握有胜算，指挥者需要再一次进行权衡。

湘西会战的战区辽阔，王耀武和邱维达经常派指挥人员、参谋人员到前线视察战况。可以看出，会战仍在按照中方意图进行，虽然有些据点争夺激烈，个别据点甚至已被日军突袭或占领，但是在整体上，一线兵团的阵地态势基本稳定，武冈、江口、新化都牢牢掌握在中方手中。经过半个多月的鏖战，进入这一带的日军也已成强弩之末，深陷于崇山峻岭之间而不得自拔。

5 月 1 日，邱维达本人又亲自对第一战的情况进行了视察。视察结束，他返回辰溪指挥所，与作战科长林铸年一道研究，两人都认为，第一期作战目的已经达到，准备第二期作战，实施攻势转移的时机已经成熟。

此时就战略部署来说，谁能及时有效地把强有力的二线兵团推至前线，谁的赢面就大。在长衡会战中，做到这一点的是日方，所以他们赢了，而到了湘西会战，拥有反转机会的则成了中方。

比一般城镇要紧

邱维达将自己的意见直接呈递湘西会战的总指挥何应钦。何应钦立即予以批准，并开始调兵遣将：第六战区王敬久兵团被调至常德、桃源一线，以接替第十八军防务，第十八军交防后昼夜兼程赶往新化；汤恩伯第三方面军所辖的第九十四军主力向武阳、武冈急进；为备不时之需，廖耀湘新六军被列为战略预备队，由昆明空运芷江待命。

在二线兵团到达之前，一线兵团的坚守就变得至关重要起来。只有武冈、江口、新化这几个重要据点不丢失，并能够掩护而后上来的二线兵团进出作战，才有可能在第二期作战中包围歼灭敌人。

邱维达要求各部队坚决固守现有阵地，没有经过上级允许，一律不准随意变更防守阵地，以等待第二期战略计划的实施。为此，参谋人员都分别赶到前线，传达这一意图，让前线指挥官做到心中有数，以免出现误差。

这种持续时间较长的大会战最为考验人的神经和意志，在有的战区，因为战斗激烈，双方都顾不上收殓战死者，于是防守阵地前遍布日军的尸体，阵地的交通壕内也有己方官兵的尸体，尸体腐烂后发出了刺鼻的臭味，令人作呕。大家只得用气味较浓的树叶塞住鼻孔，有时饿了一天，早已饥肠辘辘，可是因为尸臭影响胃口，也最多吃个半饱就再也吃不下去了。

如果突然下起暴雨，交通壕内更是血水及膝，整个晚上，士兵都只能站在血水中战斗，有人便轮换着以一只脚站立，另一只脚抬出水面晾干。长此以往，许多人脚上长满水痘，奇痒难忍。

在严酷的环境中，大多数官兵表现得坚毅勇敢，很多人在出击前都留下遗书，嘱咐留守的战友，自己一旦牺牲，请对方将遗书及遗物寄给家人，然而也有人经受不住考验，临阵慌了手脚。

当时一些基层部队里已经增加了指导员这一职位，国民党军队的指导员跟共产党军队不太一样，他们发挥不了太多的政治教育职能，一般充当的都是军事副手，比如连指导员又被称为副连长。某营一名排长阵亡，营长便命令连指导员代理排长，率领该排占领高地。谁知指导员口口声声说他是政工人员，不该带兵打仗。

营长再三下令，甚至说如果你不服从军令就要枪毙。这名指导员死活都不肯上去，整个人已经被吓到语无伦次。营长被气得暴跳如雷，当场让人对他予以正法。

得知还要继续坚守，各部队都重新进行了精神动员，当然动员的方式各式各样。一名指挥官反复对部下强调，防守阵地背后就是芷江，而确保芷江的安全关系到中国军队能否掌握制空权，“比一般城镇要紧”。

他还说，如果一线兵团战斗不力，致失芷江，随之而来，大后方重庆就会受到最大威胁，并因此影响盟国各个战场的形势发展，从而推迟对日作战的最后胜利。

当时同盟国正在美国旧金山举行联合国会议，目的是起草《联合国宪章》。中国作为联合国的发起国，已经正式被确定为五大常任理事国之一，这是近代史上从未有过的大事件，是中国在抗战中用浴血奋战和惨烈牺牲换来的成果，显示着中国国际地位的今非昔比。指挥官用这则消息来激励官兵：“与会的各国，对我们这次湘西芷江的作战是非常关心的。我们一定要打好这一仗，一定要使我国参加会议的代表，既能够昂首阔步地走进会场，也能够在会议上受到各个大国的尊重。”

一语已毕，群情激奋。一名军官马上站起来表示：“就是战死也要同敌人拼一拼！”紧接着又一名军官大声疾呼：“打倒日本帝国主义，打败来犯的敌人！”

战壕内的中国士兵。战壕不仅是士兵的掩体，还是输送后续兵员以及补给的场地，所以还必须挖有交通壕，以将战壕连接起来，作为通道使用。

指挥官在军中任职四年，自言还是第一次听到部下发出如此愤怒的吼声，第一次经历这样激动人心的场面。

八年来，这个国家的人民有过太多痛苦的失败，支撑着他们与命运相搏到底的，正是浸润于血液中的那一份勇气和坚强。

坂西的日子越来越难过了。最初是北路的重广支队受阻，猛攻了两个星期，才前进了不足二十五公里。不过这还可以认为是只有北路遇到问题，其他各路尚进展正常，坂西在给第一一六师团、第五十八旅团的电报指示中，也都明确要求仍按原计划执行。

但是很快第五十八旅团便在武冈城下陷入进退两难的尴尬境地。坂西嫌该旅团行动缓慢，未能有力地策应第一一六师团，命令旅团急速西进，以截断中国军队在雪峰山区向西的退路。

第五十八旅团遵令而行，将正在围攻武冈的一个步兵大队从城下撤出，与旅团主力会合后，朝武冈以北发动进攻。集结于雪峰山区的中方第五十八师主力立即奉命出击，其前卫第一七三团首先在武冈城西北的茶山坳与日军遭遇。

早在长衡会战打响时，张灵甫就已晋升为第七十四军副军长，只是因为战事正紧，所以还一直兼任第五十八师师长。那次会战结束后，他即卸下兼职，以后又像邱维达一样，先后进入青年军干部研究班（又称将官队）、陆军大学甲级将官班（由蒋介石特批，系甲级将官里唯一的少将学员）进修。

第五十八师现任师长为蔡仁杰。根据接战时对方无炮火支援的情况，蔡仁杰和幕僚分析，窜入茶山坳的日军仅为一个无特种部队配备的步兵联队，五十八师有予以围歼的条件。

这时天色已近黄昏，无法使用强大兵力，于是蔡仁杰一边下令第一七三团以一部与敌人保持接触，阻敌前进，一边做好第二天对日军进行围歼的准备。

第一七三团仍是围歼战的主力，师部在该团背后设置指挥所，副师长亲自率参谋人员及美军对空联络官进驻，通过向第一线及预备队架设的电话指挥作战。

当晚，五十八师所属三个团全部到达指定出击位置。进入茶山坳的日军也占领了高地，并彻夜构筑出坚固的野战工事，双方都在为即将到来的大厮杀蓄积力量。

前仆后继

拂晓，第一七三团开始攻击，向日军主阵地进行冲锋。第一线部队都随身带着对空布板，根据攻击进展沿线铺设，同时以电话通知指挥所内的美军对空联络官，以指示空军的打击目标。

当步兵冲锋时，中美空军不仅对日军主阵地进行轰炸，还使用 20 毫米口径重机枪进行轮番扫射。

按照原计划，部队应于中午 12 点以前完成歼敌任务，但事与愿违，直到中午时分，第一七三团都未能冲垮日军阵地，也未能迫使其后撤。

日军的防守如此顽强，自然是另有所图，从意图上分析，他们是要死守待援，指望与援军会合后在茶山坳取得突破。

五十八师遂以大部队封锁了日军的后路，以阻止其后续部队增援。与此同时，第一七三团也遵令调整了部署，挑选敢死队员组成几个冲锋队，向日军主阵地实施冲锋。这是换装之后第七十四军比较典型的一种进攻战术，即先以迫击炮射击一个小时，对日军阵地进行压制破坏，然后发射黑色信号弹，组织冲锋队在迫击炮的掩护下呈波状队形进行冲锋。

它的一个突出特点是，敢死队员不是在迫击炮停止射击或延伸射击时才冲锋，而是在迫击炮集中射击的同时就冲锋，所以常有士兵被己方发射的迫击炮弹击中的情况，但这种进攻方式确实能产生出摄人心魄的气势，且在实战中也具有一定的效果。

日军据于高山之上，对周围的情况看得十分真切，发现退路被切断后，困兽犹斗，抵抗时更加疯狂。冲锋队冲到离山头数十米甚至十几米时他们才开始射击，而且射得非常准，因此敢死队员伤亡很大。这种情况下，各冲锋队仍前仆后继，舍命攻击。

第一七三团有一个连长叫梁月波，是印尼华侨，抗战爆发后即回国参加抗战。他考入了黄埔军校，毕业后分发第五十八师见习，随之调任上尉参谋。梁月波的英语很好，与美军联络官交谈，比那些从大学投军的翻译还要流畅。照理，他用不着到第一线作战，但他一再请求下连队，最终担任了连长。

此次梁月波又主动请缨参加了冲锋队。他手持旗帜，带头冲锋达七八次之多。美军战机驾驶员在上空看得清清楚楚，十分感动，于是便报告了第四方面军司令部，称赞这位中国战士在战斗中特别勇敢。第四方面军司令部来电话查询，师参谋部据实进行上报，会战结束后，梁月波因此得到了一枚以美国总统罗斯福名义颁发的奖章。

为了能够迅速结束战斗，在冲锋队反复冲锋的同时，空军对日军主阵地投掷了凝固汽油弹。激战至下午 5 点 30 分，第一七三团全部占领了茶山坳日军阵地。此役当场俘虏日军负伤少尉军官一人，日军士兵三十余人，其余大队长以下四百余人均陈尸山头，除了被击毙者，还有许多日本兵被汽油弹烧成黑炭，身体与四肢都成弓形翘了起来。

驻五十八师的美军联络组绝大多数人都与中国官兵相处融洽，只有组长白朗生中校是个特例。白朗生毕业于西点军校，他有一个儿子丧生于太平洋战场。来到中国后，老爷子一心要为儿子报仇，然而中国落后的军事装备以及参差不齐的官兵素质，与他急切的复仇心态形成了鲜明反差。为此，白朗生对中国人打仗的水平很是不屑，经常超越部队的实际能力，给中国同行出难题。茶山坳歼灭战打响之前，他更是在敌情、部队所处位置、弹药补给等问题上和师部人员喋喋不休地进行争论，弄得大家十分头大。

歼灭战结束后，白朗生的态度出现了一个一百八十度的大转变。当前线部队押解着俘虏及战利品经过时，他竟然肃立道旁，向骑着日本大洋马的战士举手敬礼，还竖起大拇指连声高呼："顶好，顶好！"

第五十八师缴获了大量战利品，仅在山头上就缴获三八步枪三百余支，轻重机枪、掷弹筒七十余件，另外还有军刀、肩章、望远镜等各种杂物。

除了武器必须送交军械处，文件、日记要供参谋处研究，其余战利品都可以便宜处置。于是几名联络组的美军官兵就跑来参谋处索求战利品作为纪念，其中一名中尉军官得到了一面日本小队长的指挥旗，旗上有几个弹孔，还有血斑。

美国人知道旗子的纪念价值，看到之后，许多人都来，但是已经没有了。这种旗子本来应该有很多，但是基层官兵不重视，没有注意收集，所有只有一面。

众人十分沮丧，只好羡慕那名先到先得的中尉真是好运气。

日军俘虏。虽然俘虏的表情有些沮丧和不甘，但显然已无强烈的反抗意愿。

第九章

中国军队是好样的

（湘西大捷）

日军第五十八旅团的西进计划在五十八师面前停了摆，反过来围攻武冈的力量还遭到削弱，真是得不偿失。

通过密码破译，坂西又得知，新六军将通过空运从昆明抵达芷江，中国军队在雪峰山区各处的抵抗不仅不会趋于缓和，还将更为激烈。

和横山勇在长衡会战中所做过的一样，坂西同样配置了准备做进一步冲击的二线兵团，这就是刚刚抵达战场的第四十七师团主力。在认识到形势的严重性后，坂西赶紧下令，让这支后续部队暂不去前线，而在邵阳以东进行布防，以应付随时可能发生的紧急情况。

激烈的前线战事还在继续发酵。北路的新化，第七十七师的伤亡奇重，有些连仅剩下二十多名士兵，只能自动组合成一个连，返回阵地继续作战。就在情况万分紧急时，第七十三军第十五师、第十八军第十八师相继来援，使战局转危为安。

北路形势的翻转，对中路和南路的中国军队来说是一个很大的鼓舞。王耀武特地把这一消息告诉后两路守军，激励他们继续奋战。

5 月上旬，第五十七师一七一团二营火速赶到江口，与第一百军第十九师五十七团换防。第五十七师师长李琰限定该营必须于下午 3 点半前，在空军掩护下完成接防任务。

下午 2 点，二营提前到达江口。江口地势险要，有湘黔军用公路从东侧的青岩山下经过，日军只要拿下青岩，就可以通过军用公路直取芷江机场。大家一到江口，立即意识到这是敌我必争之地，营部提出的口号是:“誓死保卫江口！”

由于失去制空权，日军白天不敢发动有威胁的进攻，其攻势主要集中在晚上。原防守团已与日军激战了两个晚上，第一个晚上日军发动两次进攻，第二个晚上发动了四次进攻，战斗非常激烈，敌我第一线相距仅四百米，防守阵地也一度处于危急状态。

先发制人

经过和美军对空联络官联系，中美空军的四架战斗机轮流向日军阵地俯冲、投弹和扫射，同时师山炮连的山炮也连续向敌人进行射击，借此掩护换防。隆隆炮声中，二营迅速接收了第一线。营长李中亮对阵地进行部署后，集合连长讲话："从今天开始，就要看我们的了，我们是军人，绝不能丢第七十四军的脸。全营的任务是死守阵地，阻止敌人的前进！"

二营五连负责守卫的青岩主峰是防守阵地上的制高点，也是战术上的要点，李中亮要求："不惜牺牲，一定要死守。"他把目光对准五连连长周北辰："周连长，主要是看你的。"

早在常德会战之前，正值黄埔军校第十七期学员毕业，填写志愿后，一部分人留校，一部分人被分派前线，当时分到七十四军的有三十多人。这些黄埔学生均以少尉军官的身份入伍，迭经战斗，到湘西会战时，一些人已由步兵排长升任连长，周北辰就是其中之一。他平时能说会道，但这时因深感责任重大，只答应了一声"是"，便不再吭气了。

机枪连连长萧峥也是第十七期学员。他的机枪连按照新编制，应该有四个排，八挺重机枪，但此时只有六挺重机枪，这样有一个排就只能暂时作为弹药排。作战时，两个排配属到一线步兵连，萧峥自己控制一个机动排和弹药排。

在步兵攻防体系中，机枪起着举足轻重的火力支援作用，因此不管哪一个机枪排，在机枪位置的选择、工事构筑的强度上，萧峥都要和周北辰事先共同商定，他对于全营的兵力部署，防御工事的进度，以及营长的指挥意图也都比较清楚。

见气氛显得过于紧张，萧峥脱口而出："报告营长，可不可以先发制人？"

防御有积极防御和消极防御之分，先发制人属于积极防御。作为擅长防御的"虎贲师"，这一战术经常被五十七师采用，李中亮对部下的主动提议表示赞同，他语气坚定地说：“对，出击，打他个下马威，显示我们的厉害！”

夕阳即将西下，可以预计只要夜幕一降临，日军必会发动袭击。

天空中忽然出现了四架中美空军的飞机，它们盘旋、俯冲、轰炸、扫射，压得敌人无法抬头。在空军的掩护下，由周北辰连调出的一个排（晏排）从该连右翼出发，向日军阵地疏散隐蔽前进。

守军的率先出击完全出乎日军的意料之外，当晏排到达敌阵前约两百米处时，日军仍毫无动静。

二营的前进指挥所设在青岩主峰背后一点，营长李中亮居高临下，通过望远镜对敌阵的情况看得清清楚楚。当发现晏排距离敌阵只有约一百五十米时，随着他一声令下，轻重机枪和迫击炮便猛烈地射向敌阵。

在强大火力的掩护下，晏排立即发起冲锋，霎时间，喊杀声、枪炮声、手榴弹爆炸声，惊天动地，汇成一片。

当晏排冲锋时，日军尚毫无准备，大部分甚至不在射击位置上。士兵如狼似虎地插进去，用冲锋枪或刺刀解决了日本兵，从而一举占领其左翼阵地。目睹这一情景，美军对空联络官禁不住伸出大拇指高呼：“OK！”

日军急忙用枪炮进行堵截，同时趁空军黄昏后离开的间隙，向周北辰连阵地猛射，以阻止中方继续增援。

李中亮决定见好就收。全营迫击炮、轻重机枪齐射，加上师山炮连的压制，使晏排得以顺利撤回原阵地。这次出击，晏排仅日军轻机枪就缴获了三挺，其他战利品还有很多，为此师长李琰亲自打来电话进行了表扬。

自晏排出击之后，连续两天一夜，日军都再未发动进攻，守军得到了充分休息，证明先发制人的战术收到了效果。

在此期间，军用公路上运输车辆十分频繁，前线所需的给养和弹药源源不断地被送上山来，前线的伤病员也可以及时送往后方医院。后方医院的医护人员主要是美国援华人员，不仅医疗水平较高，而且认真负责。有的伤病员感染了破伤风症，医院没有药物，他们一个电报发到昆明，美军援华总部便会立即派飞机空投药品进行急救。

驻芷江的汽车团不断将军用物资运往雪峰山前线，前线的物资补给因此能够得到切实保障。

如此良好的后勤状况，在历次国内战场上都是很少见的，加上制空权的完全掌握，一七一团二营守住青岩主峰的信心倍增。这时团长杜鼎也到达江口，并用电话告知李中亮："必须有破釜沉舟之决心，才能夺取扫穴犁庭之战果。"

只许成功，不许失败

营连指挥官估计，日军没有动静，不是不想进攻，而是正在调整部署，当天晚上他们就可能倾巢来犯。

果然，从黄昏起，日军就用火炮进行了猛烈轰击，前沿指挥所附近落下了不少炮弹。在隆隆炮声中，日军向周北辰的五连发起冲锋，阵地上顿时枪炮声大作。

青岩战场究竟谁胜谁负，均取决于夜战。周北辰沉着指挥，部队连续打垮了三次冲锋。日军的这三次冲锋间隔时间都很短，而且一次比一次凶猛，不过守军的士气也一次比一次旺盛，愣没让对方占着一点儿便宜。

在机枪连连长萧峥的陪同下，副营长石盛荣到第一线巡视，问周北辰情况怎样。

周北辰慨然答道："不要紧，对付得了。"

事实上，五连伤亡很重，预备队都已经增加到了第一线。团长杜鼎得知后，马上从其他阵地抽调一个排前来增援。

日军发起的第四次冲锋更加凶猛。鉴于前面的攻势接二连三被击退，胆战心惊之余，他们在两百米开外就用机枪向守军阵地扫射，还哇啦哇啦地大呼小叫。

守军则越战越勇，越打越老练，大家遵循着一个原则，即日军不进入火力网，绝不轻易开枪，只有当他们发起近距离冲锋时，才以强大火力进行压制，其中机枪排的侧射尤其给敌人造成了重大杀伤。

杜鼎派来增援的步兵排到达前沿指挥所，石盛荣和萧峥一商量，决定不将这个排直接增援到第一线，而是由侧面出击，尽量迂回到日军后方或侧翼。

营长李中亮完全同意，但是要求："拂晓前赶回阵地，只许成功，不许失败！"

萧峥率领增援排以跃进方式，在阵地前形成侧翼伏击圈。这时敌我阵地已经鸦雀无声，一片沉寂，几乎让人以为日军不会再发起进攻了。不过十分钟不到，借着朦胧月色，就见敌阵中隐隐约约有人群向守军主阵地移动。

按照纪律，参与伏击人员不许说话，也不许乱放一枪，大家都屏住呼吸，一动不动地趴在地上，严密监视着日军的动静。

日军越来越近，越来越多，也越来越密集，到距离主阵地约一百五十米时，已超过伏击线，同时使增援排在事实上对日军形成了右翼包围。

突然，日军发起冲锋。箭在弦上的伏兵立即开火，机枪、冲锋枪、手榴弹猛烈地扫射和投掷，敌人被打得晕头转向，抱头鼠窜。

按照原先的出击计划，萧峥用手电筒发出一长两短的信号，让主阵地延伸射程。随后他命令排长在原地用轻机枪进行掩护，其余士兵或持冲锋枪，或端着上刺刀的步枪，向日军实施反冲锋。

生龙活虎的官兵一直冲到五连阵地的右前方，杀得敌人溃不成军。残余敌兵抵挡不住，连滚带爬地逃回了敌阵。

石盛荣在主阵地上见出击成功，连忙用手电筒发出一长一短的信号，指挥增援排在拂晓前撤回了原阵地。

相比于“先发制人”的那次出击，这次战果更加丰盛：缴到了歪把子轻机枪五挺，三八大盖二十余支，还有一把指挥刀……

次日，团长杜鼎到达第一线，见到萧峥，连声夸奖：“昨天晚上你们打得很漂亮，你这位机枪连长，哈哈！”

后来萧峥因功被授予一枚干城勋章，两次出击行动中的排长各被提升一级，由少尉升为中尉。

在青岩战斗中，责任最重的还是第五连连长周北辰。某次日军晚上偷袭主阵地，周北辰亲自端着轻机枪进行扫射，换弹间隙，一名日本兵摸到附近，戴着手套就来拖他的机关枪。

周北辰感觉不对劲，便喊起来：“副营长，我的机关枪被鬼子拖住了。”

当时石盛荣正好在第一线巡视，而且就在距离周北辰不远的地方，听到后大叫一声：“龟儿子，等老子来收拾他！”说完，这位副营长端着冲锋枪跳出战壕，哒哒哒地一梭子弹扫过去，把拖机枪的日本兵扫成了马蜂窝，后面的日军全都吓跑了。

晚上无法得手，日军便不顾伤亡地在白天也展开攻势，以图能够尽快突破青岩。战斗最激烈时，第五连连长周北辰一边用机枪扫射，一边指挥士兵进行顽强阻击。中美空军的飞机则不停地在上空盘旋，日军冲到哪里，它们就把炸弹扔到哪里。

一七一团接防之前，日军的步炮协同做得比守军好，其炮兵在攻防中占据着明显优势。接防后，观通排排长汪吉佑奉师山炮连的命令，特地率两门山炮进入一线协助步兵作战。

该歇还是歇着吧

所谓观通，顾名思义，是观测与通信的合称。在炮兵部队里，观通排主要负责阵地测量和战场的通信联络，排里的官兵均要求有一定的文化水平，至少要上过中学，这样才能学会使用观测仪器以及计算射击诸元。

观通排排长汪吉佑也是黄埔第十七期学员。他是流亡学生，父亲死于日军屠刀之下，因此他与日军有着血海深仇。第一次参加战斗，他就在心中默默地祷告：“爸爸，我马上要和日寇交锋了，我一定要以百倍的勇敢投入战斗，为您报仇！”

汪吉佑和周北辰既是黄埔同学，也是江西同乡，两人私交非常好。汪吉佑将观测所选在青岩山头，紧靠着周北辰的指挥所，配合起来更加默契。

有一次作战时，汪吉佑从望远镜里看到有四十多个日本兵正从左前方向主阵地匍匐接近。周北辰也同时发现了这一敌情，赶紧喊：“吉佑，那边有鬼子的生力军来了，赶快开炮打！”

汪吉佑立即通过电话向炮兵阵地发出口令：“榴弹！瞬发信管，向左五，两千四百米，待命放。”阵地回复：“准备完毕。”

看准时机后，汪吉佑朝话筒里喊了一声：“放！”只听轰轰两声，两颗炮弹落进了人群，把日军炸得鬼哭狼嚎。

周北辰高兴得直朝他竖大拇指：“吉佑，你这两炮打得好，硬是要得（江西方言，确实不错的意思）。”

湘西前线的炮手，正在用迫击炮向敌人射击。

中路的江口阻击战包括青岩和铁山两部分，守卫青岩的主要是第五十七师一七一团，守卫铁山的是第五十七师一七〇团。日军第一一六师团第一二〇联队、第一三三联队在这一线投入了所有兵力，前线参与进攻的日军最多时达到六千多人，但均无法冲破中方的防线。

5月3日，日军在前方的败局已经很明显，坂西被迫向驻汉口的第六方面军司令部、驻南京的“中国派遣军”司令部发去急电。在电报中，他直言“芷江作战方向，中央军集中了意想外之大量部队”，为此，请求上级给他增加两到三个师团的兵力。

结果是两边的上司都不同意。第六方面军司令官冈部直三郎说，原驻南宁、柳州、桂林沿线的部队此时都在进行撤退，用于收缩战场，防止美军登陆。言外之意，芷江战场怎么样已不重要，当然他更不可能分出兵来给坂西使用。

“中国派遣军”司令官冈村宁次倒没有把话说得这么绝。他的分析是，如果采纳坂西的增兵建议，两到三个师团是不够的，至少也得派七个师团，才可以在雪峰山获得胜算。

理由不同，结论却都差不多，那就是坂西的想法与现实状况相去甚远，该歇还是歇着吧。

问题是前线的作战部队可歇不了。新化方面的战斗越来越激烈，第七十三军的美军联络组长白兰德想到前线来看一看，结果刚到前线，其翻译就饮弹而亡。白兰德曾是第一次世界大战时的美军营长，他吃惊地说：“我们当年打得最厉害的时候，也不过如此。那时还没有这么多的飞机大炮。”

在中国军队的猛烈反击下，日军重广支队损失严重，且已无法西进，只能在新化西南的洋溪实施被动防御。

中路的日军第一一六师团最富作战经验，战斗力也最强，但面对第七十四军、第一百军的“铁锤”打击，三个步兵联队被围的被围，被堵的被堵，过了半个多月，仍无法实现预定的会合目标。

三个联队中，以陷于圭洞以东的日军第一〇九联队最为不堪。该联队的弹药进一步减少，第一一六师团不得不派辎重部队从包围圈的缝隙中穿过，冒险为其补充弹药。即便这样，仍不敷使用，如果不是飞机空投弹药和靠临时兵工厂加工弹壳，整个联队便只有用刺刀和枪托作战了。

其实日军第一一六师团乃至整个第二十军，在后勤补给方面都已陷入困境。曾有两架日军的小型运输机飞临第一〇九联队阵地上空，低空投下弹药箱，以图鼓舞士气。士兵急不可耐地打开空投下来的弹药箱，发现里面居然有砖头，他们禁不住绝望地号哭起来。

联队长泷寺将部队生活区设于沟底，重伤员和病号也都在沟底分散设营。此时的他只求能突出包围圈，什么穿越雪峰山，攻占芷江之类的念头早已烟消云散。

其他两个联队倒是仍在进攻，可是除了人越死越多，几乎是寸步难进。此时连师团长菱田都失去了继续西进的信心。

日军前线部队难以支持的情况，全部汇总到了位于邵阳的第二十军指挥所。见各路战场都处于被动挨打的势态，且无强有力的二线兵团可予以改变，5 月 4 日下午，军司令官坂西给第一一六师团、第五十八旅团下达命令，让它们分别后撤至山门、洞口、花园市附近进行集结。

嗅枪队

坂西的意思是整理一下队形，就好像一个人出拳，先缩回拳头，然后再打出去一样。孰料日军第五十八旅团上下早就精疲力竭，一接到命令，西进部队当晚就迫不及待地开始退却，又由于全面指挥和相互联络跟不上，便形成了近似毫无组织的溃退局面。

驻武阳的日军第一一五大队率先与大部队脱离，随即被正朝武冈疾进的中方第九十四军第五师歼灭殆尽。武阳以东的第一一七大队也遭到包围，他们不知道第一一五大队已经被歼灭，居然还通过无线电向其求援，结果自然是叫天不应，叫地不灵。

好不容易，第一一七大队才从包围圈中挣脱出来，同其他部队一起向花园市狂奔而去。

中方第五师早就预计到了日军可能突围的方向，提前便在花园市以西切断了其退路。日军后撤部队不敢走大路，只得沿着崎岖的山路迂回东撤，骡马、火炮等一应辎重也被全部予以抛弃。

5 月 7 日，驰援武冈的第四十四师到达武冈城外围，与守城部队一起对围城日军进行夹击。围城日军早就疲困不堪，遭到夹击后不支溃退，武冈之围遂解。

少数溃散日军乘乱逃进了深山老林。这些家伙有的晚上到村子里去偷抢食物充饥，有的丢掉枪支，穿着抢来的衣服，企图化装成老百姓的模样伺机逃脱。

部队不便出动大股兵力进山搜索，于是便让各乡公所组织搜捕，并规定每俘虏一人，即奖励法币一万元。日军在进攻时对武冈百姓干尽了烧杀掳掠的坏事，当地百姓恨之入骨，就算是不给奖金也不会放过他们。各乡奉令后即组织武力搜山，先后捉到十余名日本兵送来武冈。

当日俘被押解至武冈城时，市民都争相前来观看。这些日俘一个个都低着头，满面愁容，其中一个士兵还穿着抢来的带花边的黑色女裤。一个少尉军官是日本明治大学的毕业生，受审时，他用笔书写了“通通完了”四个字，便闭口不言。

5 月 7 日晚，江口方面日军第一一六师团所属的第一二〇联队、第一三三联队从原阵地逐次撤离，而在他们撤离之前，第一〇九联队已提前一天动身。

提前一天，是因为师团长菱田预料第一〇九联队抽身而走的困难最大，除了特意提前一天，他还勒令救援大队等部再次对第一〇九联队进行接应。

第一三三联队派出的那个救援大队自出兵以来，从未能够与第一〇九联队接上头，自身兵员却从千人锐降至数百人。再次奉命接应，他们居然连本地的瑶族自卫队都打不过了。

湘西民风剽悍，群众多有武器，但是步枪很少，大多是打野猪用的鸟铳。瑶族自卫队有三十多人，最初只有两三支长短枪，其余全是鸟铳。用鸟铳射击时，射击者好像是把枪往鼻子上轻轻一嗅，枪口就能轰地一声喷出烟雾，所以他们又把鸟铳叫作“嗅枪”，自卫队也被称为“嗅枪队”。

要是跟日本人拼真材实料，“嗅枪”显然是干不过三八大盖的。自卫队采取的是游击式的袭击战术，就是两三个人一伙埋伏在茅草和荆棘丛中，像打野猪一样，向大路上的日本兵开火。若是“野猪”是零散日本兵，该他倒霉，队员就能缴到让他们心仪的步枪，而如果日本兵较多，并且已经发觉他们的所在位置，他们打完就会跑。这些自卫队员从小生活在高山密林之中，上山下山奔走如飞，如履平地，日军根本就追赶不上。

5 月 7 日那一天，自卫队队长蓝春达派刘冬生出山进行侦察，不料他刚出山就被日军救援大队的士兵抓住了。

刘冬生年纪小，个头也不高，被日军抓住后就拼命哭，说是要找他父亲。日军一贯杀人如麻，对这种情形下出现的中国人更不会放过，但可能是他们希望从刘冬生嘴里了解一些情况，或让他带路，所以并没有马上杀害，而是将他关进了一间房子里。

刘冬生是个猴精猴精的孩子。当天晚上，他就从房子里逃脱，然后进山向蓝春达进行了报告。

掌握敌情后，蓝春达集中了所有步枪和鸟铳，并利用树林草丛的遮挡，指挥队员慢慢接近了日军。

随着蓝春达发出信号，队员从各个方向一起开火。日军猝不及防，有的当场倒地，有的被鸟铳击中，虽然一时三刻死不了，但是满身都是弹丸，剥又剥不掉，扒又扒不出来，痛得哇哇乱叫。

这次阻击战打伤日军不下百人，十三名日本兵被打死，自卫队缴获了八支三八大盖。受到惊吓的救援大队只得暂时放弃接应计划，仓促后撤。

用奇兵的经验

就在日军慌不迭地撤离之时，中方也即将掀起一场酝酿已久的大风暴。在辰溪，随着前方送来的日俘越来越多，集中营已经人满为患，不得不将其中一部分日俘转送贵阳、重庆。解送途中，还发生过暴乱事件，有两名日俘带头抢夺押解人员枪支，打死了一名排长和两名美籍驾驶员。事发后，贵阳当地补训处出兵才予以镇压。

刚刚从飞机上走下来的新六军官兵。

类似事件以前从未发生过，因为从来没有抓获过这么多日军俘虏。此时，由昆明空运而来的新六军、昆明伞兵大队已全部在芷江和安江地区集结完毕。第十八军主力也抵达辰溪，正在增补弹药，整装待发。

虽然已经大军云集，但是究竟应该如何使用二线兵团，以达到最佳的反击效果，指挥层还在商讨之中。

为此，何应钦和美军作战司令麦克鲁亲赴安江召集军事会议进行定夺，王耀武、邱维达等各级将校均出席了这次会议。

邱维达刚从前线回来，对前线情况较为了解。他建议，二线兵团不宜投到战区正面，也就是中路去冲击日军。

第七十四军的将校似乎都对三国名将邓艾有极好印象。万家岭战役时，张灵甫曾效仿邓艾偷越阴平的战例，组织突击队对日军发动奇袭，邱维达也认为邓艾用奇兵的经验值得借鉴。他的方案是使用一个加强军的兵力，从辰溪插入日军侧背再向南进击，在截断湘黔公路后，配合一线兵团对日军实施围歼。

邱方案的优点是无须攻坚，即能歼灭日军全部或大部，缺点是部队在运动和交通上可能会遇到困难。针对后者，邱维达已经准备了解决办法，一旦加强军启动，他可以组织数千健壮民兵交付给部队，从而暂时以人力代替车辆运输补给品，同时他还可以将部队车辆集中在江口，只要打通湘黔公路，便能投入使用。

除了邱维达的“左翼迂回包围”，会上还出现了出击方向和它大相径庭的第二方案。这一方案是由陆军总参谋长萧毅肃、副参谋长冷欣、新六军军长廖耀湘共同提出，他们主张从中央突破，将日军压缩于资江以西地区予以歼灭。

围绕两案，与会者纷纷各抒己见。廖耀湘不同意邱案，理由是二线兵团多为美械装备的部队，对交通线依赖很大，离开公路就无法作战。若把这样的部队投到深山小道上去，等于削弱自己的优势。

邱维达反驳说，日军同样善于机动，你想用公路，他也想用公路，双方主力都在公路两侧会合。这样做只会导致双方力量对消，形成“顶牛战术”，最后纵然能够打过去，把敌人赶跑，也达不到歼灭战的目的。

会议开到深夜，还没有辩论出一个结果。主持会议的何应钦左顾右盼，一时难下决心。

忽然前线指挥所打来电话，让邱维达回指挥所处理一件重要事务，于是邱维达先行告辞离开。他已经几昼夜未曾合眼，一回到指挥所，精神上一放松，就想先休息片刻。

谁知刚刚躺下，电话铃又响了。拿起话筒一听，是王耀武的声音：“你是维达吗？”

原来会议结果已经出来了，何应钦、麦克鲁斟酌再三，均认为邱案考虑既周到又全面，已决定采纳这一方案。

王耀武让邱维达赶紧回安江一趟，以便指导方案的实施。邱维达问二线兵团打算使用哪个军，还是两个军同时使用。王耀武回答说，是先使用第十八军，以后看情况再决定是否动用新六军。

第四方面军的前线指挥所原在辰溪，此时已前移至溆浦。邱维达说那我就不用再回安江了，因为第十八军必定要在溆浦进出，直接在溆浦与他们联系便可以了。

第十八军开入溆浦后，邱维达向军长胡琏面对面交代了各项注意事项，同时他按照原先准备的办法，在溆浦县动员了三千人的民工运输大队给部队使用，如需增加，还可以继续进行调派。

5 月 8 日拂晓，万事俱备的中国军队开始全面反攻，其发起反攻的时机和速度让日军措手不及。

参与正面反攻的部队主要是第七十四军、第一百军以及第九十四军等部，尽管多数部队都经历过艰苦的防守阶段作战，官兵仍旧士气旺盛，斗志昂扬。日军慌不择路，有的被追上时，正在做饭吃，有的边吃边走，完全想不到中国军队会突然从背后追杀过来。

一些被击毙的日本兵背包里，被发现有一个甚至两三个手掌。据俘虏交代，这是准备带到后方时，火化后寄给死者家人的，不料负责带手掌的人也魂归九泉。

集体“玉碎”

在日军败局已定之时，新任“中国派遣军”总参谋长小林浅三郎在衡阳听取了前方的战报。回到南京后，他提出了应当中止湘西作战的看法，因为“第二十军的攻势终于在雪峰山脉受挫”。

冈村是个务实派，马上表示同意。5 月 9 日，南京总部向日军第六方面军下达了中止芷江作战、部队适时撤回原驻地的命令。同一天，第六方面军向坂西进行传达，坂西收到命令后，赶紧和幕僚研究将部队撤回邵阳的计划。

这些命令和计划似乎都已经和第一〇九联队毫无关系，他们现在要考虑的不是撤回邵阳，而是怎样避免被围歼的厄运。

第一〇九联队对面的中方第五十一师发力猛追，在木鳌洞一线将尚在后撤的日军一口咬住，并将其分割挤压于当地的崇山峻岭之间。该联队第二大队一部百余人，被一五一团围困于一片竹林之中。一五一团阵地与竹林的最近距离不过百来米，而且竹林周围全是无遮无拦的农田，使整个竹林犹如一座孤岛，日军只要一走出去，立即就会成为活靶子。

日军只好躲在竹林里不出来，一五一团团长王奎昌见状，便下令集中炮火向林子里进行轰击，同时让会说一些日语的军士刘德发在阵前喊话。

两天之后，日军残部在饥饿和死亡的煎熬下已斗志全无，他们派军使向王奎昌接洽投降。王奎昌允许他们放下武器，并承诺会按照国际公法保障其生命安全。

刘德发随军使回去复命，双方讲好于当天上午 8 点以前缴械投降。想不到一名日军军官居然当场切腹自杀了，其他人见了之后，皆垂泪不语。刘德发一看气氛不对，赶紧回团将自己目睹的情况报告给了团长。

得知日军又中途反悔，王奎昌下令恢复进攻，部队一面炮轰，一面向林子里进击。到中午 12 点时，战斗结束，林子里除了死者，剩下的十五名伤病员被全部俘虏。

这时，陷在包围圈里不得脱身的第一〇九联队主力已经以夜色为掩护，向山门方向逃窜。

山门镇如今既是日军的后方补给点，也是日军第一一六师团撤退必经的交通要隘之一。依照邱维达的方案，第十八军第十一师在通过溆浦县城后，即从日军右翼侧背猛进，向山门直插过去。当日军第一〇九联队接近山门时，正好第十一师也赶到山门西北地区并对敌人发起侧击。

第十一师是全美械装备的部队，在会战前已经过一段时间训练，而且刚刚参加战斗，一个个龙精虎猛。早就残损不堪的日军第一〇九联队哪里是对手，纵使看到山门，也不得其门而入。

美制 105 毫米榴弹炮。从抗战后期开始，中国军队开始有条件采用炮兵群战术，即打破原有山炮、野炮、榴弹炮部队建制，将不同类型的火炮集结成为功能全面的火力集团。

5 月 10 日，第十一师攻克山门，在日军右翼侧背划开了一个大口子。眼见形势急转直下，日军第一〇九联队只得冒死突围，企图乘被完全包围之前夺路逃走。

第十一师作为第十八军的核心，是一支很有作战经验的老部队。指挥官迅速调整部署，在山门北面高地上占领侧面阵地，以控制东西隘口。

日军第一〇九联队突围时，摸不清守军主阵地所在，在用火炮盲目向山门乱轰一阵后，即贸然进入山门。看到日军脚一伸，各个阵地上立即枪炮齐鸣，日军毫无还手之力，其先头部队几被全歼。第十一师仅付出少数伤亡，即大获全胜。

前有堵截，后有追兵，置身荒山野岭之中，日军第一〇九联队几乎无路可走，情形狼狈至极。万般无奈下，他们被迫绕过正面，朝山门东南方向撤退。

5 月 11 日，第一〇九联队撤入黄连江，与接应他们的救援大队会合。常言道，将军不下马，各自奔前程，更何况是面临如此大难的时候，但日军各部队之间的团结协作以及特有的武士道精神确实很值得一提。

黄连江是个小山村，在救援大队驻扎期间，该部饱受中美空军的轰炸扫射，但是一直赖着不肯走，为的就是等待第一〇九联队。

第五十一师很快就尾追而来，并在黄连江的北、西、南三面占领阵地，对日军形成拉网式攻击态势。日军第一〇九联队幸亏有救援大队接应和掩护，才在东南面保留了一条可供脱身的石板古道。

纵使这样，要想迅速逃出也非常困难。对第一〇九联队来说，最大的累赘就是伤病员。为了减轻撤退时的负担，联队长泷寺根据师团指示采取紧急措施，将五百余名重伤病员集中于村内进行焚烧，还美其名曰：“效忠天皇，集体玉碎。”

如此“玉碎”让重伤病员难堪其苦，不少人一边号叫呻吟，一边从熊熊烈焰里挣扎爬出，之后暴尸于道路或水田之中。两年后，人们在清理火焚现场的废墟时，仅骸骨就挑出了几十担。

第一〇九联队与救援大队加在一起仍有三千之众。5 月 12 日，这两支残兵向与黄连江仅隔三里路的桃林逃窜。

桃林是一个长约三公里的峡谷，两边皆是险象环生、无法攀缘的山壁，中间的古道也仅有一米来宽。日军沿着古道没走多久，峡谷两端的关口就都被紧追不舍的第五十一师用火力截断了。

第一〇九联队突围时一路甩包袱，除了在黄连江烧死的那些重伤病员，一些马匹和重武器也被予以抛弃。身子倒是轻了，可士兵还是觉得四肢无力。

不用说，当然是饿的。在黄连江停留期间，日军救援大队除了躲飞机之外，就是在百姓家翻箱倒柜找吃的，然而这一带山区居民根据地方政府的命令，早已进行了坚壁清野，粮食都被藏进了山中，他们最多也不过搜寻到几斤生黄豆而已。到第一〇九联队进村，连黄豆都没有了。

一边是被围困于峡谷，一边是彻底断粮。饿昏头的士兵逮着什么吃什么，运气好的可以抓到青蛙、蛇、蛤蟆充饥，运气不好的只能以青草和喝水维持生命。

最惨的还是伤员。因为没有绷带，许多人将衣服撕成布条进行包扎，轻伤者尚可在包扎后继续随队，重伤者和重病员唯有死去一途。

真本事

5 月 13 日，中美空军向峡谷里的日军发起攻击，炸弹的轰隆声、机关炮的嗒嗒声响彻峡谷。日军死伤惨重，受惊的军马纷纷坠入谷底的小河中，致使河谷堵塞。

大部分日军都已失去突围生还的希望和信心。山炮兵联队长平原一男向泷寺提出，与其在峡谷里束手待毙，受这些活罪，不如做自杀攻击，一了百了。

泷寺仍很清醒，认为尚有突出去的一线希望，不应就此放弃。支撑他这一念头的，还有师团长菱田发来的急电："师团为营救你部，决定全力向山门方向挺进！"

5 月 14 日晚，日军在泷寺的指挥下发动决死式的夜袭，这才得以冲出峡谷。两天后，少数幸存者与前来接应的第一三三联队会合，如此第一〇九联队才未被成建制完全歼灭。

日军第一〇九联队所经过的山区路线，从地图上看并不算远，总共不过二十五公里，但在中国军队的围追堵截下，他们平均每天的后撤距离仅为三公里。尤其在桃林，寸步难移不说，甚至整条船都差一点翻掉。直到战后两年，桃林一带的旧战场仍是一片恶臭熏天、苍蝇蔽地的景象，附近居民进沟砍柴、打猪草时，见枪支、军刀、弹壳一类的遗物俯拾皆是，日军当时受创之重不难想见。

早在第七十四军引以为豪的上高会战中，第五十一师就荣获了国民政府第一号武功状，不过此后第五十七师、第五十八师似乎比它更为抢眼，而在龙潭战役中，第五十一师斩获之丰，创造了该师抗战以来的新纪录。这个代号“文昌”的劲旅又一次完成了自我超越，证明当初能够拿到武林第一的名号靠的绝对是真本事。

战后叙奖，第五十一师荣获团体及个人武功状各一轴，荣誉旗一面，全师有功官兵荣获国民政府四等宝鼎以下勋章数十枚，师长周志道更被美国政府授予铜标棕榈勋章一枚。

第五十七师在江口保卫战中取得的战绩也绝不逊色于兄弟师。这个基本重建后的“虎贲师”继承了老部队擅守的特长，挡住日军第一一六师团主力九千余人的凶猛进攻，打死打伤日军近六千人，差不多把两个联队打成了一个联队。

半年前，正是日军第一一六师团攻破常德，几乎导致第五十七师全军覆灭。现在他们重新站起来，反过来将对手揍得满地找牙。

前敌指挥部将战果通报给盟军，几位美国将军看到后有些怀疑，问：“能不能亲临前方阵地参观一下？”

邱维达立刻答复：“只要你们愿意，我一定奉陪。”

日军撤退后的第三天，5 月 10 日，何应钦偕同王耀武、邱维达、施中诚，以及美军将领麦克鲁、巴特鲁，搭乘两架武装直升机，到前方进行视察。随同视察的还有中外新闻记者二十余人。

视察的第一站就是第五十七师一七一团二营守卫的青岩。由于周围仍可能有漏网的日军溃兵，营长李中亮特地从各连抽调出一部分精干士兵负责警卫，十余米一个岗哨，从山脚一直排到山顶。

随后，李中亮陪同高级将领到各个阵地据点进行观看，并向他们解说战斗经过。沿途各工事据点无不弹痕累累，日军尸体仍横七竖八地躺在地上。李中亮指着这一大堆尸体说，它们虽然已经不能说话，却是这场肉搏战的最好见证。

图中蹲式射击的士兵所持武器为汤姆森冲锋枪，近战时子弹密集，可对持三八大盖冲锋的日本兵形成火力优势。

来访者纷纷停住脚步，反复观看，新闻记者、摄影记者更是忙得不亦乐乎。在美军顾问团中，早有“中国只有七十四军能打”之说，麦克鲁、巴特鲁见多识广，但就连他们，在亲眼看到战场情景后，也禁不住啧啧赞叹。巴特鲁走近死尸堆数了一遍，连连说：“真了不起。”接着，众人在山脚下又发现了一堆死尸，其中还有一名是佐级军官。麦克鲁问现场的一名战士：“你们这场战争是怎样打胜的？”战士慨然回答：“我们的祖国被日军侵略，我们只有奋勇杀敌，把敌人赶出去，才能生存。”麦克鲁一听，扬起眉毛，竖起了大拇指：“中国人有志气，中国军队是好样的！”

二营的最大亮点还是周北辰连，他们在前沿连续血战七个昼夜，以仅伤亡一百余人的代价，击毙了三百余名日军。一个连能在自己的战斗区域内取得如此大的胜利，确实是战果辉煌，在抗战中是非常少见的。

在第五十七师师长李琰的陪同下，视察人员打马上山，登上山顶进行观察。他们看到在周北辰连的阵地前，日军尸体横陈，散兵壕内到处都是敌人的死尸，各种枪炮掩体也被摧毁殆尽，场面极为壮观。

周北辰被指定进行汇报，这个英雄连长将战斗经过讲得绘声绘色，尽管当时突然下起了雷阵雨，但是在场人员全都从头听到了尾，并不时点头微笑。

汇报完毕，麦克鲁伸手拍着周北辰的肩膀，连声夸赞：“好孩子，好孩子！”

出征观战

视察结束后，麦克鲁当场代表盟军总部对战斗有功官兵进行授勋，二营共有二十三人获得了这一荣誉，其中营长李中亮被授予金星勋章，周北辰更被授予金星勋章、银星勋章以及自由勋章。二战中，盟国一次性授予中国军官如此多的重要勋章，这还是第一次。媒体进行报道后，周北辰就像万家岭战役后的张灵甫一样，一下子名扬全国。

授勋人员中有一名叫李名胜的中士班长也引起了大家的兴趣。他曾在晚上带领四名战士突入敌阵，杀死数名正在睡觉的日军，并在身中两弹的情况下，生俘两名日军少尉军官，然后才返回主阵地。麦克鲁同李名胜握手照相，授予其自由勋章。

盟国对中国抗战能力的重视和认可，在第三次长沙会战获胜时曾达到高峰，但是之后随着国内战场连战连败，中国在盟国中的地位也一路下滑，到长衡会战结束时已降至最低点。如今，第七十四军等部又以自己的杰出表现，让盟国对中国军队的态度从轻视转向尊敬和佩服，从这个意义上来讲，他们是狠狠地为中国人争了一回光。

会战进行到 5 月中旬。作为奇兵的第十八军第十一师不仅仍牢牢地控制着山门镇，而且进一步攻占了湘黔公路的要点石下江镇。至此，日军的后方交通线被完全截断，各路部队形成了对日军四面包围的态势。

根据战况的迅速发展，邱维达下令逐步缩紧包围圈，包围歼灭其有生力量，同时对愿意缴械投降的日军给予优待。

尽管有优待政策，但被围困的日军并不肯主动缴械投降。第七十四军曾发现日军阵地有竖白旗的，等到部队接近，对方仍然开枪射击，这才明白日军是在使诈，只能继续进行围攻。

在很多局部战场上，地面对阵双方的轻武器都丧失了应有的威力，但空军的威力施展得淋漓尽致。

被重重包围的日军往往会利用深山老林做掩护躲藏起来，搜捕非常困难。经过研究，从 5 月 15 日起，空军开始使用凝固汽油弹，对藏在山地里的日军进行地毯式轰炸。

中美空军混合团一路进行追杀，所有被飞行员发现的日军阵地和营地都成为攻击目标，他们或以机关炮扫射，或投弹轰炸，或干脆按照上级指示，投掷凝固汽油弹将日军隐蔽的树林全部予以烧毁。

有一小股日军钻进一片树林里，潜藏不出。芷江机场接到情报后，立即派四架飞机飞到树林上空进行侦察。树木郁郁葱葱，飞机一时难以找到敌人，于是越飞越低，有的直接从树梢一掠而过。这以前可都是日机对中国地面部队干的事，日本人气不过，便举枪向飞机射击，结果反而暴露目标。四架飞机认准日军果真藏在里面，对准林子又是扫射又是轰炸。

会战转入攻势阶段，后方舆论非常关注前线的进展情况。为此，中美空军混合团向第四方面军递送了一份备忘录，邀请他们派遣三名随军记者，随同空军出征观战。备忘录由美军团长签名，并附译文，上面注明，如果发生空战，出现伤亡事故，空军不负责任。

备忘录一公布，方面军司令部立即沸腾了，因为能够让记者随同空军出征观战，在抗战中还是第一次，以前大家别说尝试，连想都不敢想。

经过驻司令部的记者组自行推选，并征得派遣单位同意，两名记者人选很快确定下来，其中一人是中央日报社湖南分社的社长，一人是中央社的战地特派员。

按照备忘录的要求，三名记者中还必须有一名是军事记者，或上校以上能从事写作的军官。王耀武经过考虑，决定派方面军司令部参谋一处少将处长吴鸢充任。在征得吴鸢本人同意后，王耀武亲笔写下保证字据，称“如吴鸢万一发生不幸，其家属老小的生活和子女的教育费用，由余（王耀武）负完全责任”。

入选记者在身体条件上也有规定，必须健康，无心脏病和高血压症。三人首先在芷江空军医院进行复检，证明身体合格，接着由专门人员教授使用降落伞的方法以及跳出机舱的动作。

休息了两天，三人分乘三架野马式战斗机出发。他们生平都是第一次乘坐飞机，而且又是战斗机，心情十分激动。

马上要战斗了

飞机起飞了。吴鸢听到耳机里响起声音：“看，右上方是三架 C47（运输机），要运送物资去江西。左上方是六架 B24（远程轰炸机），将去福建方面执行任务。”

顺着耳机的提示看过去，平时在地面看起来体型庞大的飞机，这时就像小鸟在辽阔的天空中飞翔，而且很快便消失了。

一会儿，耳机又响了：“看地面。”

飞机已到达最前沿阵地的上空。低头俯瞰，资江、湘江如腰带，山峦、村落则如玩具，在地面上行动的部队都仿佛是蚂蚁和蚕豆。地面上还摆着红白两色的布板，一幅上面为“川”字，一幅上面为“十”字，皆为地面部队的驻地符号。

越过前沿阵地，飞机径直进入了衡阳上空。虽然有几门日军的高射炮在对空射击，但全都鞭长莫及，三架“野马”毫不理会，继续往北驰骋。

“长沙到了！”耳机里话音刚落，机翼下面便出现了岳麓山和长沙市区。

“注意，马上要战斗了！”这句提示让大家的心情陡然紧张起来，不知道究竟遇到了什么危险情况。说时迟，那时快，飞机突然像离弦之箭一样向地面俯冲过去，之后，机身抖动，伴随着一阵巨响，地面冒出了浓烟。

原来飞机在投掷炸弹。紧接着，它像鲤鱼打挺一样，又开始直线上升，并来了一个侧身飞行。

这一上一下，侧身大转弯，都是轰炸中的基本规定动作，对飞行员来说已如家常便饭，却让机内的观战人员受了活罪，众人只觉得自己的五脏六腑都在翻腾，出发前吃的东西全呕在了毛巾上。

当飞机恢复平行飞行时，耳机内做出解释：“刚才是轰炸一列火车，经我轮流轰炸，已命中目标。现在将胜利返航。”

吴鸢定了一下神，果然发现地面上已经是浓烟一片。飞机不慌不忙地在被轰炸现场盘旋了一圈后，返身向西飞去。

和衡阳一样，长沙的日军也配备了高射炮，然而同样是无可奈何，发出的几炮倒更像是在为飞机送行。至于敌机，一路上根本就没有碰到过，实际上这时候日军战斗机中没有哪一种机型是“野马”的对手。

“野马”飞往芷江机场。当临近机场上空时，指挥官发出指示：“现在跑道无空，请稍缓，听令在北跑道降落。”

在上空盘旋了三周，飞机才得以缓缓降落，说明整个机场已完全处于满负荷运作状态。

三名观战者在芷江休息了一天，听空军第四大队大队长唐闻天介绍一年来的作战情况。仅第四大队，这一年来已出动轰炸机、战斗机七百八十二架次，在空中击落日机六十一架，可能击落二十一架，击毁地面停放的日机一百一十架，可能击毁五十六架。

三人一回到安江，就将这次亲身经历的出征经过大肆渲染了一番，讲述者心情澎湃，眉飞色舞，听讲者啧啧称羡，点头不止。和其他新闻报道活动一样，它让整个大后方的人们处于激动和兴奋之中，加上何应钦已经报捷，重庆的大街小巷都出

中美空军的地勤人员在为P-51“野马”战斗机装子弹、挂炸弹，“野马”有6挺机枪，一次可装1780发子弹，有2个挂架，可挂载2枚各为450公斤的炸弹。

现了“庆祝湘西大捷”的大幅标语，锣鼓声、鞭炮声响彻云霄。

实际上这时候日军还没有被完全击垮，前线仍然战火纷飞，炮火轰鸣，日军几度向被第十一师封锁的洞口突围，企图杀出一条血路，只是均未能得逞而已。

邱维达向各兵团下达指示，要求加强包围圈的防御工事，严防日军乘夜间突围。今后各兵团的主要任务，就是将包围之敌分别割裂后一小块一小块地聚而歼之。

5 月 18 日，被围困在雪峰山东麓的日军阵地大部分被空军炸毁，有日军躲藏或隐蔽的森林地带也不例外，林子里烈焰滚滚，烟雾迷漫，以至于飞行员观察时都出现了困难。

第二天，第七十四军的追击作战取得不小收获，江口、洞口一带的部分日军缴械投降。据日俘供称，他们被包围后，得不到粮弹补给，官兵已有三天没吃没喝，导致兵无斗志。除此之外，空军的连日轰炸，也令他们伤亡惨重。

与第七十四军一同进行追击的第一百军、第七十三军也先后包围了日军阵地，经派人劝降，缴械者日渐增多。

前线作战顺利，各级指挥官均喜形于色，认为胜利已唾手可得。6 月 20 日，重庆各界代表亦携带慰劳品来到芷江，等待战局一结束，即前往第一线犒劳军队。

这时候的何应钦比重庆代表都心急。因为正在重庆召开的国民党第六次全国代表大会将在 6 月 21 日结束，蒋介石电催他返回重庆，向大会作湘西会战的军事报告，王耀武也将作为新的中央委员出席大会。

何应钦和王耀武一商量，湘西会战的结果看来是赢定了，可问题前方战事仍未结束，既未结束，又怎么报捷呢？

6 月 20 日深夜，王耀武把电话打到溆浦指挥所，让邱维达考虑一下，能不能“早日结束这场战争”。

邱维达一听，说你让我考虑几分钟再回答。

这叫什么政治

其实邱维达心里已经有了底。所谓“早日结束这场战争”，不外乎是草草收兵的托辞。

抗战以来，中国军队从来败多胜少，现在将士流血牺牲，眼看只要再坚持一周，最多也不过十天，就可以大获全胜。草草收兵，实在太可惜了。

邱维达再次要求跟王耀武通话："我已经考虑过了，要善始善终结束这场会战，最快也得五天左右。"

王耀武说不行，何应钦马上就要动身返回重庆，在他动身之前要设法解决战局。

饭要一口一口地吃，仗也要一仗一仗地打，哪里可能说喊停就喊停？邱维达反问王耀武，问他和何应钦有没有商讨过尽快解决战局的办法。

王耀武倒是早就有所准备：在胡琏正面放开一个缺口，就可以早点儿结束战局。

邱维达追问道："下面部队长是否同意这样干呢？这样干，对整个战局有什么好处？"

王耀武没有正面回答，而是继续补充："就在洞口公路附近放开一个口子就行了。"

邱维达知道再说无益，便向王耀武摊了牌："我作为幕僚长，不能隐瞒其中的利害得失，也不能执行这一方案。如果你们真要这样干，请你直接打电话告诉各部队行动！"

从给王耀武当团长起，邱维达就以脾气好，从不顶撞上司闻名，但他也是一个有自己主见的人，他认为这件事不对，就绝不会轻易妥协。

听王耀武说过之后，何应钦又亲自打电话来进行劝说，强调："军事要配合政治吧。"

邱维达想来想去，还是想不通：将被围的敌人放出去，这叫什么政治？！

无奈之下，何应钦只好亲自向第十八军军长胡琏传达命令："让扼守石下江镇的守军全部撤离，集中全力向日军侧面攻击。"

此前，第十八军第十一师的一个精锐主力团依托石下江镇内的坚固建筑，已死死卡住湘黔公路。该团奉命撤走后，包围圈露出了一个大口子，被围日军一见有路可逃，就不顾一切地一拥而出。

第十八军虽然从侧面实施了猛击，但效果与从正面扼住日军咽喉相比，已是相差很远，斩获日军的数量也不太大。因为这件事，第十一师师长杨伯涛、副师长王元直等人都留下遗恨，对上层如此指挥颇感费解。

大包围出现漏洞，使已逃到洞口附近的日军大部队迅速逃窜，而被分割在各个小包围圈内的日军小部队闻讯，军心变得更加消沉，此后纷纷竖起白旗，缴械投降。

6 月 7 日，第四方面军恢复了战前的态势，各军师忙于清扫战场，将所缴获的武器送往后方，其中包括数量不少的轻重机枪和山炮。有的尚未美械化的部队在实际战斗过程中，就已经用缴获的山炮轰击日军，一位美军联络官兴奋地说："我们美国军队在太平洋上逐岛攻击，也从来没有缴获过完整的大炮。你们自己还没有领到炮，就能用敌人的炮来打敌人，真是难得！"

日军以彻底失败而告终。得以撤退到邵阳附近的败兵，因为战斗和逃跑时体力消耗过大，身体抵抗力已严重下降。未逃出包围圈时，精神上高度紧张，所以还能坚持，但一脱离危险区域，在无安全顾虑的情况下，士兵就再也挺不住了，有的人走着走着就突然倒地不起。会战结束后，日军官兵的患病率继续不断升高，居然高达战时的三倍以上。

湘西会战是正面抗日战场上的最后一次大会战，也是最吐气扬眉的一次大胜

中国军队的战利品。九二式重机枪、"歪把子"、掷弹筒，皆为日军的制式武器。

仗。在这次大会战中，第七十四军立下了首功。据统计，“虎部队”在会战中以阵亡两千多人，负伤三千多人的代价，共歼灭日军达一万两千多人。五十七师在接受慰问时，把缴获的日军武器装备放置在道路两侧进行展示，一路竟然延续了好几百米，在场官兵和慰问人员看到后，无不喜气洋洋。

湘西会战使第七十四军乃至第四方面军名扬海外。美国国内报纸在报道湘西会战时，把第四方面军说成是中国最精锐的部队，第四方面军司令官王耀武是抗战中的常胜将军。

王耀武本人也因此成为国内当时最耀眼的抗战将领。在国民党第六次全国代表大会的闭幕式上，他是所有增补的新中央委员里面得票最多者之一。接着，国民政府又打破停办将级晋任的惯例，将其由陆军少将晋升为陆军中将。

低下了头

湘西会战结束后的某一天晚上，第四方面军所属某军的军部破例举行了一次有两百多人参加的晚宴大会。附近部队将几乎所有枪炮都拉到屋外，天一黑即向天空鸣放，霎时间，红、绿、黄、白的各色曳光弹飞上天空，形成了难得一见的空中奇观。

晚宴上，连从不说笑的人也张着嘴，哈哈大笑不止。官兵聊起了抗战中遇到的各种危险经历、奇人奇事，以及未来的个人打算。一直到快要天亮，众人才兴尽散去。

这一天是 8 月 11 日。当天，中、美、苏、英四国在接到日本通过中立国发出的乞降照会后，发出复文，表示接受日本的投降建议。

自芷江会战起，就知道日本要完蛋，但完蛋的速度如此之快，多少还是有些出乎意料之外。不管怎样，许多年来的愿望转眼就要变成现实，每个人都为之喜上眉梢，大家见面时，一边握手，一边异口同声地祝贺对方：“我们胜利了！”

8 月 15 日，第四方面军司令部的军官正在吃午餐，附近美军顾问团驻地突然枪声大作。惊异之中一打听，才知道美军从广播里获悉了重大消息：日本天皇裕仁发表广播讲话，正式接受《波茨坦公告》，宣布向盟国无条件投降。

两个小时后，王耀武也接到了重庆的特急电报，内容基本与之一致。

军队的首要任务就是受降。根据陆军总部划分的受降区域，第四方面军负责湖南区的受降任务。9 月 15 日，王耀武携工作人员乘飞机飞达长沙，参加湖南区的受降仪式。

上午 10 点，第四方面军准时在岳麓山湖南大学礼堂举行了仪式。参加人员主要是长沙地区中校以上人员及湖南各地的派出代表，共有两三百人。

日军代表、第二十军司令官坂西一良等一行三人坐在指定座位上。坂西时年五十四岁，两鬓早已斑白，脸上更是早无刚刚上任时的那股倨傲之态。当王耀武步入礼堂时，坂西立即立正脱帽，向这位昔日的对手，如今的获胜者鞠躬敬礼，并呈上了日军表册。随后王耀武宣读受降命令，坂西等人肃立恭听，表示将遵照执行。

9 月 20 日，第七十四军在衡阳接受日军第六十八师团的投降。第六十八师团长堤三树男集合部队恭候点验，所有关于人马、武器、弹药等清册也一一移交第七十四军接收。

尽管是败军之师，但日军在投降时秩序井然。所有官兵都能按阅兵方式整队排列，武器弹药在擦拭干净后涂上油，分类集于队前。收缴人员走到哪里，哪个单位呈交表册，按册收缴。

举行投降仪式之前，甚至可以看到日军骑兵操练的情景，他们三五个人一伙，大部分人上身只穿一件肚兜，徒手乘马，或来往奔驰，或向附近小山头爬山。这些骑兵见到受降人员也若无其事，只管自顾自地练习，让大家很是惊奇。

另外一个给受降人员留下较深印象的，是日军对马匹的爱护。受降时，那些东洋马全都洗刷得干干净净，马的笼头一侧还挂有铜牌，分别刻着乘员和调教员的名字。

日本国土面积并不大，近代以前在国际的实力排名也落后于中国，居然能后来居上，不仅跃升为世界强国，而且差一点让中国跌入亡国的命运，其背后的原因确实值得深思。

受降任务结束后，第七十四军先是就地驻防衡阳，而后又或步行，或空运，分批前往南京地区受降。那些曾经多次与第七十四军交手的日军师团，如第三师团、第四十师团、第三十四师团等部，都乖乖地在“辉煌军”面前低下了头。

完成了这些任务，第七十四军即奉令担任南京的守备，部队驻扎于南京郊外的孝陵卫，因此被称为“御林军”。全面抗战爆发初期，驻守孝陵卫的“御林军”是教导总队，在南京保卫战中，这支著名的王牌部队以悲壮的方式走下了历史舞台。此后的很多年里，第七十四军也多次面临类似险境，幸运的是，他们把“虎部队”和中国第一精锐部队的声名一直保持到了抗战胜利结束。

几个月后，第七十四军的人事进行调整，原军长施中诚外调，早已完成陆军大学课程的副军长张灵甫升任军长兼首都警备司令。这时候，张灵甫和他的部下不约而同地都想到一个地方。

这个地方是南京城西的赛虹桥。南京保卫战末期，第五十一师三〇二团一营的残余官兵留下殿后，全营在营长徐景明的率领下孤军奋战，全部在赛虹桥阵地光荣殉国。

某日，张灵甫和周志道专程乘车来到了赛虹桥。作为第七十四军也是第五十一师的老人，他们在桥边深情地缅怀起牺牲于抗战中的袍泽，追忆往事，两人不胜唏嘘。

过去的已经过去，未来到底会以怎样的面目到来，谁能够真正了解和预计得到呢？人们所知道的只是，不管时光的暴雨如何冲刷，一个曾为民族生存而浴血奋战并立下过盖世奇功的英雄部队，都不应该被这个民族遗忘。

请记住它的名字：虎部队！

参考书目

［1］埃文斯·福代斯·卡尔逊．中国的双星［M］．北京：新华出版社，1987.

［2］张庆东．虎贲雄师：74 军战史［M］．北京：中央文献出版社，2008.

［3］周更声．国民党第一补充旅的前前后后［G］// 湖北省政协文史和学习委员会．湖北文史资料：总 70 期．武汉：湖北人民出版社，2002.

［4］王耀武．阻截方志敏北上抗日先遣队战役的经过［G］// 中国政协全国委员会文史资料工作委员会．文史资料选辑：第 24 辑．北京：中国文史出版社，2009.

［5］刘炳均．我所知道的王耀武［G］// 中国政协全国委员会文史资料工作委员会．会理文史：第 7 辑．会理：会理文史资料研究委员会，1988.

［6］逄金一．王鲁云：我和父亲王耀武［J］. 名人传记（上半月),2014（4）：4-9.

［7］张云新．抗日名将王耀武［J］．海内与海外，2007，000（007）：18-21.

［8］吴鸢．我所知道的张灵甫［G］// 湖北省政协文史和学习委员会．武汉文史资料：第 8 期．武汉：武汉市政协文史学习委员会，2010.

［9］钟子麟．蒋介石王牌悍将张灵甫传［M］．北京：团结出版社，2008.

［10］钟子麟．张灵甫与王耀武［J］．纵横，2006（07）：57-59.

［11］佚名．韩文德回忆：跟随张灵甫的战斗［J］．贵阳文史，2012（04）：52.

［12］张云新．抗战中的张灵甫［J］．海内与海外，2007.

［13］魏雷宇，毛传霞，黄蓉，等．浅论抗日战争中的张灵甫［J］．内江师范学院学报，2009.

［14］周渝．跟随张灵甫将军的抗战岁月（上）——原国民革命军第 74 军中校

会计课长胡立文访谈笔记［J］. 贵阳文史，2013（03）：39–41.

［15］周渝 . 跟随张灵甫将军的抗战岁月（下）——原国民革命军第 74 军中校会计课长胡立文访谈笔记［J］. 贵阳文史，2013，000（004）：43–45.

［16］王辅 . 日军侵华战争［M］. 沈阳：辽宁人民出版社，1990.

［17］全国政协文史委员会 . 文史资料存稿选编——抗日战争（上、下）［G］// 北京：中国文史出版社，2002.

［18］《八一三淞沪抗战》编审组 . 八一三淞沪抗战——原国民党将领抗日战争亲历记（上、下）［G］// 北京：中国文史出版社，1987.

［19］曹聚仁，等 . 东线血战记［M］. 不详：战时出版社，1939.

［20］《口述淞沪会战》编审组 . 口述淞沪会战［M］. 上海：上海人民出版社，2008.

［21］小俣行男 . 日本随军记者见闻录［M］. 北京：世界知识出版社，1985.

［22］《南京保卫战》编审组 . 南京保卫战——原国民党将领抗日战争亲历记［G］// 北京：中国文史出版社，1987.

［23］张宪文 . 南京大屠杀史料集［G］// 南京：江苏人民出版社，2010.

［24］《徐州会战》编审组 . 徐州会战——原国民党将领抗日战争亲历记［G］// 北京：中国文史出版社，1987.

［25］《武汉会战》编审组 . 武汉会战——原国民党将领抗日战争亲历记［G］// 北京：中国文史出版社，1987.

［26］弗雷达·阿特丽 . 扬子前线［M］. 北京：新华出版社，1988.

［27］吴逸志 . 薛伯陵将军指挥之德安万家岭大捷回忆［M］. 不详：中兴书店，1940.

［28］冈村宁次 . 冈村宁次回忆录［M］. 北京：中华书局，1981.

［29］薛岳，赵子立，等 . 抗日将领回忆江西抗战亲历记［G］// 江西文史委员会 . 江西文史资料选辑：第 16 辑、17 辑汇总 . 南昌：江西文史委员会，1985.

［30］胡博 . 仅 74 军一直与日军正面交锋 苏械师：被珍惜使用的反攻力量［J］. 国家人文历史，2015（3）：84–87.

［31］《闽浙赣抗战》编审组 . 闽浙赣抗战——原国民党将领抗日战争亲历记［G］//

北京：中国文史出版社，1987.

［32］江西文史委员会 . 江西文史资料选辑：第 21 辑［G］// 南昌：江西文史委员会，1986.

［33］《湖南四大会战》编审组 . 湖南四大会战——原国民党将领抗日战争亲历记［G］// 北京：中国文史出版社，1987.

［34］罗文浪 . 记第七十四军参加第二、三次长沙会战［G］// 湖南省政协文史资料研究委员会 . 湖南文史资料选辑：第 18 辑 . 长沙：湖南省政协文史资料研究委员会，1984 年 .

［35］汪吉佑 . 血战三湘［Z］

［36］王剑强 . 常德保卫战片段［Z］

［37］周渝 . 心伤而无悔的歌——国民革命军第 74 军老兵孙影萍寻访录［J］. 贵阳文史，2014，000（003）：47−50.

［38］日本防卫厅防卫研究所战史室 . 一号作战之湖南会战（上、下）［M］. 北京：中华书局，1984.

［39］日本防卫厅防卫研究所战史室 . 昭和十七、八年的中国派遣军（上、下）［M］. 北京：中华书局，1984.

［40］邱维达 . 邱维达的抗战文稿［J］. 钟山风雨，2005（03）：4−6.

［41］邱维达 . 我对雪峰山战役的回忆［G］// 中国政协文史馆 . 文史资料精选：第十册 . 长沙：中国文史出版社，1990.

［42］日本防卫厅防卫研究所战史室 . 昭和二十年的中国派遣军（第一、二卷）［M］. 北京：中华书局，1984.

［43］葛先才 . 长沙 . 常德 . 衡阳血战亲历记［M］. 北京：团结出版社，2007.

［44］知今 . 今是昨非见肝胆——原国民党高级将领方靖亲历纪实［M］. 长沙：湖南人民出版社，1986.

［45］李甸甸，郭立春 . 抗日劲旅 74 军老兵李云贵访谈录［Z］

［46］王逸峰 . 抗战中的国民党第 74 军［J］. 世界军事，2007.